NEIL GAIMAN

Keine Panik!

Mit Douglas Adams
per Anhalter
durch die Galaxis

Aktualisiert und erweitert
von David K. Dickson und MJ Simpson

Aus dem Englischen
von Gerald Jung und Ralf Schmitz

WILHELM HEYNE VERLAG
MÜNCHEN

HEYNE ALLGEMEINE REIHE
Band Nr. 01/13779

Titel der Originalausgabe
DON'T PANIC
Douglas Adams & the Hitchhiker's Guide to the Galaxy

This translation of »Don't Panic«: Douglas Adams & the
Hitchhiker's »Guide to the Galaxy«, first published in 1988,
is published by arrangement with Titan Publishing Group
Ltd., Great Britain

Umwelthinweis:
Dieses Buch wurde auf
chlor- und säurefreiem Papier gedruckt.

Taschenbucherstausgabe 10/2003
Copyright © 1987, 1993, 2002 by Neil Gaiman
Copyright © der aktualisierten deutschsprachigen Ausgabe 2003
by Ullstein Heyne List GmbH & Co. KG, München
Der Wilhelm Heyne Verlag ist ein Verlag
der Ullstein Heyne List GmbH & Co. KG
Für »Per Anhalter durch die Galaxis« und alle weiteren Auszüge
aus Werken von Douglas Adams © Douglas Adams 1987–2002.
Verwendung mit freundlicher Genehmigung
Printed in France 2003
Umschlagillustration: Hendrik Dorgathen
Umschlaggestaltung: Nele Schütz Design, München
Gesetzt aus der Scala
Satz: Leingärtner, Nabburg
Druck und Bindung: Maury Eurolivres, Manchecourt
http://www.heyne.de

ISBN 3-453-86972-9

Weil sie mir derartig fürchterliche Konsequenzen angedroht hat, falls ich es wagen sollte, ihr *kein* Buch zu widmen, dass ich nicht mal im Traum daran denken würde, ihren Wunsch zu ignorieren…

und weil sie seit einiger Zeit jedes transatlantische Telefongespräch mit den Worten »Hast du mir schon ein Buch gewidmet?« beginnt…

…aus diesen Gründen also möchte ich dieses Buch allen intelligenten Lebensformen in der Galaxis widmen.

Und meiner Schwester Claire.

Inhalt

Vorwort 9
0 Per Anhalter durch Europa 11
1 DNA 13
2 Cambridge und andere wiederholbare Phänomene 21
3 Jahre in der Wildnis 28
4 Essiggurken schlucken, rückwärts gehen und das alles 35
5 Per Anhalter zu den Sternen 40
6 Radio, Radio 50
7 Ein ziemlich unzuverlässiger Produzent 65
8 Möchte verreisen, eigene Tardis vorhanden 69
9 H2G2 77
10 Die Bretter, die die Galaxis bedeuten 89
11 »Kindisches, witzloses, haarsträubendes Gesabbel« 97
12 Level 42 102
13 Von Mäusen und Menschen und abgespannten TV-Produzenten 107
14 Das Restaurant am Ende des Universums 141
15 Invasion USA 146
16 Das Leben, das Universum und der ganze Rest 154
17 Filmemachen 165
18 Liff – und andere nette Ortschaften 173
19 Spindeldürre Fische 181
20 Wissen Sie, wo Ihr Handtuch ist? 200
21 Computerspielereien 202
22 Briefe an Douglas Adams 214
23 Dirk Gently und andere Viecher 227
24 Die Rettung der Welt ohne Honorar 236

25 Douglas und anderer Viecher 242
26 Alles, was geschieht, geschieht 249
27 Reiseführer durch den Reiseführer 256
28 Unbewegte bewegte Bilder 262
29 Dot.com mit Erfolgsgarantie 269
30 Eine Art Après-Vie 276

Anhang

I Per Anhalter durch die Galaxis –
Die Original-Synopsis 283
II Der Anhalter: Thema und Variation 288
III Who is Who im Universum –
einige Erläuterungen von Douglas Adams 296
IV Wie verlasse ich diesen Planeten auf
dem schnellsten Wege? Endgültige Fassung 307
V Dr. Who und die Krikkitmen – Auszug aus einem
Drehbuchentwurf von Douglas Adams 313

Vorwort

Der Reiseführer *Per Anhalter durch die Galaxis* ist nicht nur das wichtigste, sondern auch das bei weitem erfolgreichste Buch, das die großen Verlage von Ursa Minor je herausbrachten. Es ist ungefähr so groß wie ein gewöhnliches Taschenbuch, sieht aber eher aus wie ein größerer Taschenrechner; mit Hilfe der über einhundert flachen Drucktasten und dem circa vier Quadratinches großen Display kann man direkt und ohne nennenswerte Verzögerung über die mehr als sechs Millionen Seiten des Reiseführers verfügen. Das Buch wird in einer strapazierfähigen Plastikhülle geliefert, auf die in großen, freundlichen Buchstaben die Worte

KEINE PANIK!

aufgedruckt sind.

Zurzeit ist nicht bekannt, ob auf unserem Planeten irgendwelche Exemplare von *Per Anhalter durch die Galaxis* existieren.

Darum wollen wir uns auch nicht weiter kümmern.

Wir kümmern uns vielmehr um ein ganz anderes Buch, das – so unwahrscheinlich es auch klingen mag – ebenfalls den Titel *Per Anhalter durch die Galaxis* trägt; und um die Radiosendung, die alles erst ins Rollen brachte; und um die fünfbändige Trilogie, aus der die Romanfassung besteht; und um das Computerspiel, das Handtuch-Set und die Fernsehserie, die daraus entstanden.

Wenn man die Geschichte des Buches – und die der Radiosendungen und des Handtuch-Sets – erzählen will, fängt man am besten mit den Lebensgeschichten einiger der Hauptverursacher dieser Bücher an. Da wäre an erster Stelle ein affenähnliches Lebewesen vom Planeten Erde zu nennen, obwohl dieser Humanoide an dem Punkt, an dem wir unsere Geschichte beginnen lassen wollen, nicht viel mehr Schimmer von seiner Bestimmung hat (die internationale Reisen, Computer, eine nicht enden wollende Reihe von Verabredungen zum Abendessen und geradezu aberwitzigen Wohlstand beinhalten wird) als eine Olive von der Zubereitung eines Pangalaktischen Donnergurglers.

Sein Name ist Douglas Adams. Er ist einen Meter dreiundneunzig groß und steht im Begriff, eine tolle Idee zu haben.

Per Anhalter durch Europa

Die besagte Idee schoss Douglas Adams ohne jegliche Vorwarnung auf einer Wiese in der Nähe von Innsbruck durch den Kopf. Heute kann er sich nicht mehr haargenau daran erinnern, wie das eigentlich passierte. Aber so ungefähr muss es gewesen sein, und deshalb – angenommen, so etwas gibt es überhaupt – ist das auch der Anfang unserer Geschichte. Falls Sie also großen Wert darauf legen, an irgendeiner Stelle des Buches ein kleines Fähnchen mit der Aufschrift HIER GEHT'S LOS einzupflanzen, dann wäre genau hier der richtige Ort dafür.

Im Jahre 1971 trampte der achtzehnjährige Douglas Adams mit einer Ausgabe des Reiseführers *Per Anhalter durch Europa* quer durch Europa. Das Buch *Europa für 5 Dollar am Tag* hatte er gar nicht erst mitgenommen; so viel Geld besaß er nun auch wieder nicht.

Er war betrunken. Die Armut hielt ihn fest in ihren Krallen. Er hatte nicht genügend Geld, um sich ein Zimmer in einer Jugendherberge leisten zu können (ausführlich und in voller Länge ist diese Episode in seiner Einführung zu *Per Anhalter durch die Galaxis: Eine Trilogie in vier Teilen* – britische Ausgabe – und zu *Die Anhalter-Trilogie* – US-amerikanische Ausgabe – nachzulesen). Jedenfalls landete er am Abend eines entbehrungsreichen Tages auf dieser Wiese unweit von Innsbruck und starrte auf dem Rücken liegend hinauf zum Sternenhimmel. »Irgendjemand«, so dachte er sich damals, »irgendjemand müsste einen Reiseführer durch die Galaxis für Anhalter schreiben.«

Kurz darauf war ihm dieser Gedanke wieder entfallen.

Als er jedoch fünf Jahre später darüber nachgrübelte, welchen triftigen Grund ein Außerirdischer für einen Besuch auf der Erde haben könnte, kam ihm dieser Einfall erneut in den Sinn. Der Rest ist Geschichte und soll in diesem Buch aufgerollt werden.

Die Wiese bei Innsbruck wurde inzwischen in ein belangloses Stück Autobahn verwandelt.

Als armer Student, oder was auch immer, der sich weder ein Auto, ein Flugticket und noch nicht einmal einen Fahrschein für die Eisenbahn leisten kann, bleibt dir nichts anderes übrig, als darauf zu hoffen, dass jemand anhält und dich mitnimmt.

Momentan können wir es uns nicht leisten, andere Planeten zu besuchen. Wir verfügen nicht über entsprechende Raumschiffe. Womöglich gibt es andere Leute irgendwo dort draußen – ich habe nicht die geringste Vorstellung vom Leben-Dort-Draußen, ich meine ja nur – und es ist eine nette Vorstellung, dass man ganz einfach, hier und jetzt, den Daumen raushält und mitgenommen wird.

– *Douglas Adams, 1984*

DNA

Desoxyribonukleinsäure, allgemein unter der Bezeichnung DNS – im Englischen DNA – bekannt, ist der fundamentale Aufbaustoff aller Lebewesen. Die Struktur der DNA wurde im Jahre 1952 in Cambridge, England, entdeckt und entschlüsselt und im März 1953 der Weltöffentlichkeit vorgestellt.

In Cambridge gab es zu der Zeit jedoch bereits etwas anderes, das auf den Namen DNA hörte. Ein Jahr zuvor, am 11. März 1952, war in einem ehemaligen viktorianischen Armenhaus Douglas Noel Adams geboren worden. Seine Mutter war Krankenschwester und sein Vater Doktorand der Theologie. Eigentlich bereitete er sich auf die Priesterweihe vor, ließ sich dann aber doch von seinen Freunden überzeugen, dass dies ein furchtbarer Plan wäre.

Die Eltern des kleinen Douglas zogen von Cambridge weg, als er gerade sechs Monate alt war, und als er fünf Jahre zählte, ließen sie sich scheiden. Zu der Zeit hielt man Douglas für ein recht eigenartiges Kind, das womöglich etwas zurückgeblieben war. Er hatte erst spät sprechen gelernt. »Ich war das einzige Kind, das man dabei beobachten konnte, wie es mit offenen Augen gegen einen Laternenmast knallte. Es wurde allgemein vermutet, dass sich in meinem Inneren so einiges abspielte, denn eines war sonnenklar: Äußerlich spielte sich überhaupt nichts ab!«

Douglas war ein Einzelgänger. Er hatte nur wenige gute Freunde und eine Schwester namens Susan, drei Jahre jünger als er.

Von September 1959 bis 1970 besuchte er die Brentwood-Schule in Essex. Dazu äußerte er sich folgendermaßen: »Wir beschäftigten uns hauptsächlich mit Medienkrams, ich, Griff Rhys Jones, Noel Edmunds und Simon Bell (der die Romanvorlage für Griffs und Mel Smiths berühmten, von jeglichen Auszeichnungen verschonten Film *Schwachköpfe aus dem Weltraum* lieferte; er ist zwar immer noch kein Megastar, schmeißt aber tolle Parties). Ein Großteil der Leute, die später den Amstrad-Computer entwickelten, gingen auch dort zur Schule. Auf der anderen Seite hat die Anstalt einen äußerst geringen Output an Erzbischöfen, Premierministern und Generälen zu verzeichnen.«

Die Schulzeit gehörte nicht zu seinen glücklichsten Jahren. Meistens war er damit beschäftigt, sich »vor irgendwelchen Spielen zu drücken«. Obwohl er beim Schwimmen und beim Kricket keine schlechte Figur machte, war er ein miserabler Fußballer und »diabolisch schlecht in Rugby: Gleich im ersten Spiel brach ich mir das Nasenbein beim Zusammenprall mit meinem eigenen Knie. Das ist gar nicht so einfach – im Stehen.

In der Schule haben sie nie so genau rausgekriegt, ob ich nun ungewöhnlich begabt oder einfach bodenlos blöd war. Jedenfalls wollte ich immer erst alles genau verstanden haben, bevor ich mich dazu äußerte.«

Er war ein hochaufgeschossener, schlaksiger Junge, der sich seiner Größe durchaus bewusst war: »Im letzten Grundschuljahr mussten wir noch kurze Hosen tragen. Ich war so furchtbar dürr und sah so lächerlich darin aus, dass meine Mutter eine besondere Erlaubnis zum Tragen langer Hosen für mich beantragte. Man wies sie jedoch darauf hin, dass so etwas erst in der Hauptschule zulässig sei. Als ich schließlich zur Hauptschule ging, mussten wir die traurige Erfahrung machen, dass es dort keine langen Hosen gab, die lang genug für mich gewesen wären. Also besuchte ich auch noch die erste Klasse der Hauptschule in kurzen Hosen.«

Zu jener Zeit interessierte er sich mehr für Naturwissenschaften als für die schönen Künste: »In dem Alter, in dem die meisten Jungs Feuerwehrmann werden wollen, wollte ich Atomphysiker werden. Dieses Ziel habe ich nie erreicht, weil ich zu schlecht in Mathe gewesen bin. Geometrie lief ganz gut, aber Algebra habe ich nie auf die Reihe gekriegt; also habe ich mich halt nicht auf Naturwissenschaften spezialisiert. Hätte ich damals gewusst, was das ist, wäre ich bestimmt gerne Software-Entwickler geworden... aber damals gab es so was noch nicht.«

In seiner Freizeit beschäftigte Douglas sich mit der Konstruktion von Modellflugzeugen (»Ich hatte sie alle in Reih und Glied oben auf meiner Kleiderkommode aufgestellt. Hinter ihnen stand ein großer, alter Spiegel, und eines schönen Tages kippte der Spiegel nach vorne um und zerschmetterte die ganze Sammlung. Danach habe ich kein einziges Flugzeug mehr zusammengebastelt. Ich war wütend, tagelang verzweifelt über diesen sinnlosen Schlag, den mir das Schicksal versetzt hatte...«), Gitarrespielen und Lesen.

»Zurückblickend muss ich gestehen, dass ich bei weitem nicht genug gelesen habe. Und vor allem nicht die richtigen Bücher. (Wenn ich einmal Kinder habe, werde ich alles tun, um sie zum Lesen zu ermutigen; und wenn ich sie dazu prügeln muss.) Ich habe ›Biggles‹ gelesen, und Captain W. E. Johns berühmte Science-Fiction-Serie – ich erinnere mich noch genau an ein Buch mit dem Titel *Die Suche nach dem perfekten Planeten,* das hat mich sehr beeinflusst. Außerdem gab es da einen Autor namens Eric Leyland, den anscheinend niemand außer mir kennt. Eine seiner Figuren war ein Held mit Namen David Flame, eine Art James Bond für Zehnjährige. Zu einer Zeit, da ich mir eigentlich den guten alten Dickens hätte reinziehen sollen, las ich Eric

Leyland. Aber so ist das halt – man kann die Kinder nicht dazu zwingen, oder?«

Douglas war auch begeisterter Leser von *Eagle*, damals der beliebteste Kindercomic in England. Dort erschienen die Abenteuer von Dan Dare, kunstvoll gezeichnet von Frank Hampson. Der Science-Fiction-Strip erging sich vornehmlich in detaillierten Bebilderungen der Schlachten zwischen dem kantigen Raumfahrer Dare, seinem lustigen Partner Digby und dem bösen grünen Mekon. In *Eagle* wurde Douglas auch zum ersten Mal gedruckt. Zwei seiner Briefe – er war damals elf Jahre alt – wurden veröffentlicht, und er erhielt dafür ein Honorar von jeweils zehn Shilling, eine nicht unbeträchtliche Summe. Die Kurzgeschichte zeugt von seinem aufkeimenden Talent (siehe nächste Seite).

Fragte man ihn nach der immer wieder als literarischen Einfluss zitierten *Alice im Wunderland*, antwortete er: »Ich habe *Alice im Wunderland* als Kind gelesen, oder besser gesagt, es wurde mir vorgelesen, und ich konnte es nicht leiden, es jagte mir regelrecht Angst ein. Vor ein paar Monaten habe ich es noch einmal versucht und einige Seiten darin gelesen, und ich dachte mir: ›Das ist ja richtig gut – aber trotzdem…‹ Sofort beschlich mich wieder dieses alptraumhafte Gefühl, das ich als Kind verspürt habe, und schon war's vorbei mit dem Lesegenuss. Da können also noch so viele Leute behaupten, Carroll habe mich unheimlich stark beeinflusst – der Gebrauch der Zahl 42 und das alles –, es stimmt einfach nicht.«

EAGLE-KARUSSELL

Eagle und Boy's World 27. Februar 1965

Kurzgeschichte

»Londoner Verkehrsbetriebe, Fundbüro – hier bin ich richtig«, sagte Mr. Smith und schaute durch die Scheibe des Büros. Dann öffnete er die Tür und stolperte über eine kleine Stufe, wobei er beinahe durch die Glastür gefallen wäre.

»Das kann ins Auge gehen!« murmelte er. »Hoffentlich erinnere ich mich daran, wenn ich wieder hinausgehe.«

»Kann ich Ihnen behilflich sein?« sagte der Schalterbeamte.

»Ja, ich habe gestern etwas im 86er Bus liegen lassen.«

»Und um was handelt es sich?«

»Daran kann ich mich dummerweise nicht mehr erinnern«, sagte Mr. Smith.

»Na, da kann ich Ihnen auch nicht helfen«, sagte der Beamte gereizt.

»Hat man denn nichts im Bus gefunden?« fragte Mr. Smith.

»Soviel ich weiß nicht; aber können Sie sich denn wirklich an nichts mehr erinnern?« fragte der Beamte, der verzweifelt versuchte, doch noch behilflich zu sein.

»Doch, doch, ich erinnere mich daran, dass es ein sehr, sehr schlechtes – – – Ding war, aber was genau, ist mir entfallen.«

»Sonst nichts?«

»Doch, jetzt, wo ich drüber nachdenke, fällt mir ein, dass es so ähnlich wie ein Sieb war«, sagte Mr. Smith, stützte seinen Ellenbogen auf den Kassenschalter und legte das Kinn nachdenklich in die Handfläche. Plötzlich knallte er mit dem Kinn auf den Tresen. Bevor ihm der Beamte zu Hilfe eilen konnte, hüpfte Mr. Smith triumphierend in die Höhe.

»Vielen herzlichen Dank«, rief er.

»Aber wofür denn?« fragte der Beamte.

»Ich habe es wieder gefunden!«

»Was haben Sie wieder gefunden?«

»*Mein Gedächtnis!*« sagte Mr. Smith, drehte sich um, stolperte über den kleinen Absatz und stürzte durch die Glastür auf den Gehsteig! *D. N. Adams (12), Brentwood, Essex*

Im Alter von zehn Jahren beschäftigte sich Douglas zum ersten Mal ernsthaft mit dem Schreiben: »In unserer Schule gab es einen Lehrer namens Halford. Jeden Donnerstag nach der großen Pause hatten wir Aufsatz. Wir mussten Geschichten schreiben. Ich war der einzige, der jemals zehn von zehn Punkten für eine Geschichte bekam. Das habe ich nie vergessen. Kurioserweise unterhielt ich mich kürzlich mit jemandem, der jetzt ein Kind in der gleichen Klasse hat; offensichtlich grummeln alle Eltern deswegen herum, weil Mr. Halford nie gute Noten im Aufsatz verteilt. Er hat ihnen gesagt: ›Ein einziges Mal habe ich zehn Punkte vergeben, und das war an Douglas Adams.‹ Er erinnert sich auch noch daran.

Das hat mich echt gefreut. Jedesmal wenn ich mich verrannt habe und kein Wort aufs Papier kriege (was meistens der Fall ist), dann sage ich mir: ›Na und? Schließlich habe ich schon einmal zehn von zehn Punkten bekommen!‹ Das bringt mich besser drauf als der Verkauf einer halben Million Bücher hier oder einer Million da. Ich denke einfach nur: ›Ich habe zehn von zehn Punkten bekommen …‹«

Seine Karriere verlief nicht immer so erfolgreich.

»Ich weiß nicht mehr genau, wann ich zum ersten Mal ans Schreiben dachte, aber es muss schon ziemlich früh gewesen sein. Eigentlich lächerlich, denn es gab nichts, was darauf schließen ließ, dass ich es auch wirklich konnte. Mein ganzes Leben lang faszinierte mich die Vorstellung, Schriftsteller zu sein, doch wie allen Schriftstellern gefällt es mir besser, etwas geschrieben zu haben, als wirklich zu schreiben. Vor einigen Jahren blätterte ich in den Ausgaben unserer alten Schülerzeitung; ich wollte sehen, was ich damals so geschrieben habe. Ich fand nicht eine einzige Zeile von mir, was mich sehr wunderte, bis ich mich daran erinnerte, dass ich jedes Mal, wenn ich mich damals zu etwas durchgerungen hatte, den Redaktionsschluss um zwei Wochen versäumte.«

Der junge Douglas Adams machte bei Schultheateraufführungen mit und entwickelte schnell eine Schwäche für die Schauspielerei. (»Ich war ein recht merkwürdiger Schauspieler. Manche Sachen fielen mir geradezu in den Schoß, während ich mit anderen einfach nicht zu Potte kam. Zwerge zum Beispiel ... ich hatte die allergrößten Schwierigkeiten mit Zwergenrollen.«) Eines schönen Abends jedoch, als er sich im Fernsehen den *Frost Report* anschaute, fiel ihm etwas auf, das sein Leben radikal verändern sollte. Die bisher gehegten Vorstellungen eines erfüllten Daseins als Atomphysiker, Professor für englische Literatur oder bewunderter Chirurg lösten sich in Luft auf. Douglas' ungeteilte Aufmerksamkeit gehörte dem einsdreiundneunzig großen späteren Mitglied der ›Monty-Python‹-Truppe, John Cleese, der in dieser Sendung zumeist selbst geschriebene Sketche zum Besten gab. »Das kann ich auch!« dachte Douglas. »Ich bin genauso groß wie der!«*

Wenn er mit eigenen Stücken auf die Bühne wollte, musste er zunächst welche schreiben. Das warf Probleme auf: »Ich verbrachte einen Haufen Zeit vor der Schreibmaschine, ohne den winzigsten Einfall zu produzieren, ohne ein einziges Wort zu tippen; dafür zerknüllte und zerfetzte ich Unmengen von Papier.« Dieses Phänomen des Nicht-Schreibens sollte sich zum Markenzeichen von Douglas' späteren Werken auswachsen.

---

* Auch wenn sich diese Theorie auf den ersten Blick einigermaßen abseitig anhört, so ergibt sich doch allein aus einer flüchtigen Felduntersuchung, dass der Olymp der britischen Komödie mit Leuten von schier unglaublicher Körpergröße bevölkert ist. John Cleese, Peter Cook, Ray Galton, Alan Simpson und Adams selbst sind 1,93 m groß (gewesen); Frank Muir misst gar 1,96 m, genau wie Dennis Norden. Douglas erzählte immer wieder gerne, dass Graham Chapman, der nur mickrige 1,88 m vorweisen konnte, prompt runde vier Prozent unlustiger war als die anderen.

Aber die Würfel waren gefallen. Adams verabschiedete sich von seinen Wunschträumen, sogar von der Vorstellung, Rockstar zu werden (dabei war er ein ganz passabler Gitarrist), und machte sich daran, Stücke zu schreiben.

Im Dezember 1970 ging er von der Schule ab. Einem Aufsatz über die Renaissance der religiösen Dichtkunst (der auf einem DIN-A4-Blatt Christopher Smart, Gerard Manley Hopkins und John Lennon abhandelte) verdankte er ein kleines Stipendium und die Zulassung zum Englischstudium an der Universität von Cambridge.

Für Douglas war es außerordentlich wichtig, dass er nach Cambridge kam.

Es zog ihn nicht nur deshalb dorthin, weil sein Vater in Cambridge studiert hatte oder weil er dort zur Welt gekommen war, nein, vielmehr auf Grund der Tatsache, dass Cambridge die Brutstätte von Shows vom Schlage *Beyond the Fringe, That Was The Week That Was, I'm Sorry I'll Read That Again* und natürlich *Monty Python's Flying Circus* war.

Douglas Adams wollte bei Footlights mitmachen.

2

Cambridge und andere wiederholbare Phänomene

Bevor er nach Cambridge zog, hatte Douglas Adams sich bereits in einer Reihe Jobs bewährt, die ihm später auf den Buchdeckeln gut zu Gesicht stehen sollten. Er hatte sich dazu entschlossen, per Anhalter nach Istanbul zu reisen, und um das Kleingeld für die Reise zu verdienen, arbeitete er zunächst als Hühnerstallausmister und dann als Pförtner in der Röntgenabteilung des Yeovil-Kreiskrankenhauses (schon vorher, während der Schulzeit, hatte er als Pförtner in einer Nervenheilanstalt gejobbt).

Die Trampreise selbst stellte sich als nicht sonderlich erfolgreich heraus: Zwar schaffte er es bis Istanbul, doch dort angekommen, zog er sich im Handumdrehen eine Lebensmittelvergiftung zu und war somit gezwungen, mit dem Zug wieder nach Hause zu fahren. Er übernachtete in den Korridoren der Eisenbahnwaggons, bemitleidete sich ausgiebig selbst und wurde sofort nach seiner Ankunft in England in ein Krankenhaus eingewiesen. Möglicherweise ergänzten sich die Krankheit und seine vorhergehende Arbeit im Krankenhaus, jedenfalls schämte er sich nach der Entlassung aus dem Spital dafür, dass er das Medizinstudium verworfen hatte.

»Ich stamme aus einer vorbelasteten Familie. Meine Mutter war Krankenschwester, mein Stiefvater Tierarzt und der Vater meines leiblichen Vaters ein berühmter Hals-Nasen-Ohren-Spezialist in Glasgow. Auch ich arbeitete immer wieder in Krankenhäusern. Irgendwie hatte ich das

Gefühl, dass Er – wer auch von dort oben auf mich herniederblickt – mir ständig auf die Schulter klopfte und dabei sagte: ›Oi! Oi! Hol dein Stethoskop raus! Das ist deine wahre Bestimmung!‹ Ich habe nicht auf ihn gehört.«

Douglas verwarf das Medizinstudium wieder, teils weil er Autor und Schauspieler werden wollte (obwohl mindestens vier der besten britischen Autoren und Schauspieler einmal Ärzte gewesen sind: Jonathan Miller, Graham Chapman, Graeme Garden und Rob Buckman), und teils weil er dafür andere Zulassungsnoten, also noch zwei Jahre Schule, gebraucht hätte. Er ging nach Cambridge, um am St. John's College Literatur zu studieren.

Douglas' akademische Karriere war nicht gerade mit Ruhm gesegnet, doch er war immer sehr stolz auf seine Forschungen über Christopher Smart und die Dichtung des achtzehnten Jahrhunderts.

»Smart verbrachte vier Jahre in Cambridge und genoss den Ruf des trunksüchtigsten und zügellosesten Studenten aller Zeiten. Er veranstaltete Travestie-Shows und schluckte im gleichen Pub, den auch ich regelmäßig aufsuchte. Als er die Uni verließ, zog es ihn in die Grub Street, wo er es zum skrupellosesten Journalisten aller Zeiten brächte, bevor er plötzlich eine extreme religiöse Wandlung erfuhr und so seltsame Dinge tat, wie mitten auf der Straße auf die Knie zu fallen und Gott laut anzubeten. Aufgrund dessen wurde er in die Klapsmühle verfrachtet, wo er sein einziges Werk niederschrieb, das *Jubilate Agno,* genauso lang wie *Paradise Lost* und der erste Versuch, hebräische Verse auf Englisch zu verfassen.«

Sogar als Student brachte es Douglas immer wieder fertig, die Abgabefristen zu versäumen: In drei Jahren reichte er nur drei vollständige Seminararbeiten ein. Daran könnte allerdings weniger seine gewohnheitsmäßige Trödelei die Schuld tragen als die Tatsache, dass das Studium schon bald nicht mehr als ein trauriges Drittel seiner Aktivitäten vereinnahmte; der Rest ging für die Schauspielerei und Kneipenbesuche drauf.

Obwohl er mit der festen Absicht nach Cambridge gekommen war, sich Footlights anzuschließen, wurde er nicht so recht glücklich mit dieser Truppe; sie mit ihm auch nicht. Gleich die erste Kontaktaufnahme ging daneben – er fand sie »elitär und ausgesprochen selbstherrlich«, und da sie ihn den ›Grünschnabel‹ gehörig spüren ließen, wandte er sich schon bald der CULES zu (Cambridge University Light Entertainment Society). Mit ihnen absolvierte er kleine lustige Auftritte in Krankenhäusern, Gefängnissen und ähnlichen Veranstaltungsorten. Diese Auftritte waren nicht sonderlich gefragt (vor allem in den Gefängnissen nicht), und später erinnerte sich Douglas nur noch mit Gänsehaut daran zurück.

Im zweiten Semester – mittlerweile fühlte er sich ein bisschen selbstbewusster – besuchte er mit einem Freund namens Keith Jeffrey eine der informellen Veranstaltungen von Footlights, wo sich jeder auf die Bühne stellen und loslegen durfte. »An diesem Abend fiel mir ein Typ auf, der so ganz anders als die anderen vom Footlights-Komitee war, richtig freundlich und hilfsbereit, das genaue Gegenteil von den anderen Burschen. Er hieß Simon Jones. Er ermutigte mich weiterzumachen, und von da an kam ich immer besser mit den Footlights aus.

Allerdings hatte Footlights sehr traditionelle Aufgaben im Rahmen des Universitätslebens zu erfüllen: Alle Weihnachten mussten sie eine Pantomime aufführen, vor den Sommerferien eine Nachtvorstellung und am Ende des Jahres eine spektakuläre kommerzielle Show; da blieb nicht viel Zeit für Aktivitäten außerhalb der Reihe übrig.

Ich glaube, es war Henry Porter, einer der Historiker-Hiwis und Schatzmeister bei Footlights, der einmal bemerkte, dass es sich bei all den Shows, die größere Berühmtheit erlangt hatten, nicht mehr um die original Cambridge-Shows handelte, sondern vielmehr um nachträgliche Überarbeitungen. *Beyond the Fringe* war keine Footlights-Show, ebensowenig wie *Cambridge Circus* (das Ding, mit dem John Cleese und einige andere groß rauskamen), es waren nicht die Cambridge-Shows, sondern überarbeitete Fassungen, die erst entstanden waren, nachdem die Leute Cambridge verlassen hatten. Die Footlights-Shows lagen im Dauerclinch mit den Einschränkungen, die ihnen durch die alljährlichen Verpflichtungen auferlegt waren.«

Bereits nach kurzer Zeit hatte sich Douglas den Ruf erworben, die absolut hoffnungslos unplausibelsten Ideen beizusteuern. Er hingegen fühlte sich von Footlights sehr eingeengt (allein schon deshalb, weil niemand über seine Gags lachen wollte), und schließlich gründete er gemeinsam mit zwei Freunden eine ›Guerilla‹-Revue-Truppe namens ›Adams-Smith-Adams‹ (denn zwei der Mitglieder hießen Adams und der dritte, wie Sie vielleicht schon vermutet haben, Smith).*

»Wir haben unser ganzes Geld reingesteckt, 40 Pfund oder so«, erzählte Douglas. »Dafür mieteten wir uns ein Theater für eine Woche und mussten das Ding durchziehen. Also schrieben wir die Sachen, führten sie auf und hatten einen ansehnlichen Erfolg damit. Ein großer Moment. Das hat mir wirklich Spaß gemacht.«

Zu jener Zeit fasste Douglas den unumstößlichen Entschluss, Schriftsteller zu werden. Eine Entscheidung, die ihm in den darauf folgenden Jahren nicht wenig Ärger und Verdruss bereiten sollte.

---

* Will Adams verdiente seine Brötchen nach der Ausbildung bei einem Strickwarenhersteller; Martin Smith ging in die Werbung und wurde später als ›Martin Smith, der Schrecken von Croydon‹ in einem der Bücher von Douglas Adams unsterblich gemacht.

Die Show nannte sich damals *Ein paar angeberische Schauspieler quälen sich ab,* und der folgende Auszug aus dem Programmheft atmet bereits voll und ganz den Geist eines frühen Douglas Adams:

Nachdem Sie die gegenüberliegende Seite (Stab und Besetzung) durchgelesen haben, fragen Sie sich wahrscheinlich schon voll Ungeduld, wann die Show endlich anfängt. Tja, eigentlich müsste sie genau in dem Augenblick losgehen, wenn Sie das erste Wort des nächsten Satzes lesen. Falls sie jetzt noch nicht angefangen hat, ist das ein sicheres Zeichen dafür, dass Sie zu schnell lesen. Falls sie immer noch nicht angefangen hat, dann lesen Sie wirklich viel zu schnell. In diesem Fall legen wir Ihnen unser Buch ›Schlechter Lesen‹, eine Publikation von Adams-Smith-Adams, ans Herz. Mit Hilfe dieses schmalen Bändchens dürfte es Ihnen problemlos gelingen, Ihre Lesefähigkeit innerhalb kürzester Zeit gegen Null zu reduzieren. Je mehr Sie lesen, desto langsamer werden Sie. Theoretisch dürften Sie nie bis zum Ende der Lektüre vordringen, was das Preis-Leistungs-Verhältnis des Buches geradezu ins Phänomenale steigert!

Im darauf folgenden Jahr traten ›Adams-Smith-Adams‹ erneut ins Scheinwerferlicht (diesmal unterstützt durch den Auftritt eines weiblichen Wesens namens Margaret Thomas, die, laut Programmheft, ›so langsam die Nase voll hat von den unlauteren Annäherungsversuchen der anderen drei, die allesamt in hoffnungsloser und tragischer Liebe zu ihr entbrannt waren‹). Das neue Programm trug den Titel *Das Gebrabbel flacher Geister.* Sämtliche Aufführungen waren sehr erfolgreich, total ausverkauft und wurden allgemein als willkommene Alternative zum orthodoxen Footlights-Angebot gehandelt.

Douglas' Lieblingssketche aus dieser Zeit waren einmal

der mit dem Bahnwärter, der den gesamten Süden Englands ins Chaos stürzt, weil er die Grundlagen des Existenzialismus mit Hilfe des Eisenbahnsignalsystems zu demonstrieren versucht, und dann ein anderer Sketch, von dem er sagte: »Es ist schwer zu beschreiben, worum es da eigentlich ging, jedenfalls handelte er hauptsächlich vom Katzenrasieren, sehr bizarr, aber damals hielten wir die Geschichte für ziemlich lustig.«

Kurz danach hörte Douglas Adams mit den regelmäßigen Auftritten auf, um sich ganz auf die Schreiberei zu konzentrieren. Die ständigen Querelen mit Footlights waren nicht ganz unschuldig an seiner Entscheidung, vor allem die 1974er Footlights-Show. »Es gab da eine Sache bei Footlights, über die ich mich heute noch aufregen könnte. Meiner Meinung nach sollte Footlights eine Show der Schauspieler-Autoren sein, doch zu meiner Zeit lag die ganze Chose fest in den Händen der Produzenten. Der Produzent bestimmte, wer in der Show auftreten durfte, und er bestimmte, wer die Texte schreiben sollte. Alle mussten nach seiner Pfeife tanzen. Ich halte das für grundfalsch, viel zu leblos. In dem Jahr, als ich bei Footlights mitmachte, gab es dort eine ganze Masse hochtalentierter Leute, denen einfach nicht erlaubt wurde, richtig miteinander zu arbeiten.

Ein kleines Beispiel: Footlights klopfte bei uns – Adams-Smith-Adams – an, und sie fragten: ›Können wir das Material verwenden, das ihr drei geschrieben habt?‹ und wir sagten: ›Klar, prima‹, worauf sie sagten: ›Aber wir wollen euch nicht dabeihaben.‹«

Letztendlich trat Martin Smith in dieser Show auf (zusammen mit Griff Rhys Jones und dem zukünftigen Ford Prefect, Geoffrey McGivern), aber keiner der beiden Adams durfte mitmachen, was Douglas Adams auch später immer noch ziemlich bitter aufstieß.

Douglas begab sich auch weiterhin auf Tramptouren

durch Europa und verdiente sich nebenher für die Nebenausgaben nach wie vor Geld mit obskuren Jobs. Anlässlich eines neuerlichen Versuches, nach Istanbul zu gelangen, half er beim Bau von Scheunen aus. Bei dieser Arbeit warf er einen Traktor um, wobei er sich das Becken brach, den Arm aufriss und die Straße so stark beschädigte, dass sie repariert werden musste. Wieder einmal fand er sich im Krankenhaus wieder, doch jetzt wusste er, dass es zu spät war, Medizin zu studieren.

Im Sommer 1974 verließ er Cambridge: jung, zuversichtlich und davon überzeugt, dass sich die Welt bis zu seiner Tür durchschlagen würde – dass er dazu auserkoren war, grundlegend in die Geschicke der Komik einzugreifen.

Wie wir wissen, sollte er Recht behalten. Damals allerdings sah das alles noch nicht so rosig aus.

Jahre in der Wildnis

Nach dem Universitätsabschluss nahm Douglas Adams Gelegenheitsjobs in verschiedenen Büros an, während er herauszufinden versuchte, was er mit dem Rest seines Lebens anfangen sollte. Er schrieb eine Reihe von Beiträgen für *Weekending*, eine Radiosendung, die auf satirische Weise über die Ereignisse der Woche berichtete, zumeist auf politischer Ebene. Da er noch immer die allergrößten Schwierigkeiten damit hatte, auf Bestellung zu schreiben, und auch weil viele seiner Sachen zwar lustig, aber so ganz anders als alles andere in dieser Sendung waren, ging kaum einer seiner Beiträge über den Äther.

Chox, das Footlights-Programm dieses Jahres, wurde nicht nur im Londoner Westend aufgeführt – zum ersten Mal seit langer Zeit –, sondern gelangte sogar ins Fernsehen (Adams erinnerte sich voll Dankbarkeit an die 100 Pfund Honorar, die ihm für die Fernsehrechte seiner Sketche überwiesen wurden). Wenn man Adams glauben will, war die Show ein »fürchterlicher Flop«, aber immerhin kamen eine ganze Menge früherer Footlights-Mitglieder zusammen, um sie sich anzusehen.

Einer davon war Graham Chapman. Chapman ist ein Arzt von einem Meter achtundachtzig, der, anstatt zu praktizieren, bei der Monty-Python-Truppe landete (er spielte den König Arthur in *Die Ritter der Kokosnuss* und den Brian in *Das Leben des Brian)*. Zu dieser Zeit jedoch war die Zukunft von ›Monty Python‹ noch recht unsicher; die Mitglieder waren zerstritten und experimentierten mit verschiedenen Soloprojekten herum. Chapman, der die Sachen von Adams mochte, lud ihn auf ein Glas ein. Douglas nahm an, die beiden quatschten sich fest, und schließlich besiegelten sie eine Zusammenarbeit, die volle achtzehn Monate andauern sollte. Es sah ganz danach aus, als sei das für Adams der große Durchbruch: Im zarten Alter von 22 arbeitete er mit einem der ganz Großen in der britischen Unterhaltungsbranche.

Unglücklicherweise war es nur sehr wenigen der Projekte von Douglas und Graham vergönnt, das Licht der Öffentlichkeit zu erblicken.

Eine der Arbeiten, die das schaffte – jedenfalls beinahe – hieß *Out of the Trees*, eine TV-Show, bei der Chapman und Simon Jones mitspielten. Sie wurde ein einziges Mal, im Spätprogramm, von BBC 2 ausgestrahlt, ohne Vorabreklame; sie erhielt keinerlei Kritiken und wurde sang- und klanglos eingestellt.

»Mein Lieblingssketch aus dieser Show handelte von Dschingis-Khan, der so mächtig, einflussreich und vielbeschäftigt geworden war, dass er zum Erobern keine Zeit mehr hatte und nur noch hinter seinen Finanzberatern herrannte und so weiter und so fort. Es war zum Teil die Umsetzung gewisser Ansichten, die Graham gelegentlich über seine Kollegen von den ›Pythons‹ in den Bart brabbelte. Ich fand den Sketch außerordentlich witzig.*

Die zweite Folge von *Out of the Trees* wurde nicht mehr produziert, obwohl da ein paar sehr gute Sachen drin waren. Mein Lieblingssketch nannte sich *Ein Schellfisch in Eaton* und handelte von einem Schellfisch, der ein Stipendium für Eaton erhielt, weil die Anstalt beweisen wollte, dass sie

---

* Die Idee wurde später zu einer Kurzgeschichte verarbeitet und dem *Anhalter*-Fundus einverleibt. Eine von Michael Foreman illustrierte Version erschien in *The Utterly Comic Relief Christmas Book*.

nicht so elitär ist, wie ihr immer nachgesagt wird. Er wird dort fürchterlich gezwiebelt. Schließlich kriegt er einen stinkreichen Vormund, und das ganze Unternehmen verläuft ziemlich wirkungslos im Sande.«

Wenn *Out of the Trees* schon nicht gerade ein Riesenerfolg war, so lohnt es kaum, ein Wort über die *Ringo-Starr-Show* zu verlieren. Sie schaffte es nicht einmal bis zur Pilotsendung. Es hatte eine Science-Fiction-Komödie werden sollen, in der Ringo Starr einen Chauffeur spielt, der seinen Boss auf dem Rücken herumträgt, bis eines schönen Tages eine fliegende Untertasse landet und Ringo aus Versehen die Fähigkeiten seiner Vorväter verleiht – also die Begabung, durch den Weltraum zu reisen, Blumenarrangements anzufertigen und mittels einer kleinen Handbewegung das gesamte Universum zu zerstören.*

Eigentlich hätte es eine einstündige Sondersendung für das amerikanische Fernsehen werden sollen, aber das gesamte Konzept fiel kläglich durch. Douglas erinnerte sich gerne an das Projekt; später übernahm er eine Idee daraus in den *Anhalter:* die Sequenz mit der Golgafrincham B-Arche. Mit Chapman zusammen arbeitete er auch an der Schallplatte zu den *Rittern der Kokosnuss,* für die er einen Sketch schrieb, der von sehr vielen Händen bis zur Unkenntlichkeit umgearbeitet wurde; in der Originalversion ging es um Marilyn Monroes Leichnam, der für einen neuen Film wieder ausgegraben werden soll ...

Douglas beteiligte sich auch an der Niederschrift von Chapmans Autobiographie (»bei manchen Stellen hätten wir uns um ein Haar geprügelt«), der *Autobiographie eines Lügners.* Er arbeitete mit Chapman an einer Episode von *Ärzte unterwegs.* Zweifellos verdankte er es seiner (nicht ge-

---

* Das komplette Drehbuch zur *Ringo-Starr-Show* wurde später in dem Buch *OJRIL: The Completely Incomplete Graham Chapman* veröffentlicht.

rade prägenden) Mitarbeit an der Schallplatte und seinen beiden kleinen Auftritten in der letzten Folge von *Monty Python's Flying Circus*, dass er in den USA fünf Jahre später in der Reklame für *Per Anhalter…* als Mitglied der ›Pythons‹ verkauft wurde. (Allen Vollständigkeitsfanatikern und aus sonstigen Gründen Interessierten sei hier verraten, dass Douglas in einer Szene, die nicht weiter entwickelt wird, einen Chirurgen spielt, und später, in dem Sketch mit dem Lumpensammler, der Atomsprengköpfe von seinem Karren herunter verhökert, verkörpert er eine der quietschstimmigen »Pfefferstreuer-Ladies«, wie sie die Pythons nennen.)

An dieser Stelle sollte eingeflochten werden, dass Douglas nicht sehr viel Geld mit diesen Tätigkeiten verdiente. Die Miete, die 17 Pfund in der Woche betrug, wurde durch den Überziehungskredit seines Kontos beglichen. Er war nicht besonders glücklich. Die Zusammenarbeit mit Graham Chapman hatte nicht nur nicht zu dem erwarteten Durchbruch geführt, die niederschmetternden Ergebnisse brachten Douglas obendrein zu der Überzeugung, ein 24-jähriger Versager zu sein. Das Ende der gemeinsamen Arbeit hatte vielerlei Gründe, einschließlich Chapmans damaliger Alkoholprobleme, Douglas' zunehmenden Geldmangels, der Ungewissheiten hinsichtlich der Zukunft von *Monty Python's Flying Circus* und schlicht und einfach Pech.

Ungefähr zu der Zeit, als sich Douglas Adams und Chapman trennten, flatterte Douglas eine Einladung nach Cambridge ins Haus, wo er die 1976er Footlights-Revue inszenieren sollte. In der Vergangenheit hatte die Aufgabe des Regisseurs darin bestanden, zwei oder drei Wochenenden in Cambridge zu verbringen, das bis dahin von Footlights zusammengetragene Material zu begutachten, es in irgendeine Form zu biegen und professionell auf die Bühne zu bringen.

Unglücklicherweise hatte der Clubraum der Footlights, der immer der zentrale Ort für die Aktivitäten der Truppe gewesen war, in den zwei Jahren seit Douglas' Abwesenheit dicht- und einem Supermarkt Platz gemacht. Infolgedessen hatten die heimatlosen und enteigneten Footlights so gut wie zu existieren aufgehört.

»Ganz im Gegensatz zu meiner Zeit, 1974, als noch regelrechte Konkurrenzkämpfe ausgefochten wurden, um an der Show teilnehmen zu dürfen, sah ich mich 1976 vor die Situation gestellt, hausieren gehen zu müssen: ›Schon mal was von Footlights gehört? Hättet Ihr nicht Lust in der Mai-Revue aufzutreten?‹ Es war grauenhaft. Ich konnte einige Leute dafür gewinnen – Jimmy Mulville und Rory McGrath von *Wer wagt, gewinnt* und Charles Shoughnessy, der heute in Amerika als Herzensbrecher in einer Vorabendserie namens *Tage unseres Lebens* seine Brötchen verdient – und eigentlich wurde die Show am Schluss nicht allzu schlecht, doch alles in allem war es eine peinliche und schmerzhafte Angelegenheit. Ich musste aus dem absoluten Nichts etwas hervorstampfen. Als die Sache gelaufen war, fühlte ich mich völlig demoralisiert und ausgepumpt.«

Zusammen mit John Lloyd, David Renwick und ein paar anderen wirkte Douglas mit einer Show namens *Unangenehm vertraut* im Rahmenprogramm des Edinburgh Festivals mit. Die Show spielte kein Geld ein, und Douglas' Jahreseinkommen näherte sich der 200-Pfund-Grenze; seine Bankschulden näherten sich der 2000-Pfund-Grenze.

Mit John Lloyd, seinem Zimmergenossen, arbeitete er an einem Filmentwurf für die Stigwood-Organisation. Dabei handelte es sich um eine Science-Fiction-Komödie auf der Grundlage des *Guinness-Buchs der Rekorde*, ein Projekt, das nie festen Boden unter die Füße bekam, da die allgemeine Reaktion darauf sich auf die Fragen: »Wer ist denn John Lloyd, und wer zum Teufel ist Douglas Adams?« beschränkte. Die beiden schrieben Entwürfe für eine TV-Fortsetzungskomödie, die sie *Schneesiebchen und die weißen Zwerge* nannten. Darin ging es um zwei Astronomen, die völlig abgeschieden in einem fiktiven Observatorium auf dem Gipfel des Mount Everest hausen. (»Die Grundidee war: ein Minimum an Schauspielern kombiniert mit einem Minimum an Drehorten; das ganze Paket wollten wir auf Grund seiner enormen Preisgünstigkeit losschlagen. Unsere Rechnung ging wieder nicht auf.«)

Entmutigt und abgebrannt, wie er war, bewarb sich Douglas auf eine der einschlägigen Zeitungsannoncen und landete als Leibwächter bei der Familie eines steinreichen arabischen Ölscheichs. Seine Aufgabe bestand darin, die ganze Nacht vor irgendeinem Hotelzimmer zu sitzen, einen Anzug zu tragen und sich aus dem Staub zu machen, falls jemand mit einer Knarre oder Handgranate auftauchen würde. (Soweit das heute noch verlässlich recherchiert werden kann, trat dieser Fall niemals ein.) Besagte Familie verfügte über ein tägliches Einkommen von 20 Millionen Pfund, was sich nicht besonders erhebend auf Douglas' Moral ausgewirkt haben dürfte, aber der Job lieferte ihm viele hübsche Anekdoten und ein weiteres Tätigkeitsfeld für die biographischen Angaben auf den Buchdeckeln.

»Ich erinnere mich daran, dass einige Mitglieder dieser Familie das Restaurant im Hotel Dorchester aufsuchten. Der Oberkellner reichte ihnen die Karte und sie sagten: ›In Ordnung, das nehmen wir.‹ Es dauerte einen Moment, bis der Groschen gefallen war, dass sie wirklich alles haben wollten, die ganze Karte rauf und runter, Speisen für gut und gerne tausend Pfund. Also schleppten die Kellner alles herbei, die Familie kostete von allem ein bisschen und zog sich dann wieder in ihre Suite zurück. Kurz darauf schickten sie einen ihrer Diener los. Er kam mit einem Riesensack Hamburger zurück, denn darauf sind sie wirklich abgefahren.«

Alle Versuche, die Fernsehproduzenten davon zu überzeugen, dass eine Science-Fiction-Komödie nicht die schlechteste Idee sei, waren gescheitert. Douglas' Bankschulden stiegen ins Unermessliche. Er konnte die Miete nicht mehr bezahlen. Fast hätte er sich eingeredet, dass niemals ein Drehbuchautor aus ihm werden würde und dass er sich nach einem »ordentlichen« Beruf umsehen müsse. Kurz vor Weihnachten 1976 zog ein niedergeschlagener Douglas Adams nach Dorset, wo er die nächsten sechs Monate mietfrei im Haus seiner Mutter wohnen konnte, nach London fuhr er nur noch, wenn es absolut nötig war.

Er war 24 Jahre alt und ein Versager.

4

Essiggurken schlucken, rückwärts gehen und das alles

John Lloyd ist heute der wahrscheinlich einflussreichste Komödienproduzent in England. Zu seinen größten Erfolgen gehören *Not the Nine O'Clock News*, *Black Adder* und *Spitting Image*. Außerdem war er Co-Produzent der Fernsehfassung von *Per Anhalter durch die Galaxis* und schrieb zusammen mit Douglas Adams an der sechsten und siebten Folge der ersten Radiofassung. Gemeinsam mit Douglas Adams verfasste er *The Meaning of Liff (Der Sinn des Labenz)*, doch davon später mehr.

Lloyd machte 1973 bei den Footlights mit. Eigentlich hatte er Rechtsanwalt werden wollen, doch das Show-Business ließ ihn nicht wieder los; nach dem Examen arbeitete er als freier Mitarbeiter und Produzent für die Abteilung ›Leichte Unterhaltung‹ beim BBC Radio.

Er ist ein phänomenal beschäftigter Mann. Als es mir endlich gelang, einen Interviewtermin für dieses Buch mit ihm zu verabreden, fand ich mich um neun Uhr morgens in den *Spitting-Image*-Studios in den Limehouse Docks von London wieder, kurzfristig zwischen zwei wichtige Termine gequetscht und mit einem Haufen ungeduldiger Leute im Rücken, die hinter der Glaswand seines Büros wild und völlig hemmungslos auf ihn ein gestikulierten.

»Ich kannte Douglas – wenn auch nicht besonders gut – schon auf der Universität. Ich besuchte das Trinity College in Cambridge, und er war im St.John's, gleich nebenan. Douglas fabrizierte die unlustigsten Sketche, die jemals bei

Footlights aufgeführt wurden – nach Meinung der Footlights-Leute jedenfalls.

Seine Sketche waren immer sehr lang ... ich erinnere mich an einen über einen Baum, ein anderer handelte von einem Briefkasten. Er stand da vor all den Leuten und drangsalierte sie mit diesen langen, ziemlich ermüdenden Sketchen, die zu der Zeit bei Footlights überhaupt nicht gut ankamen; damals wurde dort fast nur gesungen und getanzt.

Also machte er mit Martin Smith und Will Adams eigene Sachen, zwei wirklich brillante College-Revues, immer volles Haus, zur gleichen Zeit, als ich in den *Trinity Revues* auftrat. Footlights bestand damals aus einem Haufen Angebern, die sich in ihrem ekelhaften Club trafen und sich alle wie kleine Noel Cowards vorkamen; als der Club dann zugunsten eines Parkhauses abgerissen wurde, entwickelten sie wieder mehr Pep und zogen schon bald ein breiteres Publikum an.

Die Shows von Adams-Smith-Adams wurden allgemein als die besseren angesehen – hauptsächlich von Douglas –, und sie waren auch wirklich besser. Einmal hatten sie was umwerfend Komisches eingebaut, und zwar erzählten sie in der Pause unerträglich langsam Witze, um die Leute raus an die Bar zu treiben.

Ich habe Douglas ein paar Mal auf Parties getroffen, aber erst nach der Uni, als wir uns regelmäßig in einem Hamburger-Restaurant namens Tootsies in Notting Hill zum Hamburgerfuttern trafen, lernten wir uns besser kennen, und zu guter Letzt teilten wir uns eine Wohnung.

Ich arbeitete als Produzent beim Radio, und Douglas schrieb irgendwelches Zeugs mit Graham Chapman; ein absolut schrilles Unterfangen, bei dem sie sich meistens fürchterlich betranken. Graham hatte in seinem Haus ein Zimmer nur für Gin eingerichtet: ringsum an den Wänden reihten sich die Ginflaschen auf (mittlerweile ist er Abstinenzler), und von Zeit zu Zeit, wenn ich gerade beim BBC Radio zu tun hatte, ging ich in der Mittagspause dort vorbei. Die beiden genehmigten sich einige Gin vor dem Essen, gingen dann in die Kneipe und lösten alle Kreuzworträtsel in sämtlichen Zeitungen. Dann betranken sie sich tierisch, und für gewöhnlich zog Graham seinen Schniepel raus und legte ihn auf die Bar... das war äußerst unterhaltsam.

Wenn ich nach der Arbeit nach Hause kam, hatte Douglas meistens ausgiebig gebadet und Tee eingepfiffen und den Kühlschrank leer gefressen, und abends saßen wir herum und schrieben Texte. Wir teilten uns das Haus zu dritt: meine Freundin, Douglas und ich. Ich hatte eine feste Anstellung, doch Douglas krebste ganz schön rum; er war abgebrannt, es wurde immer schlimmer, und seine Bankschulden gingen immer weiter in die Höhe, und er wurde immer verzweifelter. Dabei hatten wir eine Menge Projekte am Laufen: Douglas und Graham hatten ein Treatment für die Verfilmung des *Guinness-Buch der Rekorde* angefertigt, doch es wurde abgelehnt; Douglas und ich setzten uns noch einmal dran. Es wurde recht gut – die Stigwood-Organisation zeigte Interesse, und sie luden uns auf die Bermudas ein, um die Angelegenheit zu besprechen. Wir waren unbeschreiblich aufgeregt; dann kam wieder eine Enttäuschung: Sie ließen einfach nichts mehr von sich hören, geschweige denn, dass sie uns irgend etwas dafür gezahlt hätten.

Es wäre eine Science Fiction-Geschichte geworden, über eine Spezies Außerirdischer, die allergemeinsten Außerirdischen im gesamten Universum, die auf Grund irgendwelcher Umstände in den Besitz einer Ausgabe des *Guinness-Buch der Rekorde* gelangen, woraufhin sie unverzüglich zur Erde fliegen und die Menschheit im Boxen, Ringen und Andern-auf-die-Knöchel-Treten herausfordern, so was in der Richtung. Die Vereinten Nationen willigen schließlich ein (ich erinnere mich daran, dass John Cleese den UN-Generalsekretär spielen sollte), aber nur unter der Bedingung, dass alle schwachsinnigen Disziplinen wie Essiggurkenschlucken, Rückwärtsgehen und das alles mitzählen. Also veranstalteten sie eine *Guinness-Buch der Rekorde*-Olympiade, und die Außerirdischen gewinnen in allen vernünftigen Disziplinen, aber sie verlieren bei all den schwachsinnigen Veranstaltungen.

Danach entschlossen wir uns, nach Roehampton umzuziehen. Dort lebten wir recht zufrieden, bis wir über die Zeitung einen vierten Mitbewohner suchten, was uns eine Prozession der unwahrscheinlichsten Typen ins Haus fegte. Einer war besonders hart drauf: Als wir eines Tages von der Arbeit zurückkamen, hatte er sämtliche Teppiche zerrissen (das Haus gehörte einer alten Dame) und zum Fenster hinausgeworfen, weil sie seiner Meinung nach ›muffig‹ rochen. Den Vogel schoss er jedoch ab, als er die Gartenhecke mit der Motorsäge niedermachte, weil sie, wie er meinte, nicht ordentlich geschnitten war.

In der Zeit produzierte ich *Weekending* und versuchte immer wieder, Douglas zum Schreiben zu bewegen. Ich schrieb kurze Sketche für alle möglichen Shows, aber Douglas brachte nichts auf die Beine. Damals dachte ich, er ist einfach nicht fähig dazu, ich dachte, was ich kann, muss er doch auch hinkriegen, aber er konnte oder wollte einfach nicht. Einmal brachte ich ihn so weit, etwas für *Weekending* zu schreiben. Er schrieb einen sehr witzigen Sketch über John Stonehouse, einen Burschen, der sich permanent tot stellte, aber es passte nicht in die Show. Es war sehr witzig, aber es passte nicht.

Dann trennten sich unsere Wege. Ich war Produzent beim Sender, er ein erfolgloser Schriftsteller. Trotzdem blieben wir gute Freunde. Douglas war damals knapp am Rande der Verzweiflung und total pleite (ich musste ihm sogar seine Drinks spendieren). Es kam so weit, dass er sich für Speditionsjobs in Hongkong bewarb und solche Sachen; er hatte die Schreiberei schon aufgegeben.

Und dann tauchte Simon Brett auf...«

Per Anhalter zu den Sternen

»1976 war für mich das allerschlimmste Jahr. Ich war fest davon überzeugt, dass ich nicht schreiben konnte, dass ich niemals auch nur ein müdes Pfund damit verdienen würde, Ich war entmutigt, hilflos und fühlte mich wie ausgespuckt; ich war überspannt und total neben der Spur.

Mit dem *Anhalter* versuchte ich mich aus diesem Dilemma herauszuschreiben. Zu meiner Überraschung und großen Freude erhielt ich in der ersten Zeit jede Menge Briefe von Leuten, die schrieben: ›Ich war furchtbar depressiv und unzufrieden, bis ich mich hinsetzte und Ihr Buch las. Es hat mir wirklich wieder den Weg nach oben gezeigt.‹ Ich habe es eigentlich geschrieben, um mich selbst zu kurieren, aber es scheint auf viele andere Leute die gleiche Wirkung auszuüben. Ich habe keine Erklärung dafür. Vielleicht habe ich ganz unbeabsichtigt ein Selbsthilfebuch geschrieben.«

Ohne die Hilfe einer ganzen Reihe von Leuten hätte der *Anhalter* erst gar nicht zustande kommen können, jedenfalls nicht so, wie wir ihn heute kennen.

Einer davon ist John Lloyd; Geoffrey Perkins ein anderer. Zweifellos der wichtigste ist jedoch Simon Brett, der im Jahre 1976 im Radio 4 eine Comedy-Sendung produzierte, *The Burkiss Way*. Simon Brett verdient bei weitem mehr Platz, als wir ihm hier einräumen können. Er arbeitet schon lange für Radio und Fernsehen, schrieb so unterschiedliche Shows wie *Frank Muir Goes Into ...* und die Kultsendung *After Henry*. Der Schriftsteller Simon Brett ist bekannt für seine exzellenten Detektivgeschichten um den Schnüffler Charles Paris (ein lausiger Schauspieler, aber ein hervorragender Detektiv), die jeder, der sich für den Nährboden, aus dem der *Anhalter* entstand, interessiert, unbedingt lesen sollte; nirgendwo sonst wird dem Leser ein so akkurater und schneidender Blick hinter die Kulissen der englischen Radio-, Fernseh- und Theaterszene gewährt. Brett zeichnet außerdem für eine Reihe humoristischer Bücher verantwortlich und ist der Verfasser mehrerer beachtenswerter Machwerke, von denen nur sein Beitrag zu Geoffrey Willans und Ronald Searles' *Molesworth*-Serie genannt sei.

Brett hatte Adams über John Lloyd kennen gelernt, der zu jener Zeit ebenfalls als Nachwuchsproduzent beim Rundfunk arbeitete. Sein erster Eindruck sei gewesen, dass »Douglas ein talentierter Schreiber ohne die passende Nische war. Ich ermutigte ihn, für *Weekending* zu schreiben, denn anscheinend fand er kein anderes Ventil für seinen Humor, aber auch das war nicht sein Ding; die vorgegebenen Sachen können einen ganz schön einengen. Als ich mit *The Burkiss Way* anfing, schrieb er ein paar Sketche dafür – einer davon war der Kamikaze-Appell, ein anderer war eine Parodie auf von Däniken, in der die Welt von krawattentragenden flauschigen Kätzchen erschaffen wurde, die ›Raindrops Keep Falling On My Head‹ trällerten.«

Brett war scharfsinnig genug, um zu erkennen, dass Douglas seine Fähigkeiten viel besser in einer eigenen Show entfalten konnte, als wenn er sein Talent auf das Format anderer Leute zusammenstutzte. Am 4. Februar 1977 kam Douglas von Dorset nach London, um sich mit Simon zu treffen, der von ihm wissen wollte, ob er irgendwelche Ideen für eine Comedy-Show hätte.

Douglas, der seine Vorstellungen von einer Science-Fiction-Sendung allen möglichen unbeeindruckten TV-Produzenten ans Herz gelegt hatte, hätte nicht im Traum daran gedacht, es auch beim Radio zu versuchen; seiner Meinung nach war Radio ein viel zu konservatives Medium, an Science Fiction überhaupt nicht interessiert. Und dann...

Dann weichen die historischen Erinnerungen voneinander ab. Wollen wir Douglas glauben, sagte Simon Brett: »Nicht schlecht, deine Einfälle, aber was ich eigentlich schon immer machen wollte, ist eine Science-Fiction-Komödie.« Brett glaubt sich zu erinnern, dass Douglas den Vorschlag machte und er dann zustimmte. Ist ja auch egal. Jedenfalls kam das Thema zur Sprache, beide waren sofort Feuer und Flamme, und Douglas reiste ab, um seine Vorstellungen zu Papier zu bringen.

Die Ausgangsidee lag schon eine ganze Weile zu Hause bei Douglas in der Schublade. »Es ging da um diesen Burschen, dessen Haus zerstört wird, und kurz darauf wird die Erde aus dem gleichen Grund zerstört. Ich wollte eine sechsteilige Serie daraus machen, und in jeder Folge sollte die Erde aus einem völlig anderen Grund weggeputzt werden. Das Projekt trug den Titel *Weltuntergänge*. Ich finde die Idee auch heute noch ziemlich gut.

Als ich über den Entwurf der ersten Folge nachgrübelte, kam mir der Gedanke, die Story aus dem Blickwinkel eines außerirdischen Lebewesens zu entwerfen, das auf der Erde weilt und genau weiß, was passieren wird.

Da erinnerte ich mich an diesen Titel, der mir damals 1971 auf der Wiese bei Innsbruck eingefallen war, und ich dachte mir: Okay, der Typ zieht durch die Gegend und erforscht fremde Planeten für den Reiseführer *Per Anhalter durch die Galaxis*. Je länger ich darüber nachdachte, desto geeigneter erschien mir der Entwurf für eine fortlaufende Geschichte, ganz im Gegensatz zu *Weltuntergänge,* das eine Reihe von verschiedenen, abgeschlossenen Geschichten geworden wäre.«

Adams verfasste einen dreiseitigen Entwurf für die

erste Episode von *Per Anhalter durch die Galaxis,* plus einer zusätzlichen Seite, auf der die weitere Entwicklung skizziert war. (Wie man leicht erkennen kann, wurde ab der Szene im Laderaum des Vogonenschiffes fast alles wieder abgeändert. Siehe Anhang I.)

Der Entwurf, auf dem der Eigenname ›Aleric B‹ in letzter Sekunde durchgestrichen und durch ›Arthur Dent‹ ersetzt worden war, wurde der Programmplanungskommission der BBC vorgelegt. Douglas konnte von Glück sagen, dass in dieser Kommission zwei Verbündete von ihm saßen: Simon Brett und Chefproduzent John Simmonds, eigentlich ein eher konservativer Mann, aber ein großer Fan von Douglas' Kamikaze-Sketch aus *The Burkiss Way.*

KAMIKAZE

         FX WILDE FLAMENCOMUSIK, DIE EINE ZEIT LANG ANHÄLT
SPRECHER Japan 1945
         FLAMENCOMUSIK SETZT WIEDER EIN
         Japan!
         IMMER NOCH FLAMENCOMUSIK. WIR SEHEN, WIE DER ERZÄHLER NACH HINTEN ZUM ORCHESTER GEHT UND, BEISPIELSWEISE, DEN PIANISTEN ATTACKIERT. ZÖGERND SETZEN JAPANISCHE KLÄNGE EIN, DIE JEDOCH SCHNELL WIEDER VERSTUMMEN.
SPRECHER Vielen Dank. Japan 1945. Der Krieg nähert sich seinem Ende. Das japanische Reich befindet sich in einer verzweifelten Lage ... ich habe nichts davon erwähnt, dass die Musik aufhören soll. (ER GEHT WIEDER NACH HINTEN ZUM ORCHESTER) Also Jungs, was soll das? Macht ihr euch Sorgen wegen der Bezahlung? Macht hin! (WIEDER FLAMENCOMUSIK) Nein, Flamenco gehört nicht hierher! Was soll das

heißen, die Griffe sind einfacher? Passt mal auf, wir haben für euch diesen Haufen japanischer Instrumente angeschafft, warum spielt ihr nicht mal was darauf? (KURZES FLAMENCO-RIFF AUF JAPANISCHER LAUTE) Also, gut, wir werden uns noch mal ausführlich darüber unterhalten. Ihr da vorne (ZU DEN SCHAUSPIELERN AUF DER BÜHNE), macht weiter. DAS BÜHNENBILD BESTEHT AUS EINER BANK IN EINEM BESPRECHUNGSRAUM, AUF DER EIN EINZELNER KAMIKAZE-FLIEGER IN VOLLER MONTUR UND MIT ANGELEGTEM STIRNBAND HOCKT. NEBEN IHM AUF DER BANK LIEGEN DIE STIRNBÄNDER VON VIELEN ANDEREN, OFFENSICHTLICH GEFALLENEN KAMIKAZE-FLIEGERN. VOR IHM STEHT SEIN KOMMANDEUR, DER EINE LETZTE ANSPRACHE AN SEINE SCHEIDENDEN ›PILOTEN‹ RICHTET.

KOMM Ihr alle kennt den Zweck dieser Mission. Es handelt sich um einen Kamikaze-Einsatz. Eure heilige Pflicht besteht darin, die Schiffe der amerikanischen Flotte im Pazifik zu zerstören. Dazu ist der Tod eines jeden von euch absolut erforderlich. Auch deiner.
PILOT Meiner, Sir?
KOMM Ja, deiner. Du bist doch ein Kamikaze-Flieger?
PILOT Jawohl, Sir.
KOMM Was bist du?
PILOT Ein Kamikaze-Flieger, Sir.
KOMM Und worin besteht deine Aufgabe als Kamikaze-Flieger?
PILOT Mein Leben für den Kaiser zu opfern, Sir!
KOMM Wie viele Einsätze hast du bereits geflogen?
PILOT Neunzehn, Sir.
KOMM Richtig, ich habe hier die Berichte deiner bisherigen Feindflüge. (BLÄTTERT ALLE DURCH) Mal sehen: Konnte Ziel nicht finden, konnte Ziel nicht finden, hat sich

	verflogen, konnte Ziel nicht finden, Stirnband vergessen, konnte Ziel nicht finden, konnte Ziel nicht finden, Stirnband über die Augen gerutscht, konnte Ziel nicht finden, Rückkehr wegen Kopfschmerzen
PILOT	Das Stirnband saß zu eng, Sir.
KOMM	… Höhenangst, konnte Ziel nicht finden, alle genannten Gründe zusammen, konnte Ziel nicht finden. Scheint mir ganz so, als hättest du nicht richtig gesucht.
PILOT	Doch, hab ich, Sir, ich habe überall gesucht!
KOMM	Ich denke doch, es dürfte nicht allzu schwierig sein, wenn man berücksichtigt, dass wir über eine ausgefuchste Feindaufklärung verfügen, deren Aufgabe darin besteht, euch zu sagen, wo die Ziele zu finden sind.
PILOT	Na ja, die Angaben sind nicht immer sehr genau, Sir, manchmal sucht man stundenlang, ohne auch nur einen einzigen Flugzeugträger auszumachen.
KOMM	Äh, wo genau hast du nach diesen Flugzeugträgern gesucht?
PILOT	Ah, also, Sir…
KOMM	(BLÄTTERT IN DEN BERICHTEN) mir fällt hier nur auf, dass du anscheinend das offene Meer mehr oder minder ignoriert hast. Ich denke, das Meer wäre bestimmt ein recht viel versprechendes Zielgebiet, oder wie siehst du das?
PILOT	Jawohl, Sir.
KOMM	Ganz im Gegensatz zum Luftraum über Tokio. Und noch etwas…
PILOT	Ja, Sir?
KOMM	Nimm die Siegesbänder ab.
PILOT	Sir, jetzt sind Sie aber wirklich ungerecht. Ich bin sehr oft über dem offenen Meer geflogen. Einmal habe ich sogar einen Flugzeugträger angegriffen.

KOMM Ah, richtig. Ich habe den genauen Bericht Ihres ›Angriffs‹ hier vorliegen. Einsatz Nummer neunzehn. Mal sehen. Start 5 Uhr morgens, Richtung Zielgebiet; guter Start. Ziel gesichtet 5 Uhr 20, gut, bis auf 2000 Meter aufgestiegen, Angriff eingeleitet, Sturzflug, und erfolgreich ... auf dem Ziel gelandet.

PILOT Ich musste pinkeln, Sir. Kalt erwischt. Bin aber dann sofort wieder gestartet, Sir. War 'ne tolle Aktion – leider ist einer von unseren Jungs voll draufgeknallt. Der arme Teufel hatte nicht die geringste Chance.

KOMM Was?

PILOT Doch, ehrlich, Sir – das machte mich fuchsteufelswild. Ich war drauf und dran, alles rauszureißen, ich wollte ihnen ordentlich eins draufgeben, ganz cool und knapp über dem Boden wäre ich reingedonnert und hätte es ihnen platsch! direkt durch das Kantinenbullauge reingeknallt. Die hätten vielleicht geglotzt.

KOMM Sie haben was tun wollen?

PILOT Alles rausfetzen und ihnen flatsch! den ganzen Schlamassel mitten ins Frühstück geklatscht. Jede Wette, die hätten gewusst, dass wir keinen Spaß mehr verstehen.

KOMM Was genau wollten Sie rausreißen und denen mitten ins Frühstück klatschen?

PILOT Meinen Magen, Sir. Mensch Meier, ich hätte zu gerne ihre blöden Gesichter gesehen, wenn diese unförmige, schwabbelige Masse direkt auf ...

KOMM Moment ... Moment mal, damit wir uns richtig verstehen: Sie hatten also vor, Ihren Magen ...

PILOT Rauszufetzen, genau, Sir, Kamikaze, verstehen Sie?
(VOLLFÜHRT HARAKIRI-BEWEGUNGEN)

KOMM Sie wollten Ihren Magen herausschneiden und den Feind damit ... *bewerfen*?

PILOT   Genau, mitten rein!
KOMM   Und aus welchem Grund?
PILOT   Dem Kaiser ein Opfer bringen, Sir.
KOMM   Was um Himmels willen wollten Sie damit bezwecken?
PILOT   Dem Feind Schuldgefühle einpflanzen, Sir.

Am ersten März 1977 willigte die BBC in die Produktion der Pilotsendung ein, und schon am vierten April hatte Douglas das Skript fertig; es handelte sich in groben Zügen um den *Anhalter*-Entwurf, den wir heute kennen – mit einigen Abweichungen. Die längste und auffallendste ist Fords Ausführung über die ›Parallel-Universen‹ (s. S. 65), die eigentlich die Begründung dafür liefert, weshalb Ford Arthur Dent überhaupt rettet. (An dieser Stelle sollte eingefügt werden, dass Ford ursprünglich Arthur dazu überreden wollte, mit ihm zusammen für den Reiseführer im Universum zu recherchieren; als Douglas später das Computerspiel verfasste, wollte Ford eigentlich nur noch schnell Arthurs Handtuch zurückgeben und sich dann schleunigst aus dem Staub machen, bevor der ganze Planet in die Luft fliegt.) Es gab auch noch einen zusätzlichen, weitaus längeren Dialog zwischen Arthur und Prosser, dem Regierungsbeamten, aber zum Glück wurde der zusammengestrichen. Der Humor schien eher den Hirnen der Monty Pythons und weniger Douglas Adams selbst entsprungen zu sein.

PROSSER: Aber Sie haben die Bekanntmachung doch ausfindig gemacht, oder etwa nicht?
ARTHUR: Aber ja doch. Sie lag für jeden frei zugänglich ganz unten in der zugeschlossenen Schublade eines

Aktenschranks, der in einer stillgelegten Herrentoilette vor sich hingammelte, an deren Tür ein Zettel mit der Aufschrift ›Vorsicht bissiger Leopard‹ klebte. Haben Sie schon einmal mit dem Gedanken gespielt, in die Werbebranche zu gehen?

PROSSER: Wenn es sich wenigstens um ein besonders hübsches Haus handeln würde.
ARTHUR: Mir gefällt es ziemlich gut.
PROSSER: Mr. Dent, falls Sie es vorziehen, über die Bezirksregierung zu spotten...
ARTHUR: Ich? Ich habe niemanden verspottet.
PROSSER: Ich sagte, *falls* Sie es vorziehen, über die Bezirksregierung zu spotten...
ARTHUR: Na schön, vielleicht habe ich ein bisschen gelästert.
PROSSER: Darf ich fortfahren?
ARTHUR: Selbstverständlich.
PROSSER: Falls Sie es vorziehen, über die Bezirksregierung zu spotten...
ARTHUR: Nennen Sie das fortfahren?
PROSSER: Jawohl! Ich sagte...
ARTHUR: Oh, Verzeihung, es hörte sich nur gerade so an, als würden Sie dasselbe noch einmal sagen.
PROSSER: Mr. Dent!
ARTHUR: Ja, hier?
PROSSER: Haben Sie die geringste Vorstellung davon, was es einem Bulldozer ausmacht, wenn ich ihn einfach über Sie drüberfahren lasse?
ARTHUR: Nein, was denn?
PROSSER: Überhaupt nichts.

– *Radioskript zu* Per Anhalter...

Von April bis August gab es eine Reihe von Verzögerungen. Die Pilotsendung wurde produziert, doch danach begann die große Warterei, woran hauptsächlich die oberste Riege der BBC die Schuld trug. Die Herren befanden sich im Sommerurlaub, was zur Folge hatte, dass keiner der Verantwortlichen in den Abteilungen, den Redaktionen und den anderen Entscheidungsgremien sich zu einer Äußerung bezüglich der Fortführung des *Anhalter*-Projektes bewegen ließ. Das wiederum hatte zur Folge, dass Douglas beinahe durchdrehte und für seine Arbeit nicht bezahlt werden konnte. Das wiederum hatte zur Folge, dass er das Skript an den verantwortlichen Redakteur von *Dr. Who* schickte, um wenigstens auf diesem Wege zu etwas Geld zu kommen.

Schließlich, am letzten Augusttag des Jahres 1977, signalisierte die BBC-Führungsspitze grünes Licht für die Produktion von weiteren sechs Folgen. Simon Brett konnte sich nicht mehr um die Sache kümmern; er verließ die BBC und wechselte als Produzent zu London Westend Television. Er empfahl, an seiner Stelle Geoffrey Perkins, den jüngsten Produzenten der Abteilung, mit der Aufgabe zu betreuen. Zum großen Glück für alle Beteiligten wurde sein Rat beherzigt.

Radio, Radio

ERZÄHLERSTIMME: An jenem Donnerstag glitt ein elegantes Etwas durch die Ionosphäre mehrere Kilometer über der Oberfläche des Planeten. Nur zwei Leute auf dem Planeten nahmen Notiz davon. Der eine war ein taubstummer Geistesgestörter im Amazonasbecken, der sich sofort, vom Grauen gepackt, zwanzig Meter tief in einen Abgrund stürzte; der andere war Ford Prefect.

– *Radioskript von* Per Anhalter...

Über eine Sache sind sich alle klar, die an dem *Anhalter*-Projekt beteiligt waren: Douglas Adams hatte eine haargenaue Vorstellung davon, wie das Hörspiel am Ende sein würde, wie alles klingen musste. (Außerdem beschwört noch heute jeder von ihnen, dass Douglas keinen Schimmer davon hatte, welche Wirkung die Geschichte haben würde.) Er wusste nur, dass sie vor Ideen übersprudelte, mit viel Liebe zum Detail und rasant experimentell gemacht werden musste – eine »Sound-Collage«, wie sie das Radio noch nicht erlebt hatte. Epochal. Ein Meilenstein in der Geschichte der Radio-Shows.

Doch zuallererst musste sie geschrieben werden.

Was gar nicht so einfach war, wie es sich vielleicht anhört.

Das von Douglas Adams verfasste Vorwort zur späteren Veröffentlichung der Radioskripts vermittelt einen Eindruck aus dieser Zeit, einer Periode, die er als »sechs Monate Badewanne und Erdnussbutterbrote« beschreibt, sechs Monate, die er im Hause seiner Mutter in Dorset damit verbringt, Papierkörbe mit halb vollgetippten Seiten vollzustopfen, die Entwürfe immer wieder umzuschreiben und in Depressionen zu verfallen. Überall verteilte er kleine Zettel mit Botschaften an sich selbst, auf denen etwa geschrieben stand:

»Sollte dir irgendjemand einen ordentlichen Beruf anbieten ... greif sofort zu.«

»Das ist wirklich keine Beschäftigung für einen gesunden, aufstrebenden jungen Mann«, und unter den Mitteilungen standen weitere Mitteilungen, die keine Zweifel aufkommen ließen:

»Das wurde nicht nach einem furchtbaren Tag niedergeschrieben, sondern nach einem ganz normalen, durchschnittlichen Tag.«

Nachdem die Einstiegsfolge produziert worden war, ging Simon Brett zu London Weekend Television und ließ Geoffrey Perkins als Verantwortlichen zurück. Perkins, ein 25-jähriger Oxford-Absolvent, war aus seinem Leben in der Handelsbranche durch eine Einladung zum Radio erlöst worden; er war der jüngste Produzent in der Abteilung ›Leichte Unterhaltung‹. Douglas war ihm nur flüchtig als »Hemmschuh bei der BBC« bekannt, doch zeigte er immerhin so viel Interesse an dem Projekt, dass er sich darum bemühte, und wurde – zu seiner eigenen Verblüffung – tatsächlich damit betraut. Vermutlich deshalb, weil sonst niemand wusste, um was es bei der Sendung eigentlich ging, geschweige denn, wie man sie in Szene setzen sollte.

Auch Geoffrey hatte keine Vorstellung davon, wie der *Anhalter* umzusetzen war; zu seiner großen Erleichterung fand er bei einem Essen mit Douglas vor der zweiten Folge heraus, dass keiner von ihnen wusste, was sie da eigentlich machten. Das erleichterte die Angelegenheit enorm.

Douglas selbst war durch den schnellen Produzentenwechsel etwas nervös geworden. Die beiden gingen bei der zweiten Folge (ihrer ersten als Team) noch sehr bedächtig miteinander um, fanden jedoch schon bald heraus, dass sie, was die Inszenierung betraf, auf der gleichen Linie lagen, sich sehr gut ergänzten und hervorragend miteinander arbeiten konnten. Geoffrey und Douglas wurden gute Freunde.

Wollte Douglas mit der ersten Sendung irgendetwas Besonderes aussagen? »Ich wollte eigentlich nur etwas präsentieren, das ich für witzig hielt. Auf der anderen Seite hängt meine Art von Humor natürlich davon ab, was ich tagtäglich erlebe und was ich davon halte. Ich hatte nicht vor, bestimmte Aussagen zu machen, doch eine gewisse Haltung den Dingen des Lebens gegenüber drückt sich in allen Sachen aus, mit denen man sich beschäftigt, die Aussagen schleichen sich einfach durch die Hintertür herein.

Ich wollte – das habe ich auch im Vorwort zur Buchausgabe der Radiomanuskripte zum Ausdruck gebracht –, also ich dachte mir, wenn man mit Tönen und Geräuschen arbeitet, ist da eine ganze Menge mehr zu holen, als ich sonst so im Radio gehört hatte. Die Leute, die zuerst mit Klängen herumexperimentiert hatten, kamen von der Rockmusik-Szene – die Beatles, Pink Floyd und so weiter.

Ich war wie besessen von meinen Klangvorstellungen. Die außerirdischen Welten sollten mit ihren Geräuschen und Klängen so präsent sein, dass sie die Zuhörer eine halbe Stunde lang voll in ihrem Bann hielten. Damit will ich nicht behaupten, dass uns das gelungen wäre, aber das, was wir erreicht haben, ist nur als ein Ergebnis des Strebens nach dieser Idealvorstellung zu begreifen.

Wir nahmen uns irre viel Zeit dafür, die richtigen Effekte auszutüfteln, die Hintergrundgeräusche und all die winzigen Details – zum Beispiel Marvins Art zu reden und so weiter. Das alles nahm so viel Zeit in Anspruch, dass wir ständig Studiozeiten von anderen Produktionen stehlen und dabei den Anschein erwecken mussten, dass wir viel schneller vorankamen, als es eigentlich der Fall war. Den gigantischen Zeitaufwand hätten wir niemals rechtfertigen können (bei der BBC ist Zeit nicht gleich Geld, aber es kommt schon recht nahe dran; es bestehen da bestimmte komplizierte Abhängigkeiten), denn was wir da fabrizierten, wich so krass von alledem ab, was dort normalerweise passierte.

Sogar die Arbeitsvorgänge mussten wir zuerst entwickeln, denn niemand außer uns produzierte im Mehrspur-Aufnahmeverfahren. Zuerst gingen wir völlig falsch an die Sache heran, weil wir einfach nicht genau wussten, wie es laufen musste, und erst als wir durch die Technik durchblickten, ging es langsam voran. Dabei handelte es sich weniger darum, den richtigen Weg ausfindig zu machen, als vielmehr in den Besitz der geeigneten Ausrüstung zu gelangen. Es ging schon damit los, dass wir kein Achtspur-Aufnahmegerät hatten; eine zufriedenstellende Version kam erst mit einem Achtspurgerät zustande. Nach einiger Zeit, als alle wussten, was zu tun war, konnte ich mich mehr im Hintergrund halten, doch ich war ständig zugange, um gegebenenfalls herumzunörgeln und einzugreifen.«

Geoffrey Perkins erzählte die Geschichte aus einem geringfügig anderen Blickwinkel: »Nachdem ungefähr die Hälfte der Folgen fertig gestellt war, mussten wir Douglas aus dem Regieraum aussperren, weil er kein Ende fand und voller Begeisterung immer wieder neue Teilchen in die Szenen einbauen wollte. Kaum waren wir mit einer Szene fertig, schon kam er an und quengelte: ›Was ich mir gerade überlegt habe ... am besten fangen wir noch einmal von vorne an.‹

›Warum?‹

›Ich glaube, da gehört noch so ein *Blubbeldubbeldubbeldubbelblubbeldubbelblob* in den Hintergrund...‹

Wir mischten die Spuren erst zusammen und stutzten sie hinterher zurecht, was nicht gerade die eleganteste Lösung war, weil alles mit Musik und Effekten unterlegt war. Bei den ersten Folgen fragte ich noch, was wir herausschneiden sollen, und dann kam er immer mit einer Liste merkwürdiger Wörter an (so was wie ›und‹, ›das‹, ›aber‹), und das ging nun beim besten Willen nicht. ›Etwas anderes möchte ich aber nicht wegschneiden!‹ sagte er. Am Schluss habe ich ihn gar nicht mehr gefragt. Deshalb gehe ich möglicherweise als Vandale der Sendung in die Geschichte ein.«

In Geoffrey Perkins hatte Douglas Adams einen gleichwertigen Gegenspieler gefunden – und den idealen Produzenten für seine *Anhalter*-Geschichte. Leider ist Perkins heute nicht annähernd so bekannt, wie er es für seine Arbeiten als Texter und Sprecher der äußerst originellen Radio-4-Produktion *RadioAktiv* verdient hätte. Er ist etwas kleiner als Douglas Adams, trägt grellbunte Brillen und ist ein ausgesprochener Perfektionist. Er war wohl der einzige Produzent bei Radio 4, der es sich zwei Tage kosten ließ, um einen ganz bestimmten Soundeffekt auszutüfteln, und einer der wenigen Menschen, die mittels Drohungen, Verlockungen und blanker Erpressung Douglas dazu bewegen konnten, seine Texte abzuliefern – und zwar rechtzeitig.

Die Sendung war ein Novum. Normalerweise wurde (und so läuft es auch heute noch) eine Radio-Comedy-Show am Nachmittag einmal durchgespielt, am gleichen Abend vor Studiopublikum aufgezeichnet, und am nächsten Tag geschnitten und dann ausgestrahlt. *Per Anhalter durch die Galaxis* wurde nicht nur ohne Publikum aufgenommen (wie Geoffrey betonte, hätten die Zuschauer sowieso nur die leere Bühne, eine Hand voll Schauspieler in getrennten

Verschlägen und ein paar Mikrofonkabel gesehen), sondern auch mit geradezu akribischer Detailversessenheit zusammengefügt, wobei außer einer Menge Tonband und Scheren die komplette Trickkiste des BBC Radiophonic Workshop zum Einsatz kam.

Douglas äußerte sich folgendermaßen zu Perkins' Rolle: »Er war sehr wichtig und sehr wertvoll als Produzent eines solchen Projekts. Als ich am Skript schrieb, konnte ich jederzeit zu ihm gehen und mit ihm darüber streiten, was ich unbedingt drinhaben wollte und was nicht. Ich kam mit der Vorlage an und er sagte: ›Das hier ist gut, und das ist Schrott.‹ Er machte Vorschläge hinsichtlich der Besetzung; er überlegte sich, wie man die Sachen, die nicht funktionierten, besser umsetzen konnte. Meistens schmiss er sie einfach raus, manchmal machte er auch Vorschläge, wie man sie umschreiben könnte. Seine Einwände und die Resultate unserer Auseinandersetzungen haben mir sehr viel geholfen.

Eine seiner Stärken liegt im Bereich der Besetzung. Bei einigen Rollen wusste ich genau, wen ich dafür haben wollte, bei anderen war ich noch unschlüssig. Meine Besetzungsvorschläge wurden entweder angenommen oder lang und breit diskutiert, wobei einer von uns sich immer durchsetzte. Als die Produktion bereits lief, war ich natürlich jeden Tag dabei, doch ab diesem Zeitpunkt fällte der Produzent alle Entscheidungen.

Der Produzent gibt den Schauspielern oder Sprechern Anweisungen, und falls du noch irgendwelche Einwände, Verbesserungsvorschläge oder Änderungswünsche hast, dann musst du Geoffrey fragen, und er allein entscheidet, ob sie berücksichtigt werden oder nicht. Als Autor kannst du nicht einfach losblöken und den Schauspielern Anweisungen geben; da geht alles streng nach Protokoll. Ich gebe zu, dass ich mich das eine oder andere Mal nicht genau daran gehalten habe, aber ich sehe schon ein, dass nur einer das Kommando haben kann. Beim Schreiben hatte ich das Kommando, bei der Umsetzung Geoffrey; seine Anweisungen zählten, egal, ob sie richtig oder falsch waren. Wir einigten uns ziemlich schnell auf eine angemessene Form der Zusammenarbeit. Manchmal konnten wir uns nicht mehr riechen, an anderen Tagen hingegen machte es richtig Spaß – genau so, wie man sich eine professionelle Geschäftsbeziehung vorstellt.«

»Ich kann wirklich nicht genau sagen, inwieweit ich die Geschichte beeinflusst habe«, sagt Geoffrey. »Wir setzten uns oft zusammen, besprachen den groben Ablauf und auch abseitige Nebenhandlungen, die nie verwirklicht wurden; all diese Geschäftsessen sind in meiner Erinnerung zu einem konturenlosen Klumpen zusammengeschnurrt. Einmal änderte ich Wüstenspringmäuse in normale Hausmäuse um; die damalige Freundin von Douglas hatte zu Hause Wüstenspringmäuse...«

Die Besetzungsliste der ersten Episode – und damit die Rollen von Arthur Dent, Ford Prefect und dem Reiseführer – wurde von Douglas zusammen mit Simon Brett ausgearbeitet.

In seinen *Original Radio Scripts* hat Geoffrey Perkins die Produktion der Serie so umfassend dokumentiert, dass sich eine Wiederholung an dieser Stelle erübrigt. (Wenn Sie also genauer wissen wollen, was sich alles abspielte, lesen Sie sein Buch – Sie erwerben damit zwei Vorworte, einen Haufen Anmerkungen und den vollständigen Text der ersten beiden Folgen. Na ja, jedenfalls beinahe vollständig. In diesem Buch hier finden Sie Informationen, die dort nicht drin-

---

* Abgesehen von allen anderen Auszeichnungen gewann *Per Anhalter durch die Galaxis* bei der Verleihung der Hugo Awards im Jahre 1979 den zweiten Preis in der Kategorie »Beste dramatische Bearbeitung«; den ersten Preis machte Superman 1. Die Preise wurden anlässlich des

stehen; und jetzt haben Sie sowieso schon mein Buch gekauft.)

Die BBC war sich sehr unsicher darüber, was sie da in ihrem Funkhaus produziert hatte: eine Show ohne Studiopublikum, die noch dazu in Stereo ausgestrahlt werden sollte; das erste Science-Fiction-Hörspiel seit *Die Reise in den Weltraum* aus den fünfziger Jahren; dreißig Minuten lang semantische und philosophische Späße über den Sinn des Lebens und Fische, die man sich in die Ohren steckt? Man traf die einzig vernünftige Entscheidung und sendete mittwochnachts um halb elf, wo hoffentlich sowieso niemand zuhörte; außerdem gab es keinerlei Vorankündigungen, was den Ruf von Radio 4, undurchsichtige Programmpolitik zu betreiben, wirkungsvoll unterstrich.

Kein Wunder, dass sie aus allen Wolken fielen.

Nachdem die erste Episode ausgestrahlt worden war, ging Douglas zur BBC, um sich die Kritiken anzusehen. Man hatte ihn darauf vorbereitet, dass Radiosendungen so gut wie nie kritisch gewürdigt wurden und dass eine unveröffentlichte Science-Fiction-Komödie ungefähr so viel Staub aufwirbeln würde wie die Schifffahrtsmeldungen. An jenem Sonntag brachten zwei überregionale Zeitungen glänzende Besprechungen der ersten Folge, was so ziemlich jeden außer Douglas und die Hörer der Sendung in grelles Erstaunen versetzte.

Beinahe ausschließlich auf Grund von Mundpropaganda scharte sich eine riesige Fan-Gemeinde um die Radios; alle, die die Sendung mochten, gaben den heißen Tipp an ihre Freunde weiter. Science-Fiction-Fans hörten zu, weil es sich um Science Fiction handelte*; Komödienfans hörten

---

Science-Fiction-Weltkongresses verliehen, der in jenem Jahr in Brighton, England, stattfand. Als die Entscheidung der Jury verkündet wurde, buhte das Publikum den Gewinner aus und bejubelte den *Anhalter*. Christopher Reeve, der den ersten Preis entgegennahm, deutete an, dass die

zu, weil es lustig war; Radiofans fuhren auf die Qualität der Stereoproduktion ab; die Fans des Radiophonics Workshop kriegten sich nicht mehr ein*, und die meisten Leute hörten zu, weil es zugänglich, flott und witzig inszeniert war.

Als die sechste Folge über den Äther ging, besaß die Sendung bereits Kultstatus.

Hatte Douglas die ersten vier Episoden noch allein geschrieben, so verhielt es sich bei den letzten beiden anders. Und zwar aus folgendem Grund: Am Anfang des Jahres hatte er das Skript für die Pilotsendung des *Anhalter* an den Redakteur von *Dr. Who* geschickt, von dem er sich Aufträge für einige Sendemanuskripte erhoffte. Die Aufträge wurden erteilt, allerdings unglücklicherweise genau zu dem Zeitpunkt, als auch die Aufträge für die sechs Folgen von *Per Anhalter ...* durchkamen; das bedeutete für Douglas Adams, dass er sofort nach der Produktion der ersten vier *Anhalter*-Episoden mit der Ausarbeitung von vier Folgen einer Dr.-Who-Geschichte mit dem Titel *Der Piratenplanet* beginnen musste.

Das wiederum führte dazu, dass er in Terminschwierigkeiten mit den letzten beiden *Anhalter*-Episoden kam; er wusste zwar, wie Folge sechs enden sollte, doch waren ihm »die Worte ausgegangen«. Zusätzlich hatte man ihn beim Sender inzwischen zum Produzenten ernannt. In der

---

Entscheidung wohl abgesprochen gewesen sei, was ihm brausende Zustimmung einbrachte. Es ist so gut wie sicher, dass die Radiosendung die begehrte Trophäe erhalten hätte, wenn sie bei den Amerikanern etwas besser bekannt gewesen wäre.

* »Es wird so viel über ›die Trickkiste des Radiophonics Workshop‹ dahergeredet, dabei haben wir bei gut fünfundneunzig Prozent der ersten Folge natürliche Geräusche verwendet. Ich verstand sowieso nicht das Geringste von Tonmischung ... an den Schluss der vierten Folge hatten wir eine irre Explosion gebastelt – die ganze Sendung war auf diesen Punkt hin konstruiert. Bei der Ausstrahlung wurde dann das meiste von der automatischen Pegelregulierung abgeschnitten.« – Geoffrey Perkins

Stunde der Bedrängnis wandte er sich an seinen ehemaligen Wohnungsgenossen John Lloyd.

»Komisch, der *Anhalter* hat sofort eingeschlagen«, erinnert sich Lloyd. »Die Sendung brauste mühelos von Erfolg zu Erfolg, obwohl Douglas immer seine liebe Mühe mit dem Schreiben hatte. Er brauchte ungefähr neun Monate für die ersten vier Episoden. Hinterher waren alle sofort begeistert – obwohl die Abteilung damals sehr konservativ eingestellt war. Wie dem auch sei, nach neun Monaten geriet Douglas langsam in Panik, weil sie schon mit der Produktion begonnen hatten und er den Abgabetermin für die letzten beiden Folgen (wie nicht anders zu erwarten stand) bereits überschritten hatte. Als sie bereits in der Produktion von Folge zwei oder drei steckten, wurde ihm allmählich mulmig.

Er rief mich an und sagte: ›Hast du nicht Lust, mit mir zusammenzuarbeiten?‹ Ich glaube, er hat zuallererst beweisen wollen, dass er selbstständig schreiben kann. Bei all den Sachen, die er vorher geschrieben hatte, sagten die Leute immer: ›Gut, das ist wie Chapman (oder sonst wer).‹ Jetzt hatte er es ihnen gezeigt.

Als ich ins Spiel kam, hatte er gerade mit Folge fünf angefangen.

Da ich selbst schon seit einigen Jahren an einer blöden Science-Fiction-Geschichte herumschrieb, Tausende und Abertausende von unzusammenhängenden Kapiteln, knallte ich ihm kurzentschlossen alles auf den Schoß und sagte nur: ›Findest du hier drin irgendwas, aus dem man die eine oder andere Szene fabrizieren könnte?‹

Schließlich hockten wir beide in der Garage, die mir damals als Arbeitszimmer diente, und schrieben Folge fünf mehr oder weniger Zeile für Zeile gemeinsam. Die Szenen mit der Haggunenon-Todesflotille, in denen eine ganze Masse verschiedener Kreaturen vorkamen, und die ›drei

Entwicklungsstufen der Zivilisation› arbeiteten wir Wort für Wort zusammen aus. Das alles passierte eigentlich sehr schnell, obwohl wir sehr gewissenhaft bei der Sache waren. Dann machte ich mich an Folge sechs; Douglas übernahm viel von dem Zeug, das ich zusammenschrieb, fügte aber alles neu zusammen.

Der Druck war ungeheuerlich. Wenige Stunden, bevor der Stoff produziert wurde, saßen wir noch beim Schreiben. (Später wurde es noch beknackter: Er schrieb, *während* bereits produziert wurde.)

Es kam hauptsächlich darauf an, dass das Ding geschrieben vorlag; mir hat das irren Spaß gemacht. Douglas sagte einmal, er hätte es als große Erleichterung empfunden, nicht alles allein schreiben zu müssen, wir hatten beide unseren Spaß dabei, und ich habe mir nicht riesig viel Gedanken um die ganze Sache gemacht. Es war eben ein Job, und außerdem hatten wir schon vorher gemeinsam geschrieben.

Nachdem sie die dritte oder vierte Episode gesendet hatten, spielte plötzlich alles verrückt. Ich glaube, sechs Buchverlage riefen bei uns an, und mindestens vier Schallplattenfirmen (was absolut ungewöhnlich bei Radiosachen ist – normalerweise kriegen die Leute erst was mit, wenn schon mindestens sechs von dreizehn Episoden durch sind). Der *Anhalter* ging ab wie 'ne Rakete! Douglas und ich, wir kamen super miteinander aus und wurden immer aufgeregter. Als der erste Verleger anrief, kauften wir sofort eine Flasche Champagner. Es war furchtbar aufregend. Wir wollten das Buch zusammen schreiben. Plötzlich jedoch äußerte Douglas Bedenken.

Er kam zu dem Entschluss, dass er es allein machen musste. Seiner Meinung nach unterschieden sich die ersten vier Folgen von den letzten beiden, die zwar auch recht gut waren, aber nicht das gleiche Gefühl von Verlorenheit und

Verlust und Verzweiflung ausstrahlten, das auf eigentümliche Weise den Reiz von *Per Anhalter durch die Galaxis* ausmachte. Marvin zum Beispiel, von dem Douglas behauptet, er sei Andrew Marshall; dabei steckt auch eine gute Portion Douglas in dieser Figur. Das Wesentliche im *Anhalter* ist diese wunderschöne bittersüße Qualität, die stammt von Douglas. Die Story ist an manchen Stellen unheimlich traurig und melancholisch, da steckt schon mehr drin. Ich glaube, er hielt die beiden letzten Folgen für vergleichsweise leichtgewichtig.«

Douglas Adams' Version unterscheidet sich nicht wesentlich von Lloyds Aussagen: »Nach den *Dr.-Who*-Episoden war ich total fix und fertig. Ich wusste so ungefähr, was in den letzten beiden Folgen passieren sollte, also bat ich John um seine Mitarbeit, und wir schrieben gemeinsam einen Teil der Szenen im Milliways und die Haggunenon-Sequenz. Anschließend übernahm ich wieder und schrieb die B-Archen-Sequenz und den Abschnitt, der auf der prähistorischen Erde spielt.«

Die Haggunenon-Sequenz der Folgen fünf und sechs wurde aus allen späteren Versionen der Geschichte gestrichen (und durch das Show-Schiff von Disaster Area ersetzt), obwohl einige Bühnenadaptionen immer wieder darauf zurückgreifen.

Douglas Adams zur Besetzung der Radio-Serie

PETER JONES

»Das war ziemlich eigenartig. Wir wussten nicht, wen wir für die Rolle nehmen sollten. Ich erinnere mich daran, dass ich sagte, es müsste so eine Stimme wie die von Peter Jones sein, aber wer hatte schon so eine Stimme? Wir dachten an alle möglichen Leute – Michael Palin, Michael Hordern, die ganze Palette.

Irgendwann konnte Simon Bretts Sekretärin nicht mehr zuhören, wie wir immer wieder darüber redeten und nicht auf das Naheliegendste kamen. ›Wie wär's denn mit Peter Jones?‹ fragte sie. Ich dachte: ›Genau, das könnte hinhauen!‹ Wir fragten Peter, er hatte Zeit und nahm an.

Peter war einsame Spitze. Er tat immer so, als würde er nicht kapieren, um was es überhaupt ging. Er kriegte es hin, seine Ich-weiß-nicht-um-was-es-geht-Haltung in eine Ich-weiß-nicht-was-mir-geschieht-Stimmung umzusetzen, und das war genau der richtige Ton für seine Rolle. Es macht riesigen Spaß, mit ihm zusammenzuarbeiten, ein ungemein talentierter Bursche. Ihm gebührt eigentlich viel, viel mehr Beachtung. Er ist wahnsinnig gut.

Er ist so gut wie nie mit den anderen Darstellern zusammengetroffen, weil er seine Sachen immer für sich allein gemacht hat. Das war so ähnlich, als würde man ein Multitrack-Album mit einigen Studiomusikern aufnehmen, und er hockt immer allein im Studio und klampft seine Bassbegleitung.«

STEPHEN MOORE

»Ein Vorschlag von Geoffrey Perkins. Ich hatte keine Vorstellung, wen ich als Marvin nehmen sollte. Ein hervorragender Schauspieler, absolut brillant. Nicht genug, dass er den Marvin so gut brachte, darüber hinaus wandten wir uns immer an ihn, wenn ich bei der Gestaltung einer Figur nicht mehr weiterwusste: ›Lasst uns mal sehen, was Stephen damit anstellt, dann wissen wir mehr.‹ Stephen hatte immer den richtigen Riecher für die Charaktere. Ganz besonders toll finde ich das, was er aus dem Mann in der Hütte gemacht hat; ich wusste zwar, was die Figur sagte und warum sie es sagte, hatte aber nicht die geringste Vorstellung davon, wie er es sagen und was für eine Stimme er haben müsste.«

MARK WING-DAVEY

»Ich entschied mich für ihn als Zaphod auf Grund seiner Rolle, die er in *Glittering Prizes* abgeliefert hatte. Darin spielt er einen Typen, so eine Art Film- oder TV-Produzenten, der alle Leute für seine Interessen ausnutzte, so ein echter Schickimicki. Mark brachte das so gut, dass ich ihn mir ohne Schwierigkeiten als Zaphod vorstellen konnte.«

DAVID TATE

»Er war einer der Stützpfeiler der Serie. Er kann jede erdenkliche Stimme nachmachen; er könnte wirklich ein erfolgreicher Schauspieler sein, wenn er wollte. Aber er hat sich dafür entschieden, eine Stimme zu bleiben. Ein bemerkenswerter Zeitgenosse. Im *Anhalter* sprach er eine ganze Latte verschiedener Rollen und hatte sie im Handumdrehen drauf. Er sprach den Eddie, er sprach den Diskjockey ›eine Sendung für alle intelligenten Lebensformen hier und sonst wo‹, er war eine von den Mäusen, einer der Typen auf der B-Arche etc. Wir hatten ihn ununterbrochen im Studio.«

RICHARD VERNON

»Unbeschreiblich witziger Typ. Er hat sich damit, dass er alle möglichen älteren Knaben spielt, eine eigene Nische geschaffen – Slartibartfast im *Anhalter*. Dabei ist er gar nicht so alt, wie er sich anhört. Ursprünglich hatte ich beim Schreiben dieser Rolle an John Le Mesurier gedacht.«

SUSAN SHERIDAN

»Komisch, Trillian war eigentlich nie ein besonders ausgeformter Charakter gewesen. Susan konnte aus dieser Rolle nichts Umwerfendes machen, aber das ist nicht ihre, sondern meine Schuld. Mittlerweile haben sich eine Reihe verschiedener Leute auf unterschiedliche Weise mit der Rolle befasst. Trillian ist einfach eine undankbare Rolle, das ist das Beste, was ich dazu sagen kann. Es war eine große Freude, mit Susan zu arbeiten.«

ROY HUDD

»Er spielte den original Max Quordlepleen. Er musste ins Studio kommen und seine Rolle ganz allein abziehen. Bis zum heutigen Tag behauptet er, dass er nie verstanden hat, worum es da eigentlich ging…«

Ein ziemlich unzuverlässiger Produzent

ARTHUR: Ford, auch wenn es wie eine ziemlich dumme Frage klingt: Was mache ich eigentlich hier?
FORD: Aber das weißt du doch. Ich habe dich von der Erde gerettet.
ARTHUR: Und was ist mit der Erde passiert?
FORD: Och, die wurde zerstört.
ARTHUR: Im Ernst?
FORD: Ja, sie ist einfach ins Weltall verdunstet.
ARTHUR: Das geht mir aber schon ein bisschen an die Nieren.
FORD: Klar, kann ich gut verstehen. Aber es gibt noch jede Menge anderer Erden, die sind genauso.
ARTHUR: Könntest du mir das etwas genauer erklären, bitte schön? Oder sollen wir uns die Zeit sparen und ich drehe sofort durch?
FORD: Schau fest auf dieses Buch.
ARTHUR: Was?
FORD: »Keine Panik«.
ARTHUR: Ich schaue doch schon die ganze Zeit drauf.
FORD: Na schön. Das Universum, in dem wir existieren, ist nur eins in der Vielfalt paralleler Universen, die alle im gleichen Raum, aber auf verschiedenen Materiewellenlängen existieren, und in Millionen dieser Universen gibt es die Erde immer noch so putzmunter, wie du sie in Erinnerung hast – jedenfalls ziemlich ähnlich – alldieweil die Erde in jeder nur denkbar möglichen Variation existiert.

ARTHUR: Variation? Ich kapiere überhaupt nichts. Meinst du vielleicht so was wie eine Welt, in der Hitler den Krieg gewonnen hat?

FORD: Genau. Oder auch eine Welt, in der Shakespeare Pornographie geschrieben, einen Haufen Geld damit verdient hat und zum Ritter geschlagen wurde. Sie existieren alle. Einige unterscheiden sich natürlich nur ganz minimal. In irgendeinem Paralleluniversum muss es beispielsweise eine Erde geben, die mit der deinen absolut identisch ist, außer dass auf einem kleinen Baum irgendwo im Amazonasbecken ein Blättchen mehr sprießt.

ARTHUR: Das heißt, man könnte absolut zufrieden und glücklich auf dieser Welt leben, ohne den Unterschied zu bemerken?

FORD: Ja, mehr oder weniger. Natürlich wäre es nicht ganz so wie daheim, mit diesem überzähligen Blatt...

ARTHUR: Na ja, das würde doch niemandem auffallen.

FORD: Zunächst einmal nicht. Es dauert schon einige Jährchen, bis dir schmerzhaft bewusst wird, dass irgendetwas nicht in Ordnung ist. Dann fängst du an zu suchen, und irgendwann schnappst du wahrscheinlich über, weil du nicht drauf kommst.

ARTHUR: Und was soll ich jetzt machen?

FORD: Du kommst einfach mit mir und amüsierst dich. Du musst dir nur diesen Fisch hier ins Ohr stecken.

ARTHUR: Wie bitte?

– aus dem Skript zur Pilotsendung von Per Anhalter...

Was Douglas Adams in den Jahren zwischen Mitte 1977 und 1980 eigentlich machte, ist heute kaum mehr zu entwirren. Er selbst war sich nicht mehr so hundertprozentig sicher. Jedenfalls ungefähr zu der Zeit, als die erste Folge von *Per Anhalter...* gesendet und *Planet der Piraten* aufgenommen wurde, bot man Douglas einen Job als Radioredakteur in der Unterhaltungsabteilung bei Radio 4 an. Er nahm an. »Ich musste einfach annehmen«, meinte er, »denn schließlich hatte ich versucht, als freier Schriftsteller zu leben, was dazu führte, dass ich von einer Katastrophe in die andere schlitterte und zu guter Letzt sogar von meinen Eltern durchgefüttert werden musste. Also sagte ich mir: ›Prima, hier bietet dir jemand einen festen Job mit ordentlicher Bezahlung an; das ist zwar nicht genau das, was du dir vorgestellt hast, aber andererseits hast du es mit dem, was du dir vorgestellt hast, nicht gerade sehr weit gebracht, und das Angebot hier ist nicht allzu weit von dem entfernt, was ich gerne machen würde. Ich stecke in der Tinte, und deshalb werde ich den Job annehmen.‹ Außerdem hatten John Lloyd und Simon Brett sich sehr dafür eingesetzt, dass mir der Job angeboten wurde; ich fühlte mich ihnen gegenüber verpflichtet.

Als ich beim Sender anfing, wurde der *Anhalter* gerade ausgestrahlt und *Dr. Who* war kurz davor. Jeder, der dort als Redakteur und Produzent anfängt, muss zuerst mal *Weekend* produzieren; also machte ich ein paar Wochen lang *Weekend*. Da ich der Jüngste in der Abteilung war, musste ich immer die ödesten Jobs erledigen, beispielsweise eine Sendung, die sich mit der Geschichte des groben Scherzes beschäftigte. Dazu gehörte auch, dass ich Max Bygraves und Des O'Connor interviewte. Ich fragte mich ziemlich bald, was ich da eigentlich machte. Doch ich tröstete mich damit, dass sich eine Menge Leute für mich eingesetzt hatten; es war ein fester Job und keine Honorartätigkeit.«

Wenn man seinen Zeitgenossen Glauben schenken darf, war Douglas eher ein unverlässlicher Redakteur (»Er ging immer davon aus, er hätte alle Zeit der Welt.«), trotzdem versetzte er der Abteilung einen leichten Schlag, als er nach nur sechs Monaten seine Zelte wieder abbrach, um Skriptredakteur bei *Dr. Who* zu werden. Wie Simon Brett später kommentierte, ließ das einigen Leuten die Unterkiefer ganz schön runterklappen.

Wie auch immer, bereits nach kurzer Zeit kam Douglas noch einmal zum Radio zurück, um bei Radio 4 die beliebte Weihnachtspantomime* zu produzieren. Es sollte sich herausstellen, dass er mit diesem Projekt den meisten Spaß hatte. Die Show lief unter dem Titel *Das schwarze Aschenbrödel II: Der Weg nach Osten* und wurde von John Lloyd koproduziert. Aus bis heute nicht näher geklärten Gründen waren an Drehbuch und Darbietung ausschließlich ehemalige Footlights-Leute beteiligt.

»Dieser schräge Haufen kam unter irgendwelchen obskuren Vorwänden zusammen – außer denen, die sowieso schon dabei waren, hatten wir John Cleese als Die Gute Fee, Peter Cook übernahm die Rolle des Ekelprinzen und Rob Buckman spielte seinen Bruder, den Märchenprinzen; die Goodies – Graeme Garden, Tim Brooke-Taylor und Bill Oddie – spielten die Hässlichen Schwestern; Richard Baker, der früher bei den Footlights immer Klavier gespielt hatte, übernahm die Rolle des Erzählers; John Pardoe, der damalige zweite Vorsitzende der Liberalen, spielte den liberalen Märchen-Premierminister (wir gingen davon aus, dass es liberale Premierminister nur im Märchen geben könne); Jo Kendall war unsere Böse Stiefmutter … Es war einfach klasse, leider machten die BBC und Radiozeitschriften kein bisschen Reklame dafür, und so ging die ganze Sache sang- und klanglos unter.«

Nach knapp sechs Monaten hatte Douglas seinen ersten ordentlichen Beruf an den Nagel gehängt.

---

* Anmerkung/Fußnote für Nicht-Briten, die vielleicht nicht ganz mitgekriegt haben, wie eine Pantomime im Radio funktioniert: Betrachtet es einfach als eins der Probleme, mit denen ihr lernen müsst zu leben.

Möchte verreisen, eigene Tardis vorhanden

Es wurde bereits erwähnt, dass Douglas zu der Zeit, als sich der *Anhalter* im Stadium der Vorproduktion befand, immer noch schwer in Geldnöten steckte.

»Als es endlich so aussah, als hätte ich ein brauchbares Skript auf die Beine gestellt, musste ich mich nach einer Geldquelle umsehen. Ich schickte Bob Holmes, der damals Skriptredakteur bei *Dr. Who* war, den Entwurf zu, und er lud mich ein, bei ihm vorbeizuschauen. Das geschah genau zu dem Zeitpunkt, als Bob, der schon recht lange auf diesem Posten saß, den Job an Tony Reed übergeben sollte. Ich setzte mich also mit den beiden und Graham Williams, dem verantwortlichen Produzenten der Serie, zusammen, um über meine Vorstellungen zu reden. Ich erläuterte ihnen die Idee zu *Planet der Piraten,* die sie für viel versprechend hielten, und so arbeitete ich eine Zeit lang daran; danach fanden sie es immer noch recht viel versprechend, glaubten jedoch, dass irgendetwas noch nicht so ganz stimmig war. Also klemmte ich mich noch einmal dahinter, überarbeitete die Sache, legte sie erneut vor, und sie meinten, es müsse noch einmal bearbeitet werden, und so ging das wochenlang, bis schließlich das Unvermeidbare eintrat...«

Douglas hatte geplant, bis zur Produktion des *Anhalter* für *Dr. Who* zu arbeiten und dann am *Anhalter* weiterzuschreiben, wenn es so weit war. Der Plan stellte sich als fatale Fehlkalkulation heraus.

Ende August 1977 gab der Sender grünes Licht für sechs

Folgen von *Per Anhalter durch die Galaxis*, und in der gleichen Woche ging der Auftrag für vier Episoden von *Dr. Who* bei Douglas ein. Das war der Startschuss für drei Jahre Non-Stopp-Arbeit, heillose Verwirrung und nackte Panik.

Der *Planet der Piraten* wurde nicht gerade ein riesengroßer Erfolg, obwohl in der Geschichte so aberwitzige Zutaten wie telepathische Erscheinungsformen gelbverhüllter Psychopathen, ein bionischer Piratenkapitän, ein planetenverspeisender Planet und eine böse Königin, die seit Jahrhunderten in einer Zeitfalle feststeckt, fröhlich durcheinander gemischt auftauchten. Offensichtlich hatte man die so sorgfältig ausgefeilten Handlungselemente rechtzeitig – bevor sie auf den Bildschirm gelangten – so übel zusammengestutzt, dass am Ende wirklich niemand mehr durchblickte. Dabei enthielt die Sendung neben einer Reihe von Insider-Gags aus dem *Anhalter* einige sehr beeindruckende Momente, inklusive des Auftritts eines mörderischen Roboterpapageis; bei dieser Ideenfülle hätte man aus der Sendung einen recht ordentlichen Sechsteiler machen können.

Man merkte Douglas Adams an, wie sehr er an dem Projekt hing: »In gewisser Hinsicht arbeitete ich lieber an den Skripts für *Dr. Who* als für den *Anhalter,* denn hier musste zuallererst die grobe Handlung stehen. Der rote Faden für *Planet der Piraten* war viel genauer ausgearbeitet, als es die erste Sendung vielleicht vermuten ließ; aus zeitlichen Gründen wurde die Story dann immer weiter eingedampft, bis hin zur Unkenntlichkeit. Trotzdem fühlte ich mich sehr gut dabei, systematisch zu arbeiten, auch wenn ich reichlich frustriert war, als am Ende so viele meiner Ideen unter den Tisch fielen.« Kein Zweifel, falls er sich jemals daranmachen würde, die Geschichte zu einem Roman umzuarbeiten, dann würde er alle in der Fernsehfassung unterschlagenen Elemente wieder einfügen.

Die Verantwortlichen jedenfalls waren so beeindruckt,

dass sie Douglas Adams einen Job als Skript-Redakteur anboten. Kurz zuvor hatte er die Produzentenstelle angenommen. Er wusste nicht, was er tun sollte: »Ich hatte gerade den Radiojob bekommen; ich wäre mir ziemlich schäbig vorgekommen, nach sechs Monaten den Hut zu nehmen und zum Fernsehen überzuwechseln. Das hat mich alles ganz schön verwirrt, ich wusste nicht, was ich machen sollte. Alle möglichen Leute gaben mir widersprüchliche Ratschläge. Einige sagten: ›Du musst zugreifen, dort kannst du deine Stärken viel besser einbringen‹, andere wiederum meinten: ›Du kannst dir nicht einfach so beim Radio alle Türen zuschlagen.‹ Letzteres wurde mir besonders von David Hatch ans Herz gelegt, denn er war der Abteilungsleiter beim Radio, der mir den Job angeboten hatte.

Trotzdem nahm ich das Angebot vom Fernsehen wahr; kurz darauf verließ David Hatch die Abteilung, was mir die Entscheidung im Nachhinein ein bisschen leichter machte.«

Als er sich an seine Erfahrungen mit *Planet der Piraten* zurückerinnerte, stellte Douglas fest, dass die Niederschrift der Entwürfe und die Ideenproduktion allein in der Verantwortung des Autors lagen, wohingegen der Redakteur hauptsächlich dafür zu sorgen hatte, dass die Vorlagen pünktlich auf dem Schreibtisch lagen und genau fünfundzwanzig Minuten lang waren.

»Später musste ich feststellen, dass andere Autoren davon ausgingen, dass allein der Redakteur für den logischen Zusammenhang der Geschichte verantwortlich war. Ich arbeitete in diesem Jahr also zusammen mit den Autoren an ihren Entwürfen, steuerte bei anderen Ideen bei, schrieb einige Sachen im großen Stil um und kümmerte mich darum, dass immer neue Projekte in Auftrag gingen. All das passierte so ziemlich gleichzeitig.

Es war ein grauenhaftes Jahr – während der vier Monate, in denen ich alles im Griff hatte, war es fantastisch, all diese

Geschichten und Ideen gleichzeitig in meinem Kopf. Aber sobald es dir über den Kopf wächst, entwickelt sich die Angelegenheit zu einem Alptraum. Damals schrieb ich gerade an der Romanfassung, redigierte die nächsten Folgen für *Dr. Who*, *Per Anhalter durch die Galaxis* sollte auf der Bühne aufgeführt werden, die Schallplatte ging in Produktion, außerdem schrieb ich an der zweiten Serie vom *Anhalter* – ich war kurz davor, total auszurasten. Ganz zu schweigen von den Radioprojekten, die ich zusammen mit John Lloyd angefangen hatte. Die Arbeitsbelastung war wirklich phänomenal.«

Die Belastung machte sich auch in Douglas' Unzufriedenheit hinsichtlich *Dr. Who* bemerkbar: »Das Verrückte bei *Dr. Who* war die Tatsache, dass ich pro Jahr sechsundzwanzig Folgen zu machen hatte, nur von einem einzigen Produzenten und einem Endredakteur unterstützt. Die Belastung lässt sich mit anderen Serien eigentlich nicht vergleichen; wenn du beispielsweise eine Krimiserie produzierst, dann weißt du, wie ein Polizeiauto aussieht, wie die Straßen aussehen, was die Verbrecher so anstellen. Bei *Dr. Who* musst du jede Folge total neu erfinden, wobei alle diese absolut neuen Sachen auch noch irgendwie zu dem passen müssen, was vorher passiert ist. Sechsundzwanzig Sendungen, von denen jede einzelne ganz spektakulär neu sein soll, können sich zu einem ziemlichen Problem auswachsen; zumal so gut wie kein Geld zur Verfügung stand. Der Etat für *Dr. Who* wurde ständig zusammengestrichen, trotzdem musst du so oder so Resultate liefern. Vierundzwanzig Folgen im Jahr sind einfach zuviel. Mir wäre fast mein zarter Schädel geplatzt.«

Douglas schrieb drei Geschichten für *Dr. Who*[*], wovon

---

[*] Genauer gesagt waren es vier, wenn man *Dr. Who und die Krikkitmen* mitzählt. Genaueres darüber ist im Kapitel über *Das Leben, das Universum und der ganze Rest* zu erfahren.

nur zwei ausgestrahlt wurden. Die erste war *Planet der Piraten*, die zweite *Die Stadt des Todes*, an der auch Graham Williams, der Produzent, beteiligt gewesen war. Bei der dritten handelt es sich um die legendäre ›verschollene‹ *Dr.-Who*-Geschichte mit dem Titel *Shada*.

Die Stadt des Todes wurde unter dem internen Pseudonym ›David Agnew‹ veröffentlicht und kam unter folgenden Umständen zustande:

»Als ich dort als Skript-Redakteur arbeitete, stellte sich plötzlich heraus, dass einer unserer zuverlässigsten Autoren (um den wir uns nicht groß gekümmert hatten, solange er seine Sachen regelmäßig ablieferte) furchtbare familiäre Probleme hatte – seine Frau hatte ihn verlassen, und er wusste weder ein noch aus. Er hatte sein Bestes versucht, aber das Drehbuch, das er uns ablieferte, taugte einfach nichts, und wir saßen in der Tinte. Das passierte an einem Freitag; der Produzent kam zu mir und sagte: ›Am Montag kommt der Regisseur, bis Montag brauchen wir einen neuen Vierteiler, egal wie!‹ Dann nahm er mich zu sich nach Hause, sperrte mich in seinem Arbeitszimmer ein, pumpte mich mit Whisky und Kaffee voll, und am Schluss hatten wir ein Drehbuch. Aufgrund der besonderen Umstände und der Bestimmungen des Autorenverbandes musste es unter dem Abteilungspseudonym David Agnew veröffentlicht werden. Die Geschichte spielte in Paris und es kamen eine ganze Menge bizarrer Dinge darin vor, inklusive eines Gastauftritts von John Cleese in der letzten Episode.«

Im Gegensatz zu Douglas' erstem Drehbuch handelte es sich bei *Die Stadt des Todes* um ein reifes, durchdachtes Skript, in dem sich nur sehr wenig Überflüssiges oder Unnötiges fand. Der Witz wirkt an keiner Stelle gequält; der Stoff wurde offensichtlich von einem *Dr.-Who*-Veteranen, nicht von einem Anfänger geschrieben. Neben den Gastauftritten von John Cleese und Eleanor Bron in der letzten

Folge kommen in der Geschichte nicht weniger als sieben Mona Lisas vor (sie sind alle absolut echt, obwohl auf sechsen davon mit Filzstift ›Dies ist eine Fälschung‹ unter der Ölfarbe gekritzelt steht), außerdem die Entstehung der Erde infolge der Explosion eines außerirdischen Raumschiffs (eine Tatsache, die der Doktor mittels einer Zeitreise verhindern muss). Auch ein Detektiv kommt darin vor. Dass Douglas diese Folgen sehr hoch einschätzte, lässt sich allein daran ablesen, dass er ein paar Ideen daraus in seinen ersten Nicht-*Anhalter*-Roman übernommen hatte, in *Der Elektrische Mönch – Dirk Gently's Holistische Detektei,* genau wie einige Elemente aus *Shada,* einer sechsteiligen Geschichte, die mitten in der Produktion auf Grund industrieller Probleme (Streiks) eingestellt wurde.

»Wenn du einmal einen bestimmten Punkt erreicht hast, dann ist es weitaus kostspieliger, einen zerschnittenen Faden neu aufzunehmen, als die ganze Sache noch einmal ganz von vorne anzuleiern. Das hängt damit zusammen, dass du bei der Besetzung der Rollen davon ausgehen musst, wer gerade frei ist – wenn du nach einer Unterbrechung weitermachst, musst du wieder die Leute nehmen, mit denen du angefangen hast, und das wird dann fürchterlich kompliziert.«

Shada bedeutete für Douglas und *Dr. Who* eine Rückkehr nach Cambridge; sein altes Arbeitszimmer wurde zur TARDIS des pensionierten Zeitherrschers, in dem ein Buch alle Geheimnisse des Gefängnisplaneten des Zeitherrschers barg. Das Drehbuch zu *Shada* (speziell die frühen Fassungen) zeugt von einer überaus witzigen und intelligenten Grundidee – obwohl Adams' Entwurf die zeitweiligen Verwirrungen des Professor Chronotis weitaus geschickter entwickelt als etwa die Aktionen der Bösewichter und, zugegeben, die Handlungsführung im Ganzen gesehen. (Die Figur des pensionierten Herrschers über die Zeit,

Professor Chronotis, erweckte Douglas ebenfalls später für *Dirk Gently's Holistische Detektei* wieder zum Leben.)

Nicht wenige der hartnäckigsten Fans von *Dr. Who* wetterten gegen Douglas Adams; sie machten in erster Linie seine Stellung als Skript-Redakteur dafür verantwortlich, dass die Sendung zu selbstgefällig, zu klamaukhaft wurde. Der Doktor geriet ihnen in der Verkörperung durch Tom Baker, noch mehr als vorher bei Patrick Troughton, zum kosmischen Clown, der im Angesicht der Gefahr nicht mehr als einen kessen Spruch auf den Lippen aufzuweisen hatte.

Adams widersprach vehement: »Ich finde das ziemlich unfair. In den Sachen, die ich für *Dr. Who* schrieb, gab es klamaukige Szenen und absurde Szenen; ich stehe jedoch dazu, dass *Dr. Who* in erster Linie eine dramatische und erst in zweiter Linie eine lustige Sendung ist. Mein Ziel war stets, offensichtlich bizarre und unmögliche Situationen zu gestalten, um dann die Logik so weit zu strapazieren, bis das Ganze durchaus realistisch schien. Der Effekt ist also der, dass jemand, der zunächst völlig unerwartet, ja verrückt handelt, als lustige Type dasteht. Plötzlich merkst du, dass er es ernst damit meint, und genau das macht die Sache, zumindest meiner Meinung nach, weitaus grauenvoller und auch viel bedrückender.

Wenn du Drehbücher schreibst und produzierst, die ein Quentchen Humor aufweisen, fängt das ganze Elend spätestens dann an, wenn die Verantwortlichen sagen: ›Die Stelle hier ist echt witzig. Am besten nehmen wir die langweiligsten Szenen raus, dann wird's noch lustiger, und alle haben ihren Spaß.‹ Sobald jemand so was sagt, kannst du sicher sein, dass sie dir die Sache versauen.

Was ich damit sagen will, ist, dass diesen Episoden von *Dr. Who* mit der Art von Umsetzung schlecht gedient war. Ich kann verstehen, wenn manche sagen: ›Die haben es nicht ernst genommen, doch als ich die Sachen schrieb, habe ich sie außerordentlich ernst genommen. Aber dann setzt du es um, und es hat eine definitive Gestalt angenommen, es ist ›wirklich‹ geworden ... Ich hasse den Ausdruck ›hintergründig‹; das heißt doch nicht mehr als: ›Eigentlich ist es nicht witzig, aber wir kriegen es nicht besser hin.‹«

Douglas arbeitete fünfzehn Monate lang an *Dr. Who*.

Parallel dazu schrieb er das erste *Anhalter*-Buch, die zweite Radioserie, die Theaterfassung und produzierte *Das schwarze Aschenbrödel II: Der Weg nach Osten*. Am Ende der fünfzehn Monate war er – sehr zu seinem eigenen und noch mehr zum Erstaunen seiner Mitmenschen – weder in die Klapsmühle eingeliefert noch das Opfer grausiger und unheilbarer Anwandlungen, sich von hohen Gebäuden hinunterzustürzen. Zu diesem Zeitpunkt zeichnete sich der Erfolg von *Per Anhalter durch die Galaxis* bereits so deutlich ab, dass Douglas den einzigen ordentlichen Beruf, den er länger als ein paar Monate ausgeübt hatte, guten Gewissens aufgeben konnte.

Genau das tat er.

H2G2

Nicht lange nach der Ausstrahlung der ersten Radiosendungen des *Anhalter* traten Pan Books und New English Library, zwei große englische Taschenbuchverlage, an Douglas Adams und John Lloyd heran; sie wollten die Buchrechte zur Serie kaufen. Nachdem man sich mit den Vertretern beider Verlage zum Essen getroffen hatte, wurde das Geschäft mit Pan abgeschlossen, hauptsächlich weil Adams und Lloyd einen guten Draht zu Nick Webb, ihrem Verhandlungspartner, bekommen hatten.

Das Buchprojekt begann unter schlechten Vorzeichen.

Douglas hatte noch nie zuvor ein Buch geschrieben, und da er sich reichlich unsicher fühlte, fragte er John Lloyd, ob sie nicht gemeinsam darangehen sollten.

John willigte ein. »Ich hatte gerade fünf Jahre harter Arbeit beim Radio hinter mir«, erzählte er. »Es ging mir auf die Nerven, ich sah mich schon als Neunzigjährigen, total verkalkt und immer noch Radioproduzent. Die Idee, das Buch gemeinsam zu schreiben, begeisterte mich. Doch eines Abends kam Douglas mit einem merkwürdigen Vorschlag. Er sagte: ›Warum schreibst du eigentlich nicht selbst ein Buch?‹ Ich meinte: ›Aber wir wollten den *Anhalter* doch zusammen schreiben‹, und er entgegnete: ›Ich finde es besser, wenn du ein eigenes Buch schreibst.‹

Am nächsten Tag erhielt ich einen Brief, in dem er mir mitteilte: ›Ich habe intensiv darüber nachgedacht und bin zu dem Schluss gekommen, dass ich die Sache allein durchziehen will. Es wird bestimmt ein harter Kampf werden, aber ich will es alleine machen, auf die einsame Tour.‹ Für mich war das ein unerwarteter Schlag, als hätte man mir den Boden unter den Füßen weggezogen. Wir hatten schon so oft versucht, zusammen etwas auf die Beine zu stellen, und dann dieser Brief – ich konnte das einfach nicht glauben. Allein die Tatsache, dass er mir einen Brief schrieb, war erstaunlich; schließlich sahen wir uns jeden Abend in der Kneipe, außerdem arbeitete Douglas damals als Produzent beim Radio keine zehn Zentimeter von mir entfernt im Büro nebenan.

Wenn ich heute zurückblicke, kommt mir meine Reaktion ziemlich komisch vor. Es war eigentlich die natürlichste Sache der Welt, dass Douglas das Buch allein schrieb. *Per Anhalter durch die Galaxis* wäre ganz bestimmt nicht so erfolgreich geworden, wenn wir zusammen daran geschrieben hätten. Ich bin fest davon überzeugt.

Damals bin ich aber ganz schön sauer gewesen. Ich habe zwei Tage lang kein Wort mit Douglas gewechselt und ernsthaft mit dem Gedanken gespielt, einen Rechtsanwalt einzuschalten und Douglas wegen Vertragsbruchs zu verklagen. Ein paar Tage später traf ich ihn in der Stadt. ›Na, wie geht's?‹, fragte er. Ich sagte nur: ›Du hörst von meinem Anwalt.‹

Douglas war entsetzt! Er meinte, ich würde maßlos übertreiben; ich warf ihm Gefühllosigkeit vor. Auf diese Art und Weise werden Kriege vom Zaun gebrochen ...

Ich suchte einen Anwalt auf und erzählte ihm, dass wir einen gemeinsamen Vertrag hätten und dass ich daraufhin eine Menge Champagner getrunken und den Vorschuss ausgegeben hätte und dass ich jetzt Schadenersatz fordere. Mein Anwalt rief Douglas' Anwalt an und stellte ganz fantastische Forderungen: Er wollte 2000 Pfund als Sofortzahlung und zehn Prozent vom *Anhalter*, bis in alle Ewigkeit; jedes Mal, wenn irgendwo der Titel *Per Anhalter durch die*

Galaxis auftauchte, sollte ich zehn Prozent einsacken. Als er mich davon unterrichtete, traf mich fast der Schlag – so etwas hatte niemals in meiner Absicht gelegen!

Zu jener Zeit waren alle, sogar Douglas' Anwalt, davon überzeugt, dass er im Unrecht war. Sogar seine Mama. Als ich ihm einmal zufällig begegnete, sagte er: ›Was machst du da eigentlich für einen Blödsinn?‹ ›Du selbst hast mir doch geraten, einen Anwalt zu konsultieren!‹ sagte ich. Worauf er sagte: ›Na klar, aber nur, damit du dein eigenes blödes Buchprojekt vertraglich absichern kannst – und nicht, damit du meins mit Klagen zuballerst!‹

Letztendlich einigten wir uns darauf, dass ich die Hälfte vom Vorschuss bekam, und damit war die Sache erledigt.

Allerdings war da noch der Urlaub in Griechenland, den wir für September gebucht hatten, um dort das Buch zu schreiben; ich wusste nicht, wo ich sonst hinfahren sollte. Und so – ungeachtet dessen, was alles vorgefallen war – verbrachte ich meinen Urlaub mit Douglas. Er hielt sich hauptsächlich in seinem Zimmer auf und schrieb am *Anhalter*, während ich mich in den Bars und am Strand amüsierte. Douglas gab mir die erste Fassung des ersten Kapitels zu lesen; es war wie ein Roman von Vonnegut. Ich sagte es ihm, woraufhin er alles zerriss und noch einmal von vorne anfing, und das wurde dann richtig gut. Von allen *Anhalter*-Projekten haben mir die Bücher mit Abstand am besten gefallen. Sie sind wirklich sehr originell, so anders – der beste Beweis dafür, dass er die richtige Entscheidung getroffen hatte.«

(In diesem Urlaub passierten noch eine Menge anderer Dinge, von denen am bemerkenswertesten die Grundidee zu dem war, was sich später einmal zu *The Meaning of Liff* entwickeln sollte. Aber darauf kommen wir an geeigneter Stelle zurück.)

Douglas erinnerte sich an die Vorfälle wie folgt: »Es war

eigentlich ziemlich kindisch. Auf der einen Seite dachte ich: ›Es könnte doch sehr nett sein, wenn wir zusammenarbeiten‹, und, es nüchtern betrachtend, kam ich immer wieder zu dem Schluss: ›Nein, ich muss es selbst durchziehen.‹ John hat mir sehr viel geholfen und ist für seine Arbeit sehr gut entlohnt worden. Ich habe zu überstürzt über unsere weitere Zusammenarbeit geredet und dann meine Meinung geändert. Ich war völlig im Recht, aber ich hätte besser mit der Angelegenheit umgehen müssen.

Na ja, einerseits sind Johnny und ich furchtbar dicke Freunde, schon seit ewigen Zeiten; andererseits können wir uns aber auch unheimlich gut missverstehen. Wenn wir uns so richtig in der Wolle haben, kenne ich nichts Schöneres, als ihm eins reinzuwürgen, und er setzt alles daran, mich zur Weißglut zu bringen. Also: Meiner Meinung nach hat er damals zu empfindlich reagiert, aber so gesehen besteht die ganze Geschichte unserer Freundschaft aus empfindlichen Reaktionen auf gemeine Dinge, die der jeweils andere vermeintlich getan hat.«

Douglas jedenfalls stand letztendlich mit 1500 Pfund Vorschuss für sein erstes Buch da. (Für seinen fünften Roman bekam er später mehr als fünfhundertmal so viel Vorschuss.)

Als die Serie bei der BBC angelaufen war, hatte man dem Sender angeboten, im hauseigenen Verlag ein Buch dazu herauszubringen, doch der Vorschlag wurde nach ernsthafter Prüfung abgelehnt. Nachdem der Vertrag mit Pan unterzeichnet war, erkundigte sich BBC Publications nach den Entwürfen, denn inzwischen hatten sie den blendenden Einfall, womöglich ein Buch zu *Per Anhalter durch die Galaxis* zu veröffentlichen. Als sie erfahren mussten, dass Pan die Buchrechte bereits gekauft hatte, beklagte sich BBC Publications bitter darüber, dass man ihnen das Projekt nicht angeboten hatte.

ARTHUR: Weißt du, ich kann mich einfach nicht an den Gedanken gewöhnen, dass ich nur deshalb, weil ich mein ganzes Leben auf der Erde verbracht habe, jetzt als beschränkter Dorftrottel dastehe.

TRILLIAN: Reg dich nicht auf, Arthur. Das ist nur eine Frage der Perspektive.

ARTHUR: Aber wenn ich plötzlich auf eine Spinne, die unter meinem Bett herumkriecht, eingeredet hätte, um ihr so einige grundsätzliche Dinge zu erklären, beispielsweise den Europäischen Binnenmarkt oder New York oder die Geschichte Indochinas ...

TRILLIAN: Was?

ARTHUR: Ich glaube, ich wäre verzweifelt.

TRILLIAN: Und?

ARTHUR: Es ist nicht nur eine Frage der Perspektive. Ich meine, da handelt es sich doch um grundlegende Lebensauffassungen.

TRILLIAN: Oh.

ARTHUR: Verstehst du, was ich meine?

TRILLIAN: Mir sind Mäuse sowieso lieber als Spinnen.

ARTHUR: Ob es in diesem Raumschiff wohl irgendwo Tee gibt?

– *Dialogausschnitt aus der Radioserie (nicht verwendet)*

Wie alles, was Douglas anpackte, wurde auch das Buch sehr spät fertig.

Um Douglas' beinahe übermenschliche Begabung, Abgabetermine zu versieben, ranken sich so einige Anekdoten. Bei näherer Untersuchung stellt sich heraus, dass sie alle wahr sind.

Zur Entstehung des ersten Romans erzählt man sich Folgendes: Nachdem er den festgesetzten Abgabetermin bis an die Grenze des Zumutbaren überschritten hatte, meldete sich der Verlag bei ihm mit der Anfrage: »Wie viele Seiten haben Sie geschrieben?«

Er sagte es ihnen.

»Wie lange brauchen Sie noch?«

Er sagte es ihnen.

»Na schön«, sagten sie, und machten gute Miene zum bösen Spiel, »schließen Sie die Seite ab, an der Sie gerade arbeiten; wir schicken in einer halben Stunde einen Motorradfahrer vorbei, der alles abholt.«

Viele Leute haben sich darüber beschwert, dass der erste Roman ziemlich abrupt aufhört. Die Gründe dafür dürften jetzt klar sein: aber andererseits muss man auch in Betracht ziehen, dass Douglas ganz bewusst die Radiofolgen fünf und sechs (mit denen er noch immer nicht allzu glücklich war) zurückhielt, weil er sie für den Schluss des zweiten Romans brauchte. Falls es jemals zu einem zweiten Roman kommen sollte.

Inzwischen beschäftigte man sich bei Pan mit der normalen Vorproduktion, die in einem Verlag bei der Herstellung von Büchern so anfällt: Buchdeckel gestalten, Zitate von berühmten Leuten für den Klappentext sammeln, erste Wetten auf die zu erwartenden Verkaufszahlen annehmen.

Die erste Druckauflage von 60 000 Stück verrät den gesunden Optimismus hinsichtlich der Absatzerwartungen und zeigt, dass der Verlag sich durchaus bewusst war, dass man es hier nicht mit irgendeinem neuen Science-Fiction-Buch (das normalerweise mit einer Erstauflage von 10 000 an den Start gegangen wäre) zu tun hatte, sondern mit etwas ganz Besonderem.

Der erste Umschlagentwurf, der unter die Leute gebracht wurde, zeigte einen Flash-Gordon-Typ in einem aufgeblähten Raumanzug; die Figur streckte den Daumen heraus und hielt in der anderen Hand ein Schild, auf dem in kruden Buchstaben ALPHA ZENTAURI zu lesen stand. Der Entwurf wurde nicht verwendet, obwohl er 1979 als Flugblatt auf der World Science Fiction Convention kursierte.

Douglas hatte eine Reihe von Leuten vorgeschlagen, die eventuell dazu bereit waren, ein paar freundliche Worte für den Klappentext an Pan zu schicken. Dazu gehörten das gesamte Team von Monty Python, Tom Baker (zu der Zeit *Dr. Who*) und die Science-Fiction-Schriftsteller Christopher Priest und John Brunner.

Kein einziges dieser Zitate wurde angenommen, obwohl allein Terry Jones von den Pythons mindestens eine ganze Seite Vorschläge einschickte. Daraus einige Beispiele:

> Das lustigste Buch, das ich seit dem Frühstück gelesen habe.
> – *Terry Jones*

> Jedes Wort ist ein wahres Juwel... was mich beunruhigt, ist nur die Reihenfolge, in der sie hier aneinander gefügt wurden.
> – *Terry Jones*

> Eine Komödie aus dem Raumzeitalter für jedermann... mit Ausnahme von (bitte fügen Sie den Namen des Mannes ein, der noch schlechtere Gedichte als die Vogonen anfertigt, mir fällt der Name gerade nicht ein).
> – *Terry Jones*

> Aller Wahrscheinlichkeit nach das allerlustigste Buch des gesamten Universums.
> – *Terry Jones (diktiert von D. Adams)*

> Eines der witzigsten Bücher, auf deren Umschlag irgend etwas zitiert wird, das ich gesagt habe.
> – *Terry Jones*

Die einzigen Zitate, die verwendet wurden, erschienen auf Vorabdrucken für die Presse.

> Wirklich sehr unterhaltsam und witzig.
> – *John Cleese*

und
> Dieses Buch hat mein Leben verändert. Es ist buchstäblich nicht von dieser Welt. — *Tom Baker*

Das endgültige Design für den Buchumschlag stammte von Hipgnosis und Ian Wright, die eher für ihre Schallplatten-Covers bekannt sind; der Entwurf war genial und sorgte für eine ideale Verbindung zur ersten Schallplatte, die zeitgleich mit dem Buch in der zweiten Septemberwoche 1979 veröffentlicht wurde. Auf der Vorderseite stand in ›freundlichen‹ roten Lettern der Titel, und auf der Rückseite erschienen die Worte KEINE PANIK in ähnlicher, wie von einem Video-Farbmonitor generierten Schrifttype.

An dieser Stelle lohnt es sich, einen kurzen Blick auf die Unregelmäßigkeiten bezüglich der Schreibweise des Titels zu werfen. Die Urform stammt von Adams selbst, der seinen dreiseitigen Originalentwurf für die Radioserie mit THE HITCH-HIKER'S GUIDE TO THE GALAXY (mit Bindestrich) betitelt; im Text jedoch bezieht er sich auf das unentbehrliche Buch für Reisende im Weltall durchgehend als THE HITCH HIKER'S GUIDE (ohne Bindestrich). Das Cover der ersten Buchausgabe benutzt den Bindestrich, verzichtet allerdings auf den Apostroph, wohingegen der Buchrücken, die Rückseite und die Innenseiten *Hitch* und *Hiker's* als zwei Worte schreiben. Diese Tradition setzt sich bis zum heutigen Tage fort. Britische Ausgaben von *Macht's gut und danke für den Fisch* beispielsweise schreiben den *Hitch-Hiker* auf dem Umschlag mit Bindestrich, innen jedoch konsequent *Hitch Hiker;* das Buch mit den Radiotexten wiederum benutzt den Bindestrich durchgehend – außer auf der Rückseite, wo in den Reklametexten für das Buch der Titel sowohl mit als auch ohne Bindestrich erscheint.

In Amerika entging man dem Problem auf besonders geschickte Weise, indem immer und überall der Ausdruck

Hitchhiker verwendet wird (ohne Bindestrich, ein Wort). Ich werde dieses Problem hiermit auf sich beruhen lassen.

Das Buch schoss wie ein Komet in die Bestsellerlisten und blieb dort auch – was nicht wenige Leute heftig überraschte, nicht zuletzt Douglas Adams: »Niemand glaubte daran, dass das Radio eine derartige Wirkung hat, aber es ist wohl wirklich so. Ich denke, dass sich das Radiopublikum in weit größerem Maße mit den Leuten deckt, die regelmäßig Bücher lesen, als das beim Fernsehpublikum der Fall ist. Alle Macht dem Radio, es ist ein gutes Medium.«

Innerhalb der folgenden drei Monate wurden von *Per Anhalter durch die Galaxis* mehr als eine Viertelmillion Exemplare verkauft. Als die Verkaufszahlen bei 185 000 angelangt waren, schickte Douglas Adams einen Rundbrief an die Buchhändler:

> Mir bleibt nur die Vermutung, dass Sie in jedes Exemplar von *Per Anhalter durch die Galaxis* ein paar Geldscheine gelegt haben, oder vielleicht haben Sie auch Erpresserbanden durch die Straßen geschickt, jedenfalls wurde mir gerade mitgeteilt, dass die Verkaufszahlen den Punkt überschritten haben, bis zu dem die ganze Sache einfach nur absurd zu nennen wäre, und dass sie sich jetzt bereits in der Zone des wahrhaft Aberwitzigen befinden. Auf welche Weise Sie die Bücher auch losgeworden sind, ich bedanke mich bei Ihnen sehr herzlich dafür.

Obwohl sich Douglas später eher skeptisch über den prompten Erfolg des ersten Romans äußerte (»Es war, als ginge man vom Vorspiel direkt zum Orgasmus über, ohne irgendetwas dazwischen – was soll denn da noch folgen?«), jubilierte er damals in den höchsten Tönen.

Das Schöne an *Per Anhalter...* war, dass es genau zum richtigen Zeitpunkt auftauchte. Die Erfolge von *Krieg der*

Sterne und *Unheimliche Begegnung der Dritten Art* hatten dafür gesorgt, dass das Publikum Science Fiction als anspruchsvolle Form der Unterhaltung zu akzeptieren bereit war; die Science-Fiction-Leserschaft hatte sich schon lange nach einer witzigen Spielart des Genres gesehnt, und die Radiohörer, die das Buch lasen, entdeckten rasch, dass der Roman weit mehr zu bieten hatte als die Radiosendungen (genaugenommen ist man heute ziemlich überrascht, wenn man sich die Originalsendungen anhört und dabei feststellt, wie viele der mittlerweile vertrauten Bestandteile aus dem *Anhalter* dort fehlen – Badetücher beispielsweise). Das Buch erntete schwärmerische Kritiken. Douglas wurde mit Kurt Vonnegut verglichen (ein Vergleich, der bis zum Erscheinen von Vonneguts *Galapagos*, 1985, immer wieder herangezogen wurde; danach fingen einige Kritiker ziemlich unpassend damit an, Vonnegut mit Douglas Adams zu vergleichen), und das Buch tauchte auf vielen Jahresbestenlisten der Kritiker auf.

War die Radiosendung schon ein regelrechter Kulterfolg, so brannte das Buch den *Anhalter* unauslöschlich in das Bewusstsein der Öffentlichkeit ein. Es dauerte nicht lange, bis die Leute feststellen mussten, dass ihre Wahrnehmung von Badetüchern, weißen Mäusen und der Zahl zweiundvierzig völlig neu besetzt war.

Weshalb war *Per Anhalter durch die Galaxis* so erfolgreich?

JOHN LLOYD:

»Es ist genau das eingetreten, was William Goldman in seinem Buch *Das Hollywood Geschäft* ein nicht wiederholbares Phänomen nennt. Bevor der Anhalter erschien, gab es keine Anzeichen, keine Gründe dafür, warum es so etwas geben sollte, und sobald er da ist, scheint er in idealer Weise das Grundgefühl seiner Zeit auszudrücken. Ich weiß nicht, weshalb, aber er fängt die momentane Stimmung geradezu genial ein. Für mich sagt schon der Titel alles – mit den Begriffen Anhalter und Galaxis wird diese kuriose Mischung bereits ausgedruckt, Posthippie-Sensibilität und ein Interesse für High-Tech, digitale Technologie und den ganzen Kram. Aber zu erklären, warum der Anhalter so überaus erfolgreich wurde, das ist unmöglich; er ist halt eines dieser großartigen, originellen Produkte eines kranken Gehirns. Keine Zugeständnisse an den breiten Geschmack, einfach loslegen und das Ding durchziehen. Douglas hat auch nicht ein einziges Mal versucht, seine Ideen in Richtung Markt einzufärben, bloß damit es sich besser verkauft. Der Erfolg kam für ihn nicht weniger überraschend als für alle anderen – er hatte nicht die geringste Vorstellung davon, ob die Sache überhaupt etwas taugte. Immer wieder kam er an und fragte: ›Ist das gut? Ist das witzig? Was hältst du von dem Manuskript?‹ Er hatte wirklich keine Ahnung. Aber erklären lässt sich das nicht – und deswegen kann auch niemand ein anderes Buch nach dem gleichen Muster schreiben. Und das wiederum macht es zu einem wahrhaft genialen Werk.«

JACQUELINE GRAHAM (Presseabteilung bei Pan Books):

»Weil es so eine total geniale Idee war, und davon gibt es nicht allzu viele; und weil es lustig war, aber auf eine sehr intelligente Weise lustig; und weil es schon als so eine Art Kult gehandelt worden ist. Am ehesten, weil es so originell ist, und zweitens, weil es einen zum Lachen bringt.«

GEOFFREY PERKINS:

»Ich weiß noch, als wir die Radiosendungen produzierten, hatte ich schon so ein Gefühl, als müsste das der logische Nachfolger von Monty Python werden. Zweifellos spricht der Anhalter die gleiche Sorte Publikum an und operiert mit der gleichen Art von Humor. Das war der ursprüngliche Grund für seinen Erfolg. Der Titel spielt dabei eine wichtige Rolle. Irgendjemand hat ihn einmal in einem Artikel mit den Worten ›eine Sendung mit dem recht unbeholfenen Titel *Per Anhalter durch die Galaxis*‹ erwähnt, was komplett am Kern der Sache vorbeigeht. Als die Briefe wäschekörbeweise bei uns eingingen, wusste ich sofort, dass wir den Nerv der Zeit getroffen hatten. Das Timing war perfekt. *Krieg der Sterne* lief mit riesigem Erfolg, und die Leute interessierten sich für den Weltraum. Ein anderer Punkt ist der, dass die Leute bei Weltraum und so weiter normalerweise an Comic-Strips denken, und hier gab es plötzlich etwas durchaus Geistvolles. Das erstaunte sie zunächst einmal, aber allen gefiel es. Die Intellektuellen zogen Vergleiche zu Swift und die Vierzehnjährigen lachten sich kaputt, wenn depressive Roboter durch die Gegend klapperten.«

10

Die Bretter, die die Galaxis bedeuten

In der großen weiten Welt des Theaters sind bisher drei größere Produktionen von *Per Anhalter durch die Galaxis* aus der Taufe gehoben worden. Zwei davon waren erfolgreich. Die andere erwies sich als Katastrophe epischen Ausmaßes. Daher ist es auch recht unglücklich, dass ausgerechnet die katastrophale Produktion von der breiteren Öffentlichkeit registriert wurde. Die erste Produktion wurde von Ken Campbells Science-Fiction-Theatertruppe aus Liverpool vom 1. bis 9. Mai 1979 im ICA (Institute for Contemporary Arts) auf die Bretter gestellt. Eigentlich dürfte ›auf die Bretter gestellt‹ hier der falsche Ausdruck sein; die Schauspieler bewegten sich auf kleinen Vorsprüngen und Plattformen, während das Publikum auf einem leicht ansteigenden Auditorium, das mittels Pressluftkissen quer durch die Halle des ICA schlingerte, von knochenhart schuftenden Bühnenarbeitern auf der Höhe von einem Fünfhundertstel Zentimeter herumgeschubst wurde.

Die Show dauerte neunzig Minuten und war ein großer Erfolg.

Vorne an der Bar wurde Pangalaktischer Donnergurgler ausgeschenkt, und für die achtzig Zuschauer, die auf Mike Hurts schwebendem Parkett Platz fanden, ist der Abend gewiss unvergesslich geblieben. Ungünstigerweise gingen pro Stunde zirka 150 telefonische Kartenbestellungen ein, die natürlich nicht die geringste Chance mehr hatten, da die Show bereits lange vor der ersten Vorstellung restlos ausverkauft war. (Anscheinend wurde damals eine Firma, die sich der gleichen Initialen wie die ICA bedient – die International Communications Association –, durch die Flut von Anrufen fehlgeleiteter Kartenbesteller dermaßen aus der Fassung gebracht, dass sie ihre Telefonzentrale eine ganze Woche lang dichtmachte und einfach zu kommunizieren aufhörte.)

Die Kritik jubelte in seltener Einmut. Eine typische Besprechung, wie die im *Guardian* etwa, lobte die Kostüme und die Luftkissenshow und meinte dann: »Chris Langham ist ein äußerst einfältiger Arthur ... und gerade deshalb ein so wunderbarer Gegenspieler für den schlitzohrigen Ford (Richard Hope), den zweiköpfigen Schizophrenen Beeblebrox (Mitch Davies und Steven Williams geben eine Weltraumfassung vom pantomimischen Pferd mit zwei Köpfen und drei Händen), und er besteht sogar gegen die pyrotechnischen Zaubereien von Campbells Produktion.«

Zu der Zeit wurde überall verkündet, dass man die Show überall dort aufführen wolle, »wo wir eine Halle auftreiben können, in der ein Luftkissenfahrzeug mit 500 Sitzplätzen herumdüsen kann«.

Dabei dürfen wir nicht vergessen, dass das alles noch vor der Veröffentlichung des Buches und der Schallplatte passierte, also noch ehe jemand ahnen konnte, welch ein gigantischer Kulterfolg der *Anhalter* werden würde.

Die nächste Aufführung erblickte 300 Meilen weiter westlich das Licht der Welt, ausgeheckt von Theatr Clwyd, einer walisischen Theatertruppe. Ihr Regisseur Jonathan Petherbridge hatte die Textvorlagen für die erste Radioserie zu einem Bühnenstück umgeschrieben, das in Wales zwischen dem 15. Januar und dem 23. Februar 1980 zur Aufführung gelangte.

Die Gruppe, die ihre Produktion als ›erste Bühnenadaption der original Radiomanuskripte‹ ankündigte, spielte jeweils zwei Folgen pro Abend, oder zu besonderen Gelegenheiten alle drei Folgen hintereinander als ›Straßenfeger‹, wobei die letztere Version immer halbstündlich durch Handreichungen ›lebenswichtiger Weltraumrationen‹ unterbrochen wurde. (Abgesehen davon, dass es an der Theke Pangalaktische Donnergurgler gab, bot auch die Cafeteria Algolialische Zylbatburger an.) Die Aufführungen des Theatr Clywd waren so überaus erfolgreich, dass man die Truppe mit ihrer Produktion nach London ins altehrwürdige Old Vic Theatre einlud. Unglücklicherweise hatte Douglas zu der Zeit gerade die Bühnenrechte an Ken Campbell verkauft, der sogleich eine neue Fassung des Stoffes herausbringen wollte; diesmal sollte es eine Rockveranstaltung im Londoner Rainbow Theatre mit über 3000 Zuschauern werden.

Douglas Adams bewies seine feine analytische Begabung, als er dazu folgende Worte fand: »Ich hätte es wirklich besser wissen müssen, aber zu der Zeit musste ich mich mit so vielen Problemen herumschlagen, dass ich einfach nicht mehr klar denken konnte. Das Ding im Rainbow war ein einziges Fiasko.«

Douglas hatte zusätzliches Material für das Theaterstück geschrieben; darunter auch die Sequenz mit dem Tagesmenü im Milliways, die im Anschluss daran auch in der Fernsehversion der Show und im Buch verwertet wurde.

Im Juli 1980 wurde in *The Stage*, der Theaterfachzeitschrift, ein Artikel über die Produktion im Rainbow abgedruckt:

Eine fünfköpfige Band unterstützt die zwanzig Darsteller von *Per Anhalter durch die Galaxis*, einem Musical*, das auf den

---

* Es handelte sich überhaupt nicht um ein Musical, obwohl tatsächlich eine Band mit auf der Bühne stand.

Radiosendungen basiert und am 16. Juli 1980 im Rainbow Premiere hat und für weitere acht Wochen laufen soll. Die Aufführung wurde mit einem Budget von 300 000 Pfund realisiert, und die Fassade des Rainbow in einen intergalaktischen Raumhafen umgestaltet. Tickets gibt es für 5, 4 und 3 Pfund.

Das Foyer des Theaters präsentiert sich als Kommandozentrale eines Raumschiffes, mit flimmernden Videomonitoren und fliegenden Untertassen, die von der Decke herunterhängen, und womöglich findet sich auch ein sprechender Computer, der den Passagieren ankündigt, wann der Trip anfängt. Des weiteren treffen wir auf Platzanweiserinnen in Alienkostümen – ›voraussichtlich grünschillernd‹, wie uns der Coproduzent Richard Dunkley mitteilte – und an der Bar werden galaktomäßige Burger und der mittlerweile berühmte Pangalaktische Donnergurgler kredenzt.

Als eine der vielen Attraktionen wird der Rockmusiker Rick Wakeman auf einer fliegenden Untertasse von der Kuppel der Halle herabschweben, im Kostüm des legendären Mekon, einem der beliebtesten kleinen grünen Männchen der SF-Geschichte.

In den letzten Tagen installierten die Bühnenarbeiter eine überdimensionale Drehbühne, die Ausstatter legten letzte Hand an das Szenario, in dem die gesamte Erde in Schutt und Asche gelegt wird.

Das Team, das für die Londoner Sternwarte das Laserium entwickelt hat, tüftelte in Kalifornien einen ganzen Sack neuer Tricks eigens für diese Show aus. ›Wir haben es hier mit der ersten Produktion seit *Rocky Horror* zu tun, die sich direkt an ein junges Publikum wendet‹, verriet uns Coproduzent Philip Tinsley.

Auf dem Höhepunkt der Reklamekampagne wurde ein sieben Meter langer, aufblasbarer Walfisch von der Tower

Bridge in die Themse geworfen, was jedoch nicht gerade große Wellen in den Medien verursachte. (»Die Polizei gab sich sehr, sehr pikiert«, vermeldete der *Evening Standard* in dem knappen Vierzeiler, der ihm die Meldung wert schien.)

Und dann kam der Tag der Premiere.

Im Nachhinein betrachtet war wohl alles ein einziges Missgeschick. Die schnell gefällten Urteile wie etwa »ich wüsste nicht, wie man einen Abend ermüdender gestalten könnte« *(Daily Mail)*, »durch und durch plump, nicht die Bohne Esprit« *(Time Out)*, »peinlich« *(Observer)* oder »endlos und extrem langweilig« *(Standard)* verschwinden in der Bedeutungslosigkeit gegenüber den eigentlichen Besprechungen, von denen die meisten die Show erbarmungslos mit geschliffenen Skalpellen sezierten, bis kein Fetzchen Gutes mehr übrig blieb. Stellvertretend für die Verrisse sei hier der von Michael Billington im *Guardian* zitiert: »Was uns hier auf der Bühne des Rainbow dargeboten wird, ist ohne Zweifel Stückwerk und gänzlich unverständlich... Ken Campbell zeichnet für die Regie bei dieser Schrott-Oper verantwortlich, und ich kann nur daran erinnern, dass er uns in den Tagen seiner Roadshow unendlich besser gefallen hat, auch wenn sich damals der Höhepunkt darin erschöpfte, dass sich ein Mann ein Wiesel in die Hosen stopfte.«

Was war schief gelaufen? Eine ganze Menge. Die Länge zum Beispiel. Außerdem die Laserstrahlen, die Soundeffekte und die Rockgruppe. Ganz zu schweigen von der allgemein als grausig empfundenen Schauspielerei.

»Allein schon die Größe des Rainbow«, versuchte Douglas Adams zu erklären, »ein Theater mit 3000 Sitzplätzen, und das bei der eher bedächtigen Handlung des *Anhalter* und, was noch wichtiger ist, den vielen kleinen Details, mit denen die Story gespickt ist... Wenn du das in einer so riesigen Halle ablaufen lässt, gehen dir als erstes die so überaus wichtigen Details flöten. Dann wird alles mit Erdbeben,

Laserstrahlen und anderen Effekten zugekleistert, und das Ergebnis ist, dass die Kleinigkeiten erst recht sang- und klanglos untergehen. Am Ende stehen die armen kleinen Schauspieler auf der Bühne und strampeln sich ab, damit sie das Publikum aus der riesigen Entfernung überhaupt wahrnimmt. Hätte man die Zuschauer in ein Theater im Westend gelotst, sagen wir mal rund 700 pro Vorstellung, dann hätten wir sie restlos begeistert. Aber 700 Leute sind halt nicht die Welt, wenn die Produzenten für 3000 Sitzplätze investieren. Und somit wurde aus der ganzen Chose ein einziges finanzielles Desaster.«

Ken Campbell, der außerordentlich schwer zu erreichen ist, hat eine radikal simplere Erklärung für den Erfolg im ICA und den Flop im Rainbow parat: »Im ICA setzten wir alle auf ein Luftkissen. Es war einfach nicht möglich, ein Luftkissen aufzutreiben, das groß genug für das Rainbow gewesen wäre«, erzählte er mir in dem kürzesten Interview, das ich für dieses Buch geführt habe.*

Am 20. August zitierte der *Standard* den Coproduzenten Dunkley wie folgt: »Meiner Meinung nach sollten wir weitermachen. Die Schauspieler und der gesamte Stab sind ebenfalls dieser Meinung, und nicht wenige von ihnen sind bereit, auf ihr Geld zu warten. Wir hatten eine sehr negative Presse und in keinster Weise erwartet, dass es so viele *Anhalter*-Fans gibt.«

Nichtsdestotrotz vermeldete der *Standard* am darauffolgenden Tag: »Gestern Abend wurde die große Musicalversion** der kultisch verehrten Radioshow aus dem Programm genommen. Nachdem man teilweise vor einem nur noch zu zwanzig Prozent ausgelasteten Haus (immerhin noch rund 600 Zuschauer) spielen musste, endete die

---

* Länger war's dann auch nicht.
** Es war kein Musical, ehrlich.

Saison für das Stück bereits drei Wochen früher als geplant. Richard Dunkley sagte uns, dass alle Beteiligten eine Menge Geld verloren hätten, wieviel genau sei augenblicklich noch nicht abzuschätzen.«

Hinterher ist man immer schlauer, aber es liegt wohl auf der Hand, dass der gravierendste Fehler darin bestand, einen Kulterfolg künstlich schaffen zu wollen. Eine Kultanhängerschaft lässt sich nicht von einem aufgemotzten, hochgejubelten Riesenprojekt ins Bockshorn jagen; anstelle der schwerfälligen Produktion für das Rainbow hätte eine kleine, feine, weniger glamouröse, weniger kostspielige Aufführung sehr wohl einschlagen können.

Was tatsächlich auch geschah. Es war die Aufführung des Theatr Clwyd, die dem Publikum über die Enttäuschung des Rainbow-Debakels hinweghalf. Ein knappes Jahr darauf tauchte sie in aller Bescheidenheit wieder auf und wird seither immer wieder und immer wieder erfolgreich präsentiert. Diese Produktion, die als einzige von allen Versionen nach '79 auch die Haggunenon-Sequenzen auf die Bühne bringt und obendrein einen gefräßigen Plapperkäfer von Traal zu bieten hat, erfreut sich größter Beliebtheit sowohl bei der Kritik als auch beim Publikum und wird hoffentlich auch dann wieder ausgegraben und aufgeführt werden, wenn längst Gras über das Rainbowfiasko gewachsen ist.

FORD & ZAPHOD: Zaglaborastragard!
                 Hootrimansion Bambriar!
                 Bangliatur Poosbladoooo!
ARTHUR: Was zum Henker treibt ihr da?
FORD: Das ist ein Todesgesang aus Beteigeuze. Er besagt, dass sich die Dinge nur noch zum Besseren wenden können.

SIE HEBEN ERNEUT ZU SINGEN AN.
DAS COMPUTERPULT EXPLODIERT.
ABSPANN.

– alternativer Vorschlag

Im Lauf der Jahre wurden in allen Teilen der Welt mindestens 20 Bühnenproduktionen bekannt, die entweder auf dem Roman, den Radiomanuskripten oder dem Petherbridge-Skript basierten. Dabei ging der *Anhalter* an so weit voneinander entfernten Orten wie den Bermudas, Australien, Hawaii oder Deutschland über die Bühne. Darunter einmal als Einmannshow und ein anderes Mal sogar als Musical.* Außerdem gab es 1995 in Oxford eine Bühnenproduktion von Douglas' *Der Elektrische Mönch – Dirk Gentlys Holistische Detektei* unter dem Titel *Dirk*, die in den Genuss regelmäßiger Wiederaufführungen kam.

---

* Es handelte sich tatsächlich um ein Musical, auch wenn das Publikum sich gewiss etwas anderes gewünscht hätte.

»Kindisches, witzloses, haarsträubendes Gesabbel ...«

Am 21. Januar 1980, einem Montag, um 22 Uhr 30 wurde die erste Folge des zweiten Blocks von *Per Anhalter durch die Galaxis* ausgestrahlt. Sie wurde in der *Radio Times,* der Fernseh- und Radiozeitung der BBC, mit einer groß aufgemachten Titelstory angekündigt, und jeden Abend in dieser Woche ging zur selben Zeit die jeweils nächste der insgesamt fünf Folgen auf Sendung.

Daraus ergaben sich einige Schwierigkeiten.

Zum einen sah sich Douglas im Jahre 1979, wie bereits ausführlich dargestellt, durch die unterschiedlichsten Arbeitsverpflichtungen dermaßen unter Stress gesetzt, dass seine normale Neigung zur Überschreitung wichtiger Abgabetermine jetzt erst zur vollen Blüte heranreifte, als es darum ging, die Vorlagen für die Radiosendungen fertig zu stellen. Wie dem auch sei, glücklicherweise hatte sich Geoffrey Perkins gewissenhaft darauf vorbereitet, als er sich dazu bereit erklärt hatte, diese zweite Radioserie zu produzieren.

Im September '79 fuhr Perkins in Urlaub; bevor er sich verabschiedete, sprach er mit David Hatch, dem Produktionsassistenten von Radio 4 über die neuen Folgen. Hatch erkundigte sich danach, ob er das Material auch wirklich im Januar sendefähig vorliegen haben werde.

Zwischenzeitlich hatte es noch eine weitere, eine siebte Episode des *Anhalter* gegeben, eine ›Weihnachtssondersendung‹; sie war am 20. November 1978 aufgenommen und am Heiligen Abend ausgestrahlt worden. Eigentlich war diese Folge als außerplanmäßige Dreingabe geplant gewesen, doch da sie kompromisslos an die Handlungsfäden der sechsten Episode anknüpfte (zur Erinnerung: Alle sind entweder ohne Hoffnung auf Rückkehr irgendwo in der Zeit gestrandet oder von einer Imitation des Gefräßigen Plapperkäfers von Traal verspeist worden), schlingerte das ganze Konzept in eine andere Richtung, die von Zaphods mysteriöser Suche nach dem Typen, der das Universum lenkt, bestimmt wurde. (»Diese Weihnachtssendung entstand größtenteils in Douglas' Wohnung. Er saß oben und kritzelte alles aufs Papier, und ich tippte unten alles ins Reine. Auf diese Weise haben wir's halt zusammengestoppelt.« – Geoffrey Perkins)

Die achte Folge, also die erste Episode des zweiten Blocks, brachte Zaphod, Ford und Arthur wieder zusammen. Die Aufnahmen für den zweiten Block hatten bereits im Mai 1979 begonnen; Hatchs Frage, ob man im Januar 1980 würde senden können, war also gar nicht so unrealistisch. Geoffrey Perkins hielt sie sogar für eine gute Idee: »Wir arbeiteten recht locker an der Sache, also sagte ich ›ja‹. Wir mussten uns einen Termin setzen, sonst hätten wir bis zum Jüngsten Gericht weitergewurschtelt. ›Bis dahin haben wir drei Folgen fertig‹, dachte ich. ›Den Rest schaffen wir in den darauf folgenden fünf Wochen.‹

Dann bin ich in Urlaub gefahren. Als ich zurückkam, erfuhr ich, dass David mit der *Radio Times* ausgemacht hatte, dass sie uns auf die Titelseite bringen würden, falls die Folgen alle hintereinander in einer Woche ausgestrahlt würden. Der reinste Wahnsinn, ehrlich.«

Die Geschichte wurde für alle Beteiligten zur unerträglichen Schinderei. Ganz besonders für Douglas Adams: »Ich hatte einen richtigen Horror vor der zweiten Serie. Bei der ersten saß ich allein mit mir selbst in meinem Kämmerchen und schrieb drauflos; niemand scherte sich darum, ob der Kram was taugte. Bei der zweiten Serie fühlte ich, wie alle Welt mir über die Schulter glotzte. Ich kam mir vor, als würde ich nackt die Straße runterrennen; plötzlich war es nicht mehr nur allein meine Angelegenheit, alle anderen meldeten ebenfalls ihre Ansprüche an.«

Aufgrund der Termine ergab sich ein weiteres Problem: Vieles, das für die zweite Serie verwendet wurde, war nicht mehr als der erste Entwurf. Für die ersten Sendungen war Douglas immer wieder von neuem durch die Seiten gegangen, hatte selbst gnadenlos darin herumredigiert. Jetzt, für die zweite Serie, stand einfach nicht genug Zeit zur Verfügung. Hatte man mit der achten Episode bereits am 19. Mai 1979 begonnen, so war die zwölfte kurz vor dem Sendetermin am 25. Januar 1980 noch immer nicht vollständig abgemischt.

Schon bald war bei den Aufnahmen der Punkt erreicht, an dem die Sprecher den Autor eingeholt hatten. »In einem Teil des Studios wurde ein Stück der Sendung aufgenommen, während ich in einer anderen Ecke saß und an der nächsten Szene schrieb. Schließlich trieben wir es so weit, dass die letzte Folge eine halbe Stunde vor dem tatsächlichen Sendetermin noch in Maida Vale zusammengemischt wurde. Just in dieser heiklen Phase wickelte sich das Tonband um die Andruckrolle, das Gerät musste auseinander genommen werden, um das Band wieder herauszufädeln, und dann wurde es auf ein Motorrad gepackt und zum Funkhaus gefahren. Wir waren fast so weit, dass wir ihnen erst die eine Hälfte des Bandes rübergeschickt, dann schnell den anderen Teil aus der Bandmaschine gespult hätten, um ihn dann rasch zum Sender zu bringen, bevor der erste Teil durchgelaufen war. Geoffrey Perkins, Paddy Kingsland und Lisa Braun haben sich da wirklich einige Orden verdient!«

Die Kritiken fielen fast ohne Ausnahme exzellent aus, obwohl viele Rezensenten nur wenige Auszüge aus den sechs Episoden als Pressevorführung hatten hören können (was daran lag, dass die Teile, die sie nicht hören durften, einfach noch nicht fertig gewesen waren – aber das hatte ihnen natürlich niemand verraten ...).

Nur eine einzige Stimme wurde laut, die sich negativ gegenüber der Sendung äußerte, und die kam von Mr. Arthur Butterworth, der folgendes an die *Radio Times* schrieb: »Ich höre jetzt seit ungefähr vierzig Jahren Radio und sehe auch seit einiger Zeit fern, aber bisher ist mir noch nichts untergekommen, das sich mit diesem kindischen, witzlosen, geradewegs haarsträubenden Gesabbel hätte vergleichen lassen ... Dieser Unsinn ist nicht im entferntesten lustig.«

Sowohl die gestressten Sprecher als auch die Techniker schöpften tiefe Genugtuung aus der Titelgeschichte der *Radio Times*, einzig Geoffrey Perkins zeigte sich leidlich verunsichert. Seiner Meinung nach wirkte der Artikel herablassend und überdreht; er bestand darauf, dass einige Passagen vor dem Druck geändert werden müssten, »damit wir nicht alle wie die Idioten dastehen«.

Eine Diskussionsrunde im *Kritikerforum* von Radio 3 präsentierte eine Kritikerrunde, die zwischen heller Begeisterung und tiefer Verstörung hin und her wankte. Der vielleicht feinsinnigste Kommentar stammt von Robert Cushman, dem Vorsitzenden der Runde, der sagte: »*(Per Anhalter ...* hat) den gewissen Effekt, den auch eine Sendung von Monty Python auslöst; es lässt alles, was direkt danach im Radio, im Fernsehen oder sonst wo auftaucht, absolut lächerlich wirken. Es hat dieses gewisse Etwas, das alles in einem gereinigten Licht erscheinen lässt.«

Die zweite Serie enthielt eine Reihe hervorragender Sequenzen, die sonst nirgendwo übernommen wurden, wie zum Beispiel die Körpersoll-Kontoführung und die Roboterdisco. Andere Teile waren unausgewogen und unnötig ausgewalzt, wie etwa die Idee mit den Schustern, die dann später im Buch vernünftigerweise nicht mehr als eine halbe Seite einnahm. Alles in allem gesehen war dieser zweite Teil nicht ganz so erfolgreich wie der erste. Douglas nahm sich vor, beim Schreiben des zweiten Buches so einiges auszusortieren.

Level 42

Als das Taschenbuch *Per Anhalter durch die Galaxis* in Großbritannien erschien, stand auf der letzten Seite, anstelle der üblichen Reklame für andere Titel aus dem Verlagsprogramm, eine Anzeige mit folgendem Wortlaut:

> **KEINE PANIK!**
> In Zusammenarbeit mit Original Records ist jetzt bei Megadodo die Doppel-LP zur Radiosendung erschienen. Füllen Sie bitte diese Bestellkarte aus und schicken Sie sie zusammen mit einem Scheck oder einer Postanweisung an …

Ungeachtet der Tatsache, dass damit das Kapitel 35 (auf dessen Rückseite das Bestellformular abgedruckt war) unweigerlich verloren ging, verlangte eine beträchtliche Anzahl von Leuten per Formular und Postanweisung nach einer Schallplatte mit dem Titel *Per Anhalter durch die Galaxis*.

Im Anschluss an die Radioausstrahlung hatten sich schon mehrere Plattenfirmen an der Herstellung einer Vinylversion interessiert gezeigt. Ein Label hatte sogar eine Option darauf erworben, aber da darüber hinaus nicht das Geringste geschehen war, schaltete sich Original Records ein und sicherte sich die Schallplattenrechte.

Geoffrey Perkins über die erste Schallplatte: »Es war sehr knifflig. Wir wussten, dass es ein Doppelalbum werden musste, aber wir konnten ja schlecht eine halbe Stunde auf jede Seite quetschen. Also hockten wir uns zusammen und überlegten, wenn auch sehr widerstrebend, welche Teile herausgestrichen werden sollten. Ich war sehr zufrieden mit dem Ergebnis. Auf diese Weise ergaben sich sogar eine ganze Reihe Verbesserungen, wie zum Beispiel die Arrangements für die Sprecherstimme; oder die Stelle, wenn Trillian sagt: ›Entspanne dich bitte …‹, da haben wir diese niedliche kleine Melodie draufgemischt. Die Sequenz mit der unendlichen Unwahrscheinlichkeit schrumpfte im Vergleich zur Radiofassung gehörig zusammen, trotzdem wurde alles viel klarer, deutlicher. Bei der Radioproduktion waren wir davon überzeugt gewesen, dass es nur dann richtig gut würde, wenn wir alle Effekte dranknallten, stattdessen wurde vieles schlicht unverständlich – gerade weil von allem ein bisschen dabei war; manchmal lagen da noch ein paar Schallplatten herum, die jemand aus der Sendung vorher liegen gelassen hatte, und die verwursteten wir gleich mit; wir nahmen alles, was gerade so herumlag. Meistens kam dabei ein ziemliches Tohuwabohu heraus, absolut unbrauchbares Zeug. Ganz klar zuviel des Guten.« Die Besetzung auf der Schallplatte war mit der aus der Radiosendung beinahe identisch, bis auf Valentine Dyall selig, den berühmten ›Mann in Schwarz‹ aus dem Radio, der anstelle von Geoffrey McGivern den Deep Thought sprach. (Er sollte später, in der zweiten Radioserie, auch Gargravarr sprechen, mit den gleichen Stimmenarrangements.)

Wenn man berücksichtigt, dass die Platte nur per Post bezogen werden konnte (jedenfalls am Anfang), verkaufte sie sich erstaunlich gut. Im ersten Jahr gingen mehr als 120 000 Stück weg, und ein Song daraus landete sogar in der Hitparade. Das Cover war eine erweiterte Version des Buchumschlages von Hipgnosis plus einige Einträge aus dem Reiseführer, die sonst nirgendwo mehr auftauchten. Alles in allem deckte die Schallplatte die ersten vier, etwas gestutzten Episoden der Radioserie ab.

Die zweite Platte, *Das Restaurant am Ende des Universums*, verkaufte sich nur wenig schlechter. Noch einmal Geoffrey Perkins: »Wir alle verbuchten die Arbeit an der ersten Platte als überaus interessante Erfahrung. Diese Einstellung ließ erheblich nach, als es an die zweite Scheibe ging (was teilweise darauf zurückzuführen sein mag, dass keiner für die Arbeit an der ersten bezahlt worden war).

Mittlerweile halten die meisten Leute die zweite Platte für die bessere, weil sie einfach definitiver, viel kompletter als die erste ist.

Unglücklicherweise liegt das daran, dass sie viel zu lang geraten ist. Es ist nicht mehr als ein Rohschnitt. Wir hatten uns abgesprochen, dass wir das Material einige Tage liegen lassen sollten, bevor wir mit klaren Köpfen an den Endschnitt gingen. Ich fuhr also rauf nach Edinburgh und sah mir das Festival an, und als ich zurückkam, waren sie hoppladihopp noch mal durchgegangen und mit dem Schnitt bereits fertig! Ich merkte sofort, dass es nicht straff genug war, ich wollte einen flotteren Schnitt haben.«

(Adams pflichtete ihm bei: »Die zweite Platte ist a) viel zu lang auf beiden Seiten, und b) voll mit Blablabla.«)

Perkins ist noch immer ein Fan der ersten Platte: »Das Tolle daran war, dass wir an so manchen Feinheiten herumtüftelten, von denen wir wussten, dass sie die Leute erst beim zweiten oder dritten Anhören bemerken würden. Im Gegensatz dazu musste bei der Radiofassung alles sofort beim ersten Mal klar rüberkommen.«

Was die Handlung anbelangt, deckt sich die zweite Platte weitgehend mit den letzten beiden Episoden der Fernsehserie; nur an die Stelle der Haggunenon-Sequenzen wurden die Szenen mit Disaster Areas Show-Raumschiff gesetzt.

Auf dem Cover der zweiten Platte war eine gelbe Gummiente zu sehen, wahrscheinlich in Anspielung auf den unsterblichen Ausspruch des Kommandanten der B-Arche, der besagt, dass man »mit einer Gummiente niemals wirklich allein ist«. Am Tag, als die Platte auf den Markt kam, stand im Schaufenster des HMV-Schallplattenladens ein riesiger Badezuber mit zwölf lebenden, eine Woche alten Entenküken. Der Werbegag, ein Produkt aus dem Gehirn von Don Mousseau, dem Geschäftsführer von Original Records, musste früher als geplant wieder zurückgezogen werden, nachdem sich mehrere Tierschutzvereine nachdrücklich beschwert hatten.

Als die Platten in den USA veröffentlicht wurden, zierte die Hüllen dort eine Version von ›Wie verlasse ich diesen Planeten auf dem schnellsten Wege?‹ (siehe Anhang IV).

Aus dem *Anhalter*-Umfeld entstanden noch andere Schallplattenprojekte. ›Marvin the Paranoid Android‹ (Stephen Moore) spielte zwei Singles ein:

›Marvin‹: »Zehn Millionen logische Funktionen, vielleicht noch mehr. Und sie lassen mich den Müll einsammeln... Was mich richtig auf die Palme bringt, ist, wenn sie mich mit Ako-Pads wienern. Keine Autowäsche könnte schlimmer sein... Einsam und verlassen, voller Überzeugung paranoid, Marvin der Android...« Auf der Rückseite: ›Metal Man‹, ein Song über ein außer Kontrolle geratenes Raumschiff, das in einem schwarzen Loch gefangen sitzt und Marvin überreden will, es zu erlösen. Die Scheibe wurde ein paar Mal im Radio gespielt und schaffte es sogar bis in die unteren Regionen der britischen Charts.

›Reasons to Be Miserable‹: »Ihr trampelt auf meinen Gefühlen rum, sonst macht mich nichts an, Marvin ist mein Name...«, eine Anspielung auf Ian Durys ›Reasons to Be Cheerful‹. Auf der Rückseite: ›Marvin I Love You‹; Marvin findet beim Großreinemachen seiner Datenbank eine Liebesbotschaft (»Marvin, ich liebe dich, vergiss nicht, dass ich immer auf dich programmiert bin...«), eine wirre Kombination von Erzählung auf Elektropop und Fifties-Schnulze. Dieser Song wurde kaum im Radio gespielt und schaffte so gut wie gar nichts.

Als man Douglas Adams, der als ›Berater‹ auf den Singles erwähnt wurde, dazu befragte, griff er melancholisch zu einer seiner vielen Gitarren und stimmte ein süßes Wiegenlied an (Marvins Lied aus *Das Leben, das Universum und der ganze Rest*, die Melodie stammt von Douglas); seiner Meinung nach hätte dieser Song als Single herauskommen müssen. Sollte die Radiofassung von *Das Leben, das Universum und der ganze Rest* jemals fertig gestellt werden, wird diese Perle endlich der Öffentlichkeit zugänglich sein.

(Eine ziemlich lückenlose Aufstellung aller Lieder, die im *Anhalter* zur Aufführung kamen, findet sich im Buch mit den Radioskripts.)

Von Mäusen und Menschen und abgespannten TV-Produzenten

»Anfangs war ich überhaupt nicht daran interessiert, den *Anhalter* in Bilder umzusetzen; doch als ich an *Dr. Who* arbeitete, fiel mir auf, dass wir eigentlich einen Haufen Spezialeffekte zur Verfügung haben, die nie so richtig ausgenutzt werden. Wenn es so wird, wie ich es mir vorstelle, dann wird es garantiert ziemlich ungewöhnlich.«
– *Douglas Adams, 1979*

»Die Fernsehfassung von *Per Anhalter durch die Galaxis* war nicht gerade das Gelbe vom Ei. Es gab persönliche Schwierigkeiten zwischen mir und dem Regisseur; und zwischen den Schauspielern und dem Regisseur; und zwischen der Dame, die immer den Tee brachte, und dem Regisseur...«
– *Douglas Adams, 1983*

FERNSEHEN: EPISODE DREI

TRICKAUFNAHME (MODELL):
DIE HERZ AUS GOLD FLITZT DURCH EINEN SCHUMMRIGEN HIMMEL. NUR WENIGE STERNE, UND AUCH DIE SIND DÜSTER UND VERSCHWOMMEN. EIN GERÄUSCH WIE BEIM KÜSSEN IST ZU HÖREN, SODANN EIN KLAPPERN.
GERADE ALS WIR UNS ANFANGEN ZU WUNDERN, WAS SICH DA ABSPIELT: SCHNITT IN TRILLIANS KABINE, DIE – WIE AUCH DIE ANDEREN, DIE WIR GLEICH ZU

SEHEN BEKOMMEN WERDEN (UMDEKORIEREN) –
SEHR ENG UND VOLLGESTOPFT IST. ZUR EIN-
RICHTUNG GEHÖRT EIN BETT, DAS ANSCHEINEND
GERADE IN POSITION SCHLINGERT.
TRILLIANS AUFMERKSAMKEIT RICHTET SICH AUF
EINEN KLEINEN KÄFIG, DARIN ZWEI WEISSE MÄUSE;
EINE STRAMPELT SICH IM LAUFRAD AB (DAHER DAS
KLAPPERNDE GERÄUSCH), UND TRILLIAN STÖSST MIT
FEUCHTEN LIPPEN SCHMATZENDE UND SAUGENDE
GERÄUSCHE AUS (DAHER DIE KUSSGERÄUSCHE).
NACH EINIGEN SEKUNDEN WENDET SIE SICH VOM
KÄFIG AB. DAS BETT BEWEGT SICH EINLADEND AUF
SIE ZU.

TRILLIAN: Nein danke, ich kann jetzt nicht schlafen.
ÜBER IHREM BETT SCHALTET SICH GERÄUSCHLOS EIN
BILDSCHIRM EIN, AUF DEM EINE SCHAFHERDE AN
DER KAMERA VORÜBERZIEHT. TRILLIAN DRÜCKT AUF
EINEN SCHALTER NEBEN DEM GERÄT, UND DER
SCHIRM VERLISCHT WIEDER.
EINE DER UNERGRÜNDLICHEN COMPUTERKONSOLEN
NEBEN IHREM BETT GLÜHT AUF.

EDDIE: Ich versuche nur zu helfen. Vielleicht ein wenig
beruhigende Musik, genau auf Ihren persönlichen
Deltarhythmus abgestimmt?
MUSIK DURCHFLUTET DAS ZIMMER. IRGENDETWAS
SEHR EKLIGES, KLEBRIGES.

TRILLIAN: Nein, danke.
DIE MUSIK HÖRT AUF.

EDDIE: Vielleicht eine Geschichte: Es waren einmal drei
Computer – ein Analogcomputer, ein digitaler
Computer und ein Submeson-Computer. Sie lebten
glücklich und zufrieden in einem komplexen
Dreiphasen-Interface ...
TRILLIAN VERLÄSST GENERVT DEN RAUM.

EDDIE: So warte doch... Ich bin noch gar nicht an der richtig langweiligen Stelle angekommen.
SCHNITT AUF TRILLIAN, DIE DEN DÜSTEREN KORRIDOR HINUNTERGEHT. SIE GEHT IN RICHTUNG KOMMANDOBRÜCKE. SIE KOMMT AN EINER WEITEREN COMPUTERKONSOLE VORBEI, DIE SOFORT AUFLEUCHTET.

EDDIE: Ich kann auch sofort an der Stelle weitererzählen, wo sie versuchen, ein binäres Modell für die unentrinnbare Modalität des Sichtbaren auszutüfteln. Echt einschläfernd.
TRILLIAN LÄSST IHN LINKS LIEGEN UND BETRITT DIE KOMMANDOBRÜCKE. SCHNITT AUF DIE BRÜCKE. SIE LIEGT EBENFALLS IM HALBDUNKEL. EINE COMPUTERKONSOLE LEUCHTET AUF.

EDDIE: Erst recht, wenn ich mit meiner langsamen... tiefen ... Erzählerstimme weitererzähle...
(SEINE STIMME WIRD SO, WIE ER ES ANGEKÜNDIGT HAT, UND DIE LICHTER SEINER KONSOLE DIMMEN SICH EINFÜHLSAM HERUNTER.)

TRILLIAN: Computer!

EDDIE (WIEDER GANZ HELL): Hallihallo!
IM GLEICHEN AUGENBLICK GEHEN SÄMTLICHE LICHTER IM KOMMANDORAUM AN.
TRILLIAN VERZIEHT DAS GESICHT.

TRILLIAN: Sag mir einfach nur, wo wir uns gerade befinden.
SCHNITT AUF RAUMSCHIFFMODELL. DIE HERZ AUS GOLD SAUST NOCH IMMER DURCH DEN DÜSTEREN HIMMEL.
DIESMAL HÖREN WIR LAUTES SCHNARCHEN. NICHT DAS L.U.*-SCHNARCHEN, SONDERN DAS DRAMASCHNARCHEN.

* Leichte Unterhaltung

SCHNITT IN EINEN ANDEREN SCHLAFWÜRFEL.
ES IST ARTHURS KABINE.
ER SCHLÄFT TIEF UND FEST.
AN EINER WAND HÄNGEN SEINE KLEIDER, ALSO
HOSEN, MORGENMANTEL ETC. HINTER DEN KLEI-
DERN SCHALTEN SICH DIE GEDÄMPFTEN LICHTER
EINER COMPUTERKONSOLE AN. BIRNCHEN FLACKERN
AUF, LICHTER SAUSEN HIN UND HER. SIE VERMESSEN
ARTHURS KLAMOTTEN. NACH EINIGEN AUGEN-
BLICKEN MATERIALISIERT EIN ZWEITER HAUFEN
KLEIDER NEBEN DEN ALTEN. ES HANDELT SICH HIER-
BEI UM ANSTÄNDIGE, UNAUFFÄLLIGE WELTRAUM-
KLAMOTTEN. VIELLEICHT SILBERGLITZERND.
SCHNITT IN DEN NÄCHSTEN SCHLAFWÜRFEL. FORD
PREFECT KANN NICHT EINSCHLAFEN, WEIL ARTHUR
NEBENAN SO LAUT SCHNARCHT.
ER WÄLZT SICH AUF DIE ANDERE SEITE. DA DAS
BETTUCH AUS EXTREM DÜNNEM WELTRAUMMATERIAL
BESTEHT, IST FORD REICHLICH GEFRUSTET, ALS
SÄMTLICHE VERSUCHE SCHEITERN, DIE STÖRENDEN
GERÄUSCHE MITTELS DER UM DEN KOPF GEWICKEL-
TEN DECKE ABZUDÄMMEN.
ER GREIFT NEBEN DAS BETT, HEBT SEIN HANDTUCH
AUF UND PRESST ES GEGEN DIE OHREN.
SCHNITT IN DIE NÄCHSTE KABINE.
AUCH HIER SCHNARCHT ES GEWALTIG.
GROSSAUFNAHME VON EINEM VON ZAPHODS KÖPFEN,
DER TIEF SCHLÄFT UND MORDSMÄSSIG SCHNARCHT.
DIE KAMERA SCHWENKT AUF DEN ANDEREN KOPF,
DER OFFENSICHTLICH WEGEN DER SCHNARCHEREI
DES ERSTEN KOPFES KEIN AUGE ZUKRIEGT.
KAUM HÖRBAR GLEITET DIE ZIMMERTÜR AUF.
TRILLIANS UMRISSE ZEICHNEN SICH VOR DEM HELLE-
REN FLUR AB.

TRILLIAN: Hey, Zaphod?
ZAPHOD: Ähhm, ja?
TRILLIAN: Erinnerst du dich daran, was du hier eigentlich suchen wolltest?
ZAPHOD: Was denn?
TRILLIAN: Ich glaube, wir haben es gerade eben gefunden.
ZAPHOD SETZT SICH IM BETT AUF.
ZAPHOD: Hey, was denn?
TRILLIAN: Du hast es mal den »allerunwahrscheinlichsten Planeten, den es jemals gegeben hat« genannt.
ÜBERBLENDUNG AUF DIE ANFANGSTITEL.

– Rohfassung der Anfangssequenz von Episode 3 der TV-Serie (wurde niemals umgesetzt)

Die Fernsehfassung von *Per Anhalter…* fängt mit der Einblendung einer Computerschrift an, auf der die restliche Zeit bis zum Weltuntergang abgezählt wird, während im Hintergrund über einer friedlichen englischen Landschaft die Sonne aufgeht.

Die Computerschrift war eine Fälschung, genauso wie die englische Landschaft. Was die Zuschauer eigentlich sahen, war die Imitation eines Computercountdowns vor einer Glühbirne, die über einer Modelllandschaft aufging. Die Genialität und die gelegentliche Fälschung von irgendwelchen ganz alltäglichen, natürlichen Dingen war für die sechs TV-Folgen von *Per Anhalter durch die Galaxis* geradezu typisch.

Viele Leute, vielleicht die meisten Zuschauer, kamen erst durch die Fernsehserie der BBC mit dem *Anhalter* in Kontakt. Ganz sicher ist, dass nach der ersten Ausstrahlung, 1981 auf BBC 2, das Buch millionenfach über die Theke ging.

Die Idee wurde erstmalig im Spätjahr 1979 von John Lloyd, dem späteren Coproduzenten der TV-Serie, aufgeworfen. »Ich war zu der Zeit gerade beim Fernsehen beschäftigt«, erinnert er sich. »Ich hatte gerade eine Serie von *Not the Nine O'Clock News* gemacht und hielt nach etwas Neuem Ausschau. Damals konnte keiner ahnen, was für ein absurder Erfolg NTNOCN werden würde, und da kam mir der *Anhalter* gerade recht. Er konnte einen Riesenerfolg im Radio vorweisen und schien mir auch durchaus für eine visuelle Umsetzung geeignet zu sein.

Douglas und ich hatten uns schon immer für Science Fiction begeistert. Das war allerdings noch lange vor *Krieg der Sterne*, zu einer Zeit, als die Leute der Science Fiction nicht den geringsten kommerziellen Erfolg zubilligten.

Wie auch immer, ich schrieb jedenfalls an meinen Abteilungsleiter und erzählte ihm, dass es da diese hervorragende Radioserie gab, die sich hervorragend im Fernsehen machen würde und die auch genau das sei, was ich mir für mich vorgestellt hätte. Er antwortete, dass er noch nie etwas davon gehört habe, also schickte ich ihm eine kurze Auflistung aller Triumphe von *Per Anhalter...*, die Hugo-Nominierung, die ungewöhnlich vielen Wiederholungen im Radio, die Bühnenadaptionen und nicht zuletzt die Tatsache, dass es ein Millionenseller auf dem Buchmarkt war ... die ganze Litanei eben. ›Na schön‹, sagte er, ›wir machen es‹, und gab das erste Drehbuch in Auftrag, das von Douglas selbst geschrieben wurde.

Das Drehbuch wurde unheimlich gut. Douglas war das gelungen, was er schon vorher mit den Büchern geschafft hatte, nämlich die Radiosendung in irgend etwas anderes zu verwandeln, dem man die Herkunft vom Radio nicht mehr anmerkte. Er schöpfte das jeweils andere Medium voll aus. Mein Boss war schier aus dem Häuschen – so ein hervorragendes Unterhaltungsdrehbuch hatte er noch nie gelesen!

Soweit ich mich recht erinnere, fingen wir mit Alan Bell als Regisseur an; ich war bei der ersten Folge Produzent, obwohl die Sache letztendlich auf eine Coproduktion hinauslief, da ich von der Finanzierung bei Fernsehproduktionen nicht viel Ahnung hatte. Doch dann kam die BBC an und setzte die zweite Serie von *Not The Nine O'Clock News* auf der Dringlichkeitsleiter noch vor den *Anhalter*. Bei NTNOCN handelte es sich um einen ausgewachsenen Rund-um-die-Uhr-Job, ich konnte unmöglich beides durchziehen.

Ich war richtig sauer deswegen. Ich glaubte, dass die BBC zu diesem Zeitpunkt (als sich für NTNOCN so langsam ein Erfolg abzeichnete) einfach nicht wollte, dass der jüngste Produzent (ich) gleich zwei Knüller unter der Fuchtel hatte. Deshalb nahmen sie mir den *Anhalter* weg und setzten jemand anderen darauf an. Ich habe mich ziemlich aufgeregt, als ich zwangsweise zum ›außerordentlichen‹ Produzenten gemacht wurde. Das hieß nämlich überhaupt nichts. Als kleiner Produzent auf Probe hatte ich keinerlei Ansprüche an die BBC – theoretisch hätten sie mich ohne weiteres wieder zum Radio zurückschicken können. Ich sagte, dass ich ab und zu ein Auge auf die Proben und Aufnahmen werfen wollte, aber letztendlich blieb dafür keine Zeit; ich hatte mit der TV-Serie eigentlich nichts mehr zu tun.

Alan Bell hat eine große Sache daraus gemacht. Wenn im Abspann mein Name erscheint, explodiert er in tausend Stücke und zischt ab ins Weltall...*

Doch das einzige, was ich zur TV-Serie beigesteuert habe, ist diese erste Zusammenfassung für meinen Chef, und dass ich bei den ersten Sitzungen dabei war, bis alles ins Rollen kam; danach wurde ich von der internen BBC-Maschinerie ausgebootet.«

---

* Es stimmt, dass John Lloyds Name beim Abspann explodiert, aber Alan Bell behauptet, das sei purer Zufall.

Lloyd beurteilt Alan J. W. Bell, den Regisseur und Produzenten der TV-Serie, und seine Arbeit mit sehr gemischten Gefühlen.

»Ich habe nicht besonders gerne mit Alan zusammengearbeitet. Er gehört zu der Sorte Fernsehproduzenten, die ... na ja, ich möchte nicht behaupten, dass er nicht hart arbeitet, das hat er nämlich getan, aber er hatte nie Lust, noch ein paar Stunden dranzuhängen, wenn's mal nötig war. Er wollte die Sache über die Bühne bringen und sonst nichts. Die Logistik, der Ablauf der Produktion interessiert ihn weitaus mehr als etwa das Drehbuch oder die schauspielerischen Leistungen.

Ich habe einige Male bei Proben beobachtet, wie die Schauspieler ihren Text falsch betonten oder in der falschen Reihenfolge aufsagten, und Alan befand es nicht für nötig, sie zu korrigieren. Er kümmerte sich lieber um die technischen Aspekte und technisch gesehen wusste er eine ganze Menge. Ein paar Einstellungen im *Anhalter* sind auch wirklich wunderbar geworden.

Als komödiantischer Entwurf ist es jedoch in die Hose gegangen, die Regie fehlt hinten und vorne. So jemand wie der alte Perkins hätte dabei sein müssen; der ist noch so ein alter Bosseler von der Sorte, die sich stundenlang damit verspielen, den richtigen Soundeffekt rauszufriemeln, und sich dabei noch Gedanken über das Drehbuch und die Wirkung der ganzen Angelegenheit machen – Dinge, die Alan nur als trivial und zweitrangig abgetan hat.

Ich erinnere mich daran, dass ich beim Schnitt der Pilotsendung vorbeischaute; ich machte Alan auf einige grauslige Schnittfehler aufmerksam und sagte ihm, er müsse da unbedingt noch mal drangehen, doch er war nicht dazu zu bewegen. ›Dafür haben wir keine Zeit – wir müssen weitermachen!‹ Das war so seine Einstellung.

Wenn du mich fragst, ich denke, dass man aus dem TV-*Anhalter* durchaus hätte mehr machen können. Wenn man die Sache richtig angepackt hätte, hätte man damit sämtliche Preise gewinnen können. Das einzige, was auf eine wirklich originelle Show hinweist, sind die Computergraphics. Wer die Drehbücher gelesen hat, dachte damals: ›Unglaublich! Das Fernsehen hüpft mit einem Sprung in die neunziger Jahre.‹ Aber dann stellte sich heraus, dass die meisten Auftritte und auch die filmische Umsetzung an keiner Stelle an – sagen wir mal – *Dr. Who* herankamen.

Alan ist kein besonders origineller Kopf. Im Gegensatz zu Douglas.

Ich möchte Alan nicht unrecht tun; es war vom Ablauf her ein bestimmt sehr schwieriger Job, den er da durchziehen musste, und ich weiß, dass man beim Fernsehen nicht so lässig rangehen kann wie beim Radio – so wie Geoffrey, immer alles bis zur letzten Sekunde auströpfeln lassen, während die Schauspieler herumstehen und warten, bis das Zeug fertig geschrieben ist. Das geht beim Fernsehen nicht. Douglas braucht auch jemanden, der ihm die Daumenschrauben anlegt; ich habe mit ihm ein paar Sachen fürs Radio gemacht, er ist wirklich ein bisschen lahmarschig. Er meint immer, er hätte alle Zeit der Welt. Vermutlich ist er da zu sehr verwöhnt worden.

Alan ließ die Sendung jedenfalls ausstrahlen, was Douglas wahrscheinlich niemals getan hätte – und auch ich hätte es so nicht durchgehen lassen!«

Zum ersten Mal hatte Douglas mit jemandem am *Anhalter* zusammengearbeitet, bei dem er spürte, dass er seinen Ideen nicht besonders viel Begeisterung entgegenbrachte. Er wollte John Lloyd als Produzenten, und er wollte Geoffrey Perkins dabeihaben, die Leute vom Radio, von denen er wusste, dass sie den *Anhalter* wirklich kapiert hatten.

Doch es sollte nicht sein. Alan Bell war nun mal ein Fernsehmensch, der, wie er auch gerne zugibt, nicht viel für Leute vom Radio übrig hat, die ihm seinen Job erklären wollen.

Geoffrey Perkins meinte dazu: »Fernsehleute sind im Allgemeinen davon überzeugt, dass wir vom Radio absolut keinen Schimmer von irgendwas haben; das mag nicht ganz falsch sein. Doch wir beschäftigen uns viel intensiver mit Drehbüchern, als das beim Fernsehen der Fall ist und jemals sein wird. Die TV-Fritzen gingen einfach davon aus, dass Douglas nicht wusste, wovon er redete.

Angenommen, Douglas plapperte irgendwas beim Radio dazwischen, dann konnte man immer sagen: ›Okay, wir probieren das mal‹ oder: ›Nein, halt die Klappe!‹ Beim Fernsehen hörte ihm einfach keiner zu. Ich habe das erste TV-Drehbuch gelesen und halte es für eines der besten Drehbücher, die jemals geschrieben wurden. Er hatte sich alles genau ausgedacht, bis hin zu den grafischen Effekten. Es war schlicht und einfach brillant.«

Wenn man heute die Leute danach fragt, woran sie sich bei der Fernsehfassung von *Per Anhalter durch die Galaxis* am besten erinnern können, antworten sie meistens: ›An die Computergrafik.‹ Diese Grafiken – allem Anschein nach Sequenzen vom Bildschirm des Reiseführers – waren unglaublich detaillierte, offensichtlich im Computer geschaffene bewegliche Bilder, voll gestopft mit Gags und Anspielungen für Insider, allem Anschein nach für Leute entworfen, die zu Hause Videogeräte mit Standbild- und Zeitlupenfunktion stehen hatten, denn beim einmaligen Betrachten in normaler Geschwindigkeit konnte man die Vielfalt der Bilderfolgen überhaupt nicht mitkriegen.

Wer hätte beispielsweise den gezeichneten Douglas Adams bemerkt, wie er als Werbefachmann der Sirius Cybernetics Corporation auf dem Bildschirm posiert oder wie er in der Delfinsequenz wie ein Besessener schreibt, und gar in Frauenkleidern als Paula Nancy Millstone Jennings?*

Während der Dreharbeiten zu dieser Folge (wenn er sich nicht gerade splitternackt ins Meer stürzte) saß Douglas meistens im Liegestuhl und löste Kreuzworträtsel. Hin und wieder – so man einigen Schauspielern und Technikern Glauben schenken darf – fiel er aus dem Stuhl, obwohl sich niemand genau erklären konnte, weshalb eigentlich.

Hätte man all die Namen und Telefonnummern erkennen können, die auf die beliebtesten Orte des Universums hinweisen, an denen man sich mit Pangalaktischem Donnergurgler eindecken oder von ihm entsorgen lassen konnte?

Eine der Telefonnummern in den Graphics zur sechsten Episode gehörte zu einem führenden Computermagazin, das sich bei den Pearce Studios, die für die Animation verantwortlich waren, erkundigt hatte, auf welchem Computer das alles entworfen worden war und ob in dem Reiseführer, der im Film zu sehen war, ein Flatscreen-Fernseher eingebaut sei. Die Bemerkung neben der Telefonnummer fiel nicht sehr schmeichelhaft aus.

Die Computergrafiken sind alle in Handarbeit entstanden.

---

* Douglas trat auch als echte Person einige Male in der TV-Serie auf. In der ersten Episode steht er ganz hinten im Pub und erwartet das Ende der Welt mit stoischer Gelassenheit; in der zweiten Episode spielt er den Gentleman, der ungeheure Geldsummen von der Bank abhebt, sich daraufhin aller Kleider entledigt und schnurstracks ins Meer hinaus watet. Noch immer kursieren Gerüchte hinsichtlich einer Aufnahme, die ein Opfer des Schnitts wurde (und in der weitaus mehr von Douglas zu sehen sei, als der gute Geschmack erlaubt). Eigentlich war Douglas damals nur eingesprungen, weil der Schauspieler, der für die Rolle vorgesehen gewesen war, an jenem Tage seinen Umzug machen musste. Die Szenen mussten abgedreht werden, und so sprang Douglas in die Bresche.

Im Januar 1980 arbeitete Kevin Davies, ein Science-Fiction-Fan und Trickfilmer, für die Pearce Studios in Hanwell, West London. Als er das Quietschen und Fiepen von R2D2, dem Roboter aus *Krieg der Sterne,* aus den Schneideräumen der BBC durch den Flur hallen hörte, ging er mal nachsehen und traf dort Alan J. W. Bell, der gerade eine Sequenz der Sendung *Jim'll Fix It* schnitt, in der ein Kind die Dreharbeiten zu *Krieg der Sterne* besucht.

Bell fand in Davies nicht nur einen vor Enthusiasmus geradezu übersprudelnden *Anhalter*-Fan, durch Davies knüpfte er auch den Kontakt zu Rod Lord und den Pearce Studios, die dann mit den Graphics für die TV-Serie beauftragt wurden. (Ihr Kostenvoranschlag belief sich auf ungefähr die Hälfte dessen, was die BBC-eigene Trickabteilung dafür berechnete, wohingegen die Sequenz im Gerichtssaal, die von den BBC-Trickleuten hergestellt worden war, so entsetzlich mies aussah, dass sie sofort in den Müll wanderte.)

Rod Lord und die Pearce Studios verfügten keineswegs über einen Grafikcomputer; was ihnen zur Verfügung stand, waren ein paar gewitzte Trickzeichner, die einen sehr computermäßigen Stil entwickelt hatten.

Wie es gemacht wurde

Zunächst wurde die Tonspur mit der Stimme von Peter Jones für das genaue Timing herangezogen, das heißt, es wurde genau ausgezählt, wieviel Einzelbilder jede Dialogzeile benötigte. Dann wurden Bleistiftzeichnungen angefertigt, auf die man ausgestanzte Azetatfolien legte, um die Bilder mit Tusche nachzufahren. Die Buchstaben entstanden mit Hilfe einer Kombination aus Trockenübertragung und dem Druckbild einer IBM-Schreibmaschine. Das Ergebnis (schwarze Zeichnungen und schwarze Schrift auf heller Folie) wurde sodann auf fotografischem Wege umgekehrt, um helle Schrift und Zeichnungen auf schwarzem Hintergrund zu bekommen.

Die Einzelbilder wurden unter einer gewöhnlichen 16-mm-Kamera angestrahlt, die Farbgebung entstand durch Filterfolien. Jeder Schriftzug und jede Farbe erforderte gesonderte Belichtung und spezielles Arrangement (für die Sequenz mit den Babelfischen beispielsweise war ungefähr ein gutes Dutzend Durchgänge unter der Kamera erforderlich). Der Hauptunterschied zwischen dieser Tricktechnik und der sonst üblichen Animation bestand darin, dass anstelle der Einzelbildanimation mehrere Bilder gleichzeitig aufgenommen wurden, so dass jedes einzelne Objekt, das sich bewegt, diesen leicht zappligen, flimmernden Eindruck hervorruft, den man gemeinhin von Computergrafiken erwartet. (Die TV-Serie erhielt eine Nominierung für den Preis für die innovativste Fernsehsendung im Rahmen der Goldenen Rose von Montreux. Sie gewann absolut nichts (die Goldene Rose ging an die US-Produktion *Baryshnikov on Broadway*, falls es jemanden interessiert) und versetzte das ausländische Publikum in Verwirrung und helle Aufregung. Zu Hause in England lief es um einiges besser. Bei der 1981er BAFTA-Verleihung erhielt der *Anhalter* zwei von zehn Auszeichnungen. Rod Lord gewann einen BAFTA-Preis für die Animation* und Michael McCarthy einen für seine Leistung als Tonmeister.)

Ich fragte Paddy Kingsland, der für einen Großteil der Musik und der Klangeffekte für die TV-Produktion (ebenso wie für die der Radio-Pilotsendung und der zweiten Radioserie) verantwortlich zeichnet, was denn so Besonderes an den Soundeffekten vom *Anhalter* sei und worin der Unterschied zwischen Radio- und TV-Sound liege.

»Ich meine, der Unterschied zwischen Fernsehen und

---

* Seinen zweiten BAFTA-Preis für grafische Gestaltung erhielt Rod Lord vier Jahre später für die ›Computeranimation‹ für den *Max-Headroom*-Fernsehfilm. Jede Wette, Sie haben fest dran geglaubt, dass diese Tricks im Computer hergestellt worden sind...

Radio liegt hauptsächlich darin, dass sie dir beim Radio sagen: ›Wir brauchen Das Ende der Welt als Soundeffekt – also klemm dich dahinter und bringe es her, wenn's fertig ist.‹

Im Fernsehen ist Das Ende der Welt aus Hunderten von Bildern zusammengesetzt, inklusive einer Nahaufnahme des Vogonenschiffes, dann Nahaufnahmen der schreienden Menschenmenge, ein quer durchs All jagender Laserschuss und so weiter. Da gibt's nicht nur einen einzigen Soundeffekt, sondern ein bisschen hiervon und ein bisschen davon, und dann einen Riesenknall, der abrupt unterbrochen wird, weil wir uns wieder im Inneren des Raumschiffes befinden. Der äußere Rahmen steht bereits fest. Da bleibt dir nichts anderes übrig, als etwas zusammenzubasteln, das haargenau zu den vorproduzierten Bildern passt.

Ich halte einige Teile der TV-Serie für sehr gelungen, vor allem die Computergrafik war unheimlich gut, sehr überzeugend ausgetüftelt, aber auch sonst gab es die eine oder andere Szene, die wirklich fantastisch geworden ist.

Doch leider waren da so viele andere Sachen, die einfach nicht zueinander passen wollten. Das ist das Problem, wenn man Film und TV-Studios zusammenschmeißt und alles bis zu einem bestimmten Zeitpunkt fertig haben muss. Da bleibt meistens keine Zeit mehr, um sich alles in aller Ruhe anzuschauen und sich zu fragen: ›Stimmt das? Ist das wirklich gut so?‹, und wenn nicht, noch mal von vorne anzufangen.

Ich denke, die Fernsehfassung konnte den Zauber der Radioserie nicht heraufbeschwören, weil man alles sehen konnte. Zaphods zweiter Kopf zum Beispiel – eine der spektakulärsten Pleiten der Fernsehserie. So eine bewegliche Attrappe kann durchaus amüsant wirken, aber wenn man nicht genug Geld hat, um es richtig zu machen, sollte man es besser gleich bleiben lassen.

Mit den Soundeffekten war ich jedenfalls sehr zufrieden.

Die haben so einiges rausgerissen. Alan Bell nahm zunächst alle Schauspieler mit Radiomikros auf, so dass wir nur die Stimmen und nicht auch noch alle übrigen Geräusche auf Band hatten. Später dann synchronisierten wir alles Mögliche nach, zum Beispiel die Schritte im Raumschiff – so was macht normalerweise niemand beim britischen Fernsehen.

Um den richtigen Klang von Schritten im Raumschiff zu erzeugen, besorgten wir uns ein paar Bierfässchen aus der BBC-Kantine, und dann marschierten wir darauf herum, die Augen fest auf die Leinwand gerichtet, und so haben wir den metallischen Klang erzeugt, wenn sie da im Raumschiff hin und her gehen, was natürlich weitaus überzeugender rüberkommt als der übliche dumpfe Studiobühnenton. Wir haben zwar Jahrzehnte dafür gebraucht – aber es hat sich rentiert.

Ich habe sämtliche Toneffekte für die Computergrafik gemacht. Außer der Stimme von Peter Jones war ja nichts drauf auf der Tonspur. Ich musste Stück für Stück durchgehen und alle Töne und Musiken dazu basteln, angefangen von den Explosionen bis hin zu den kleinen Piepsern und dem ganzen Kram, das hat tierisch lange gedauert, wirklich sehr zeitintensiv. Es war höchst interessant, bei der TV-Fassung mitzuarbeiten, obwohl ich selbst, ehrlich gesagt, die Radiosendungen vorziehe.«

Aus der Notwendigkeit, all die Ideen aus den Drehbüchern irgendwie mit dem Produktionsetat auf eine Reihe zu bringen, wurden diverse technische Innovationen geboren. Alan Bell ist nicht wenig stolz auf ein von ihm neu entwickeltes Verfahren zur Herstellung von so genannten ›Glasaufnahmen‹.

Bei einer herkömmlichen Glasaufnahme wird im Studio ein Gerüst mit einer bemalten Glasscheibe vor der Kamera aufgebaut; filmt man dann durch die Scheibe hindurch auf die Szene dahinter, entsteht beim Betrachter der Eindruck, als handele es sich bei der gemalten Umgebung um einen realen Bestandteil der Aufnahme. (Die lange Einstellung auf das Vogonenschiff in der ersten Episode wurde beispielsweise so gedreht.) Alles in allem ist das ein sehr komplizierter, langwieriger und teurer Prozess.

Bells Lösung war sehr einfach: Alle Szenen, die solche Masken erforderten, wurden zunächst gefilmt. Anschließend wurde von einem Einzelbild eine fotografische Vergrößerung hergestellt. Die Fotos wiederum dienten als Vorlage für Zeichnungen, von denen wiederum Dias gemacht wurden, in die man die Originalaufnahmen im richtigen Verhältnis einpasste. Das ging bedeutend schneller und einfacher, als jedes Mal Glasbilder anzufertigen, und kann vielleicht am besten in der Sequenz ›Pier in Southend‹ überprüft werden, bei der nur ein kleines Stückchen Pier im Studio aufgebaut wurde. Der Rest ist eine perfekte eingepasste Maske.

Die Handlung der Fernsehfassung folgt am ehesten der Handlung, die auf den beiden Schallplatten zu hören ist. Unsere Reisenden verschlägt es von Magrathea direkt ins Milliways, das sie in einem gestohlenen Show-Raumschiff wieder verlassen. Dann begleiten wir Arthur und Ford zur prähistorischen Erde, wo der Film auch endet.

Sowohl die gelungensten als auch die peinlichsten Stellen der Fernsehfassung entstanden dadurch, dass Douglas irgendetwas in die Radioskripts einfügte, das im Fernsehen einfach nicht funktionieren konnte. Das beste Beispiel hierfür sind die Erzählersequenzen: Im Fernsehen besteht einfach kein Bedarf an eingeschobenen, breit ausgedehnten Erzählereinschüben. Douglas, der sich darin verrannt hatte, musste sich überlegen, wie er das alles umsetzen wollte, und daraus entstand das Konzept mit der Grafik.

»Es funktionierte letztendlich eigentlich nur, weil es unmöglich ist, Radio auf das Fernsehen zu übertragen«, erzählte Douglas. »Wir sahen uns mit Problemen konfrontiert, die nach einer kreativen Lösung verlangten, Probleme, die gar nicht erst auftauchen, wenn man von Anfang an fürs Fernsehen schreibt.

Das Medium diktiert automatisch die Machart der Sendung; wenn du eins in ein anderes überträgst, dann heißt das, dass du die ganze Zeit gegen den Strich inszenierst. Und genau dort, wo du gegen den Strich arbeitest, entstehen manchmal die besten Sachen. Die Teile, die sich am leichtesten auf TV übertragen ließen, stellten sich hinterher als die am wenigsten interessanten heraus.

Die Idee, Textstellen aus dem Buch als Computergrafiken über den Bildschirm flimmern zu lassen, war so etwas. Da gibt es kleine Zeichnungen, Diagramme, alle Worte, die der Erzähler von sich gibt, und noch weitaus mehr – Fußnoten und winzige Details –, und all das stürzt vom Bildschirm auf die Zuschauer ein. Das kann einfach niemand auf einmal wahrnehmen.

Mir gefällt es, wenn eine Sendung vorbei ist und man als Zuschauer das Gefühl hat, nicht alles mitgekriegt zu haben. Es gibt so viele Sendungen, die eine halbe Stunde dauern, und am Schluss bist du eine halbe Stunde älter geworden, ohne einen Gegenwert dafür erhalten zu haben. Wenn du nicht alles mitgekriegt hast, ist das doch viel stimulierender.

Ich war mit der TV-Serie nicht so zufrieden wie mit den Radiofolgen, weil ich vor allem die Intimität der Arbeit beim Radio vermisst habe. Die Fernsehbilder ersticken die Bildermaschine im Gehirn. Ich habe diesem Problem dadurch zu begegnen versucht, dass ich den Bildschirm mit Informationen überfrachtet habe, um auf diese Weise *mehr* und nicht weniger Gedanken beim Zuschauer zu provozieren. Manchmal ist das, was du siehst, weitaus langweiliger als das, was du dir vorstellst.«

> SCHNITT AUF DIE EINSTELLUNG MIT DEM MODELL-
> RAUMSCHIFF. DIE RAKETEN TREFFEN GERADE AUF DER
> AUSSENHÜLLE AUF. DER HIMMEL ZERSCHELLT IN
> SCHRILLEN FARBEN UND IN EINER MONTAGE TOTAL
> UNZUSAMMENHÄNGENDER BILDFETZEN, DARUNTER
> VERZERRTE PORTRÄTS DER PASSAGIERE, STERNE,
> AFFEN, BÜROHEFTER, BÄUME, KÄSESOUFFLEES…
> KURZ GESAGT, EIN KLEINES KALEIDOSKOP DES HELLEN
> WAHNSINNS, UNBEDINGT DABEI SEIN SOLLTE AUCH
> EIN POTTWAL UND EINE SCHALE MIT PETUNIEN.
> WIR GEHEN ZURÜCK ZUR KOMMANDOBRÜCKE.
> DORT HERRSCHT EIN GRAUSAMES TOHUWABOHU.
> ÜBERALL LIEGEN MASSENHAFT MELONEN HERUM.
> AUSSERDEM STEHT DA (OBWOHL SICH NIEMAND
> DRAN STÖRT) EINE ZIEGE HERUM, DIE EIN MODELL
> DES EIFFELTURMS AUF DEN KOPF GESCHNALLT TRÄGT.
> AUF DIESE ZIEGE WIRD IN KEINSTER WEISE IRGEND-
> WIE EINGEGANGEN WERDEN, ABER AB JETZT WIRD SIE
> UNSERE HELDEN BIS ZUM ENDE DER SERIE BEINAHE
> ÜBERALLHIN BEGLEITEN.
>
> ZAPHOD   (LEICHT BENOMMEN) Was zum Photon war das?
>
> *– Rohfassung für die dritte Episode (nicht verwendet)*

Für Douglas war es eine der einfachsten Übungen, Zaphod im Laufe der Radiosendungen einen zusätzlichen Arm oder einen zusätzlichen Kopf zu verpassen; es sah ihn ja niemand, und der Einfall kostete nichts. Wenn man sich jedoch der Aufgabe gegenüber sieht, alles so umzusetzen, dass es auf dem Bildschirm funktioniert, kann man seinem Schutzengel wahrlich dankbar sein, dass Douglas Beeblebrox nicht mit fünf Köpfen ausgestattet hat, oder mit fünfzig…

Nachdem die BBC keinen zweiköpfigen Schauspieler auftreiben konnte (zumindest keinen, der in der Lage war, seinen Text auswendig zu lernen), griff man auf Mark Wing-Davey zurück, den bewährten Radio-Zaphod. Er bekam einen animatronischen Kopf und einen dritten Arm (der meistens nur ausgestopft war, aber gelegentlich, wenn alle Hände in Aktion zu sehen sein mussten, stand jemand hinter ihm und streckte den Zusatzarm aus; letzteres ist recht schön in der Milliways-Sequenz der fünften Episode zu begutachten).

ERSTAUNLICHERWEISE GEHT EINE WAND DER KOMMANDOBRÜCKE DIREKT IN EINEN RECHT GROSSEN, SONNIGEN LICHTHOF ÜBER, KOMPLETT MIT RASEN, LIEGESTUHL, TISCH UND RIESIGEM, BUNTGEMUSTERTEM SONNENSCHIRM, EXOTISCHEN BLUMEN UND SO WEITER. ZURÜCKGELEHNT IM LIEGESTUHL ERBLICKEN WIR EINEN UNGEWÖHNLICH AUSSEHENDEN MANN. ER HAT ZWEI KÖPFE. EINER DER KÖPFE WIRD UNBESTREITBAR EINE ATTRAPPE SEIN MÜSSEN, ES SEI DENN, WIR FINDEN EINEN SCHAUSPIELER, DER DAZU BEREIT WÄRE, SICH EINER RECHT EXOTISCH ANMUTENDEN OPERATION ZU UNTERZIEHEN. DER ECHTE UND DER KÜNSTLICHE KOPF SOLLTEN SICH MÖGLICHST ÄHNLICH SEHEN: ALLES, WAS BEI DEN BEMÜHUNGEN UM EIN REALISTISCHES AUSSEHEN DES FALSCHEN KOPFES VERSÄUMT WURDE, MUSS MIT HILFE VON MAKE-UP BEI DEM ECHTEN WIEDER WETTGEMACHT WERDEN. DIE ATTRAPPE MUSS ÜBER AUSDRUCKSSTARKE AUGEN UND ÜBER EINEN EBENSOLCHEN MUND VERFÜGEN.
– *aus der Rohfassung für die zweite TV-Episode*

Zaphods Kopf bereitete einige Probleme. Er sah künstlich und ausgestopft aus und baumelte herum. Nicht etwa, weil er ein minderwertiges Produkt aus der Spezialeffekt-Küche gewesen wäre (na ja, er war nicht perfekt), sondern weil alles Mögliche schief ging, und selbst wenn einmal alles klappte, ging der Saft in den Batterien für die Proben drauf, was zur Folge hatte, dass immer dann, wenn gefilmt wurde, der Kopf ausdruckslos herumschlenkerte. »Es handelte sich um einen sehr sensiblen Mechanismus«, sagte Douglas Adams. »Er funktionierte dreißig Sekunden lang ganz prima, dann ging er kaputt, und es dauerte jedes Mal eine Stunde, bis er auseinander genommen und wieder zusammengesetzt war, und diese Stunde hatten wir einfach nicht zur Verfügung. Wir fummelten uns also durch, so gut es eben ging.«

Mark Wing-Davies erinnert sich: »Die größte Schwierigkeit für mich bei dem Fernsehprojekt war Alan Bell (den wir alle kennen und lieben). Ich glaube, er sträubte sich gegen die Radiobesetzung, weil er sich die Entscheidungsfreiheit vorbehalten wollte, doch wir wurden als erste gefragt und kamen auch prompt zum Vorsprechen. Keiner meiner Vorschläge hinsichtlich Zaphods Aussehen wurde akzeptiert (ich stellte ihn mir immer als blonden Strandgigolo vor). Trotzdem war ich letztendlich mit der Maske einverstanden, aber ich wehrte mich gegen die Augenklappe. Ich sagte ihnen immer wieder: ›Verpasst die Klappe doch dem anderen Kopf, ich setze jedenfalls keine auf! Wenn ich schon mit zwei Köpfen spielen muss, dann bitte auch mit zwei Augen…‹*

---

* Diese Entscheidung wurde erst getroffen, nachdem die Titelanimation bereits fertig gestellt war, weshalb der gezeichnete Zaphod in der ersten Episode zwei Augenklappen zur Schau trägt. Wo wir gerade dabei sind: In der gleichen Episode hat der gezeichnete Arthur Dent keinen Morgenmantel an…

Der zweite Kopf war unglaublich schwer. Sauschwer. Ich trug eine Rüstung aus Fiberglas mit einem zweiten Armloch, weil ich die beiden rechten Arme abwechselnd benutzen wollte.

In meinem Kostüm waren allerlei Drähte und ein kleiner Schalter eingebaut, mit dem ich den Kopf an- und ausschalten konnte. Da wir unter entsetzlichem Zeitdruck arbeiteten, vergaß ich hin und wieder, den Schalter zu betätigen, und spielte munter drauflos, während der andere Kopf einfach so dahing. Das Ding hat 3000 Pfund gekostet – mehr als ich, nebenbei gesagt!«

Für die Kostümentwürfe war in erster Linie Dee Robinson verantwortlich, eine langjährige Kostümbildnerin bei der BBC, die eine Vorliebe für Science Fiction hatte. Sie verhalf Ford Prefect zu seiner erforderlichen fetzigen Garderobe (auf der Grundlage dessen, was im Fundus der BBC aufzutreiben war), und ihr verdankte auch Zaphod Beeblebrox ein weiteres zusätzliches Organ. Betrachtet man sich das Kostüm von Mark Wing-Davies etwas genauer, so stellt sich bald heraus, dass es über zwei Hosenställe verfügt (einer mit Reißverschluss, einer zum Knöpfen), und ein Blick in Dees Kostümnotizen verrät, dass Zaphod »über einen Doppelschoß verfügt, dahingehend ausgepolstert, dass die optische Wirkung zweier Organe erzielt wird«.

Dazu Mark Wing-Davis: »Ich sagte zu den Kostümleuten: ›Ihr habt doch schon mal Mick Jagger in seinen engen Hosen gesehen; genau so ein Paar brauche ich.‹ Also fertigten sie mir welche an, vorne drin steckten zwei Röhren, jede gut fünfundzwanzig Zentimeter lang. Als wir im Studio eintrafen, stürzte Dee auf mich zu und gestand mir, dass sie sich ›Sorgen wegen der ... Dinger da mache. Ich finde, das sieht ein bisschen zu eindeutig aus, und deshalb habe ich sie auf achtzehn Zentimeter gestutzt.‹«

Eines der berühmtesten Kostüme war jedoch das von

Arthur Dent: ein Schlafanzug und darüber ein Bademantel. Wie bereits gesagt, wird der Bademantel zum ersten Mal in den Büchern erwähnt, die nach der TV-Produktion entstanden; in den ersten beiden Büchern steht nichts davon, was Arthur eigentlich anhat. Es war Alan Bells Idee, Arthur im Bademantel durch die ganze Fernsehserie wandeln zu lassen. Ursprünglich hatte Douglas eine Szene geschrieben, in der das Raumschiff, die *Herz aus Gold,* für Arthur einen silbrigen Overall entwirft. »Das Besondere an Arthur besteht doch gerade darin, dass er immer im Bademantel herumläuft«, meinte Bell dazu. »Glitzernde Overalls haben sie doch schon alle im *Krieg der Sterne* an.«

Alan J. W. Bell ist Regisseur und Redakteur bei der BBC, Abteilung Leichte Unterhaltung. Er hat bei so bekannten Sendungen wie *Maigret* und *Panorama* als Cutter mitgewirkt, für Terry Jones' und Michael Palins *Ripping Yarns* eine BAFTA-Auszeichnung gewonnen, eine weitere Nominierung für den Publikumsrenner *Last of the Summer Wine* (eine geriatrische Komödie) erhalten und wurde für den *Anhalter* mit dem Royal Television Society Award geehrt.

Ich traf ihn zum ersten Mal in seinem Büro im Sender, wo noch immer eine beträchtliche Menge Souvenirs aus der *Anhalter*-Zeit aufbewahrt werden. Er ist sehr stolz auf die Sendung und erinnert sich sehr gerne daran. Auf seinem Schreibtisch stand ein kleiner Entsafter aus Plastik, den ich auf sein Drängen hin ausprobierte. Ich drückte den Griff herunter, aber nichts passierte; eigentlich hätte ein Wasserstrahl auf mich loszischen sollen. Alan wies seine Sekretärin darauf hin, dass das Wiederauffüllen der Maschine zu ihrem Aufgabengebiet gehörte, und dann fingen wir mit dem Interview an; so viel zur Abteilung Leichte Unterhaltung bei der BBC.

»Zum allerersten Mal hörte ich in einer Bar von *Per Anhalter durch die Galaxis* – jemand fragte mich, ob ich es im

Radio gehört hätte. Hatte ich nicht, also hörte ich es mir an, und ich war sofort begeistert. Ein wunderbarer, gewitzter Stoff, aber unmöglich ins Fernsehen zu bringen. Alles spielte sich im Kopf, in der Fantasie des Zuhörers ab.

Ungefähr drei Monate später wurde es mir angeboten, und ich sagte: ›Unmöglich, es geht nicht‹, aber sie sagten nur: ›Wir machen es!‹, also Ende der Debatte. Ich musste es tun.

Wie Sie wissen, arbeite ich in der Leichten Unterhaltung, nicht in der Abteilung Drama (die machen *Dr. Who* und kennen sich mit solchen Sachen aus), wir hatten keine Ahnung, wie teuer das werden könnte. Mir blieb nichts anderes übrig, als aufzuschreiben, was es meiner Meinung nach kostete. Ich habe um einige tausend Pfund danebengehauen. Bei der ersten Episode zum Beispiel, da mussten wir Aufnahmen für 10 000 Pfund wegschmeißen, weil die Trickaufnahmen so schlecht waren, die Modelle zappelten und aussahen wie Modelle. Diese erste Folge kostete 40 000 Pfund mehr, als ursprünglich veranschlagt, das ist haarsträubend viel beim Fernsehen. Aber es musste richtig gemacht werden, ansonsten wäre es fürchterlich geworden.«

Die erste Folge war wie ein Pilotfilm angelegt. Alan Bell führte sie den Abteilungsleitern der BBC vor. Einigen gefiel sie ganz und gar nicht. Sie verstanden einfach nicht, worum es ging, trotzdem begriffen sie, dass es irgendwie lustig gemeint war. Die Kosten der ersten Folge – über 120 000 Pfund – entsprachen in etwa vier vergleichbaren Folgen von *Dr. Who*.

Um den Humorgehalt der Sendung deutlicher herauszustreichen, hatte Alan Bell für ein Band mit Gelächter gesorgt, das anlässlich einer Testvorführung dieser Episode vor einhundert geladenen Science-Fiction-Fans im National Film Theatre aufgenommen worden war. Zur Einstimmung lief ein zehnminütiges Videoband, auf dem Peter Jones sehr überstürzt ein paar vollgekritzelte Stichwortzettel ablas und dem Publikum versprach, dass jetzt gleich Zaphod Beeblebrox erscheine, und sodann demonstrierte er zusammen mit dem allgegenwärtigen Kevin Davies den Gebrauch der Kopfhörer.

Das war der einzige Leinwandauftritt von Peter Jones bei der *Anhalter*-TV-Serie.

Das Publikum war begeistert, lachte an den richtigen Stellen und amüsierte sich großartig. Die Entscheidungsgewaltigen der BBC stimmten der Produktion von fünf weiteren Episoden zu (wenn auch mit der Einschränkung, dass nicht mehr als 40 000 Pfund pro Sendung bewilligt wurden – einer der Gründe dafür, dass die Dekoration zum Ende hin immer dürftiger ausfiel), aber sie verlangten immerhin nicht, dass bei der Ausstrahlung Gelächter vom Band eingespielt werde. Letzteres war zweifellos ein weiser Entschluss.

Bell erinnert sich weiter: »Die erste Episode ging eher in Richtung Pilotfilm, doch als wir ungefähr die Hälfte abgedreht hatten, war die gesamte Serie bereits bewilligt, obwohl wir noch immer nicht wussten, wie hoch sich die Kosten für alles belaufen würden, denn die Radioskripts waren alles, worauf wir zurückgreifen konnten.

Nachdem der Film fertig war, meinten die Oberen Zehn, dass die Zuschauer ohne eingespielte Lacher nicht mitkriegen würden, dass es sich hier um eine Komödie handelte. Also mieteten wir das National Film Theatre, zeigten den Film auf einer schönen großen Leinwand und verpassten jedem Zuschauer einen Kopfhörer, damit sie auch ja alles klar und deutlich verstehen konnten; was soll ich sagen – sie haben sich fast kaputtgelacht. Dabei wirkte es sich bestimmt nicht negativ auf das Verhalten des Publikums aus, dass sie alle hartnäckige *Anhalter*-Fans waren...«

Die Sprecher, die schon bei der Radioproduktion mitgemacht hatten, spielten – bis auf einige Änderungen – auch im Film mit.

»Ich wollte die Leute vom Radio alle übernehmen, aber manchmal passt die physische Erscheinung von jemandem absolut nicht zu seiner Stimme.

So hatte ich mir für den Ford Prefect jemanden gewünscht, der irgendwie anders aussieht; Geoffrey McGivern kam mir viel zu gewöhnlich vor. Ford muss zwar menschlich, aber ziemlich irritierend wirken, und so schauten wir uns nach jemand anderem um. Meine Sekretärin* schlug David Dixon vor. Er war prima, doch ich wollte eine andere Augenfarbe, also ließen wir ihm strahlend hellblaue Kontaktlinsen anfertigen, die in echt fantastisch aussahen, aber im Film überhaupt nicht zur Geltung kamen – außer in der Szene im Pub ganz am Anfang –, weil die Fernsehkameras nicht empfindlich genug waren.

Sandra Dickinson bekam die Rolle der Trillian, nachdem wir ungefähr 200 junge Damen interviewt hatten. Keine von ihnen spielte uns die Trillian mit dem erforderlichen Einfühlungsvermögen vor. Zu dem Mädchen gehört einfach ein kräftiger Schuss Humor. Dann kam Sandra an die Reihe und las den Text kecker und witziger vor als alle anderen vor ihr.«

Dass Trillian von Sandra Dickinson gespielt werden sollte, überraschte zunächst: Im Buch ist die Figur als brünette Engländerin beschrieben; Sandra spielte sie (so wie sie auch in Wirklichkeit war) als blonde Amerikanerin mit heiserer Quietschstimme. »Sie hätte wie eine perfekte ›Englische

---

* An dieser Stelle muss einmal erwähnt werden, dass die wichtigsten Entscheidungen hinsichtlich der Besetzung beim *Anhalter* von Sekretärinnen getroffen wurden. Ob dieses Phänomen einzig und allein auf den *Anhalter* zutrifft oder womöglich auf die gesamte Unterhaltungsindustrie, ist bislang noch nicht hinreichend untersucht worden (jedenfalls nicht von mir).

Rose‹ flöten müssen«, sagte Douglas Adams, »und wenn ich heute daran zurückdenke, finde ich, dass wir sie dazu hätten bringen sollen. Aber wir waren damals so erleichtert, überhaupt jemanden gefunden zu haben, der die Rolle der Trillian mit ein bisschen Humor und Leben füllen konnte, dass wir sie einfach so ließen, wie sie war, ohne großartig etwas zu verändern.«

Für eine weitere Überraschung auf der Besetzungsliste sorgte Sandras Ehemann Peter Davison, der fünfte und sanfteste *Dr. Who*. Er spielte in der fünften Episode das Tagesgericht, eine Art Kuh, die die Gäste dazu überreden will, sie zu verspeisen. Alan Bell: »Sandra kam zu mir und sagte, Peter wolle eine Gastrolle im *Anhalter* übernehmen, und schlug selbst das Tagesgericht vor. Ich sagte: ›Wir können doch Peter Davison nicht in ein Kuhfell stecken!‹, aber sie meinte: ›Doch, er will es wirklich machen!‹ Ich sagte: ›Okay‹, und wir gaben ihm die Rolle. Er erhielt keine Starbezahlung, er machte es einfach aus Gaudi. Und er machte seine Sache sehr gut.«

Die Presse machte schon sehr früh viel Wirbel darum, dass die Außenaufnahmen nicht in den Steinbrüchen und Lehmgruben gemacht würden, in denen *Dr. Who* gewöhnlich auf fremden Planeten herumirrte, und dass man auch auf die Plastikfelsen verzichtete, die in *Raumschiff Enterprise* alle außerirdischen Welten immer so lächerlich hausbacken wirken ließen.

Nein, für diese Produktion würde man sogar im Ausland drehen. Die Szenen auf Magrathea, so erzählte man den Lesern, würden an exotischen Schauplätzen inszeniert.

Alan Bell: »Douglas wollte die Magrathea-Szenen in Island filmen. Ich blätterte sämtliche Urlaubsprospekte durch und fand heraus, dass es dort sehr kalt war und obendrein keine nennenswerten Hotels gab, doch ich hatte Jahre vorher einmal Urlaub in Marokko gemacht und erinnerte mich daran, dass es dort einige Flecken gab, die sehr außerirdisch wirkten. Wir fuhren dort hin, hatten mordsmäßigen Ärger mit dem Zoll – ohne Kameraausrüstung – und trafen schließlich auf ein japanisches Filmteam, das uns haarsträubende Dinge berichtete: ›Bleibt bloß weg! Die verzögern alles dermaßen, nur damit man hier noch mehr Geld ausgibt!‹ Die Japaner warteten bereits seit drei Wochen auf ihre Ausrüstung, die noch immer irgendwo beim Zoll lag.

Letztendlich fanden wir uns in dieser ziemlich netten Lehmgrube in Cornwall wieder, wo auch die Strandszenen gedreht wurden. Marvin spielt Strandball, und Douglas geht ins Meer.«

Die meisten der damals Beteiligten können Geschichten aus der Lehmgrube in Cornwall zum Besten geben. Einige davon drehen sich um die Tatsache, dass es dort keine Toiletten gab. Andere wiederum ranken sich um David Learner, den Schauspieler im Roboterkostüm von Marvin. Da es sehr umständlich und zeitraubend war, das Kostüm aus- und wieder anzuziehen, wurde er immer, wenn es regnete, in der Lehmgrube zurückgelassen, ausgerüstet mit einem riesigen Regenschirm, damit er nicht vorzeitig einrostete.

Im Lake District wurden die Szenen auf der prähistorischen Erde aufgenommen, während eines Kälteeinbruchs, was zur Folge hatte, dass Aubrey Morris (er spielte den Kommandanten der B-Arche in der Badewanne) und die in Tierfelle eingehüllten Statisten, die die Golgafrincham-Menschen darstellten, jämmerlich froren, wenn sie nicht gerade in den Drehpausen in Decken eingewickelt heißen Tee schlürften.

Ein weiterer interessanter Drehort war Arthurs Haus, das Alan Bell zufällig entdeckte, als er sich hoffnungslos in der Nähe von Leatherhead verfahren hatte. (Im Film wird nur das Gartentor von den Bulldozern plattgewalzt, und das wurde eigens zu diesem Zweck aufgebaut.)

Bei den Dreharbeiten zu der Kneipenszene am Anfang des Films gingen die ärgerlichen Zwischenfälle mit der Gewerkschaft los; heute kann offensichtlich niemand mehr genau sagen, um was es da eigentlich ging, aber es musste irgendwie mit einem Kneipenbesuch im Zusammenhang gestanden haben, den sowohl die Schauspieler als auch die restliche Crew aus Erholungsgründen unternommen hatten. Jedenfalls behaupteten die Gewerkschaftsvertreter, die Angelegenheit sei offiziell gewesen und man hätte sie dazu einladen sollen, oder irgendetwas in der Art.*

Der Computerraum am Schluss der vierten Episode (die Szene mit Shooty und Bang Bang) wurde auf dem Henley Golf Course gefilmt. »Wir wollten irgendetwas in unmittelbarer Nähe aufbauen und in die Luft jagen«, erinnert sich Alan Bell. »Es musste gerade so weit außerhalb Londons liegen, dass wir die Anwohner vorwarnen konnten, dass sie sich keine Gedanken zu machen brauchten, wenn sie morgens um zwei einen Riesenknall hörten, das seien bloß wir! Im Film kann man es nicht erkennen, aber es regnete uns wirklich in die Dekoration hinein, weil oben alles offen war.«

Als die Dreharbeiten wieder ins Studio verlagert wurden, gab es auch wieder Probleme mit der Gewerkschaft. »Das Bühnenbild für das Milliways war das größte Bühnenbild, das jemals im Großen Studio der BBC aufgebaut worden war. Die Gewerkschaften weigerten sich, es in voller Größe aufzubauen, und so mussten wir einzelne Teile entfernen, was wirklich sehr schade war.

---

* Von dieser Geschichte kursieren sehr unterschiedliche Versionen, je nachdem, wen man danach fragt, und ich habe keine einzige Version richtig verstanden. Allerdings konnte ich mich des Eindrucks nicht erwehren, dass auch keiner von denen, die sie mir erzählten, seine Version schlüssig und plausibel vortragen konnte. Es handelt sich hier also um eines der wenigen Beispiele von verschwommenem Journalismus in einem Buch, das ansonsten sehr zu empfehlen ist.

Aber dann haben wir es so gefilmt, dass man sowieso nie alles auf einmal sieht, immer nur bestimmte Ausschnitte. Ich dachte mir ... na ja, wenn Sie schon jemals eine große Galashow im Fernsehen gesehen haben, dann wissen Sie, dass das ganze Geld in der Dekoration steckt; die Sänger fangen an zu singen, die Kamera fährt zurück, und Sie dürfen sich am Anblick der Dekoration erfreuen. Das wiederholt sich bei jedem Lied, bis es einem zum Hals heraushängt.

Also nahm ich mir vor, dass wir beim *Anhalter* noch etwas für die Fantasie der Zuschauer übrig lassen, und deshalb sieht man unser fantastisches Bühnenbild nie in voller Pracht, sondern immer nur kleine Ausschnitte: Auf diese Weise stellt man sich alles noch viel gigantischer vor, weil man nie den Rand sieht.

Am Schluss musste alles ziemlich rasch durchgezogen werden. Die Produktion war so angelegt, dass die Aufnahmen im Studio – sobald die Tricksachen und die Außenaufnahmen fertig waren, an einem Tag abgedreht werden sollten. Eigentlich hätten wir gut fünf Tage im Studio benötigt, und deshalb waren alle furchtbar hektisch, damit wir rechtzeitig mit dem Pensum durchkamen. Dann machte uns die Gewerkschaft der Elektriker einen Strich durch die Rechnung; jeden Abend um zehn Uhr gingen die Lichter aus, die Sicherungen wurden herausgedreht, und das war's dann. Es gibt da eine Szene, in der Arthur Dent losrennt und sich hinter einem Balken versteckt; wir haben dafür eine Aufnahme von Simon Jones, dem Schauspieler, nehmen müssen, in der er quer durch das Studio rennt, um sich auf seine Ausgangsmarkierung zu stellen.«

Die Sendung wurde ein voller Erfolg. Die Fans waren begeistert, es hagelte ausgezeichnete Kritiken, die meisten Leute waren angenehm überrascht und ergötzten sich an den Computertricks, und schließlich heimste der *Anhalter* für die BBC eine ganze Anzahl von Preisen ein, und das in einem Jahr, das sonst völlig von der TV-Sendung *Wiedersehen mit Brideshead* beherrscht wurde.

Alle warteten mit Spannung auf die zweite Serie. Und warteten. Und warteten. Und warteten. Es gibt widersprüchliche Geschichten darüber, weshalb es nie zu einer Nachfolgeserie kam.

John Lloyd: »Sie forderten Douglas auf, weitere Folgen zu schreiben. Soviel ich weiß, ging er zur BBC und sagte: ›Mit dem größten Vergnügen, aber ich möchte um nichts in der Welt noch einmal mit Alan Bell arbeiten.‹ Eigenartigerweise stellte sich die BBC vor Alan; er sei der einzige, der dafür in Frage komme. Damit war die Sache gelaufen. (Ich sage ›eigenartigerweise‹, weil jeder Starkomiker, der mit seinem Regisseur nicht mehr zurechtkommt, zum Abteilungsleiter rennt, und schon kriegt er einen neuen. Für einen Star ist das kein Problem – nicht so für einen Drehbuchautor.)«

Geoffrey Perkins: »Douglas wollte mich als Produzenten. Da kam mir zu Ohren, dass Alan Bell nicht Regie führen wollte, wenn ich produzierte. Stattdessen bot er mir einen Job als Drehbuchredakteur an. Das war für mich natürlich die undankbarste Aufgabe, die ich mir vorstellen konnte. Die hatten ja keine Ahnung, wie glücklich sie bei der ersten Serie gewesen waren, denn da lagen bereits die kompletten Texte der Radioproduktion und die von den Schallplatten vor. Von denen hatte keiner die Strapazen mitgemacht, die Douglas einem abverlangt, bevor er auch nur eine Seite Text abliefert. Ich wusste nur zu genau, dass ich ohne das geringste Mitspracherecht, was die Arbeit an den neuen Texten anging, einem nervenzerfetzenden, auslaugenden Job entgegensah, wahrscheinlich der undankbarsten Aufgabe aller Zeiten.

Ich lehnte ab.

Meine persönliche Meinung ist die, dass die zweite Serie einer Kraftprobe zum Opfer fiel. Douglas stellte der BBC ein Ultimatum. Die BBC lehnte ab, voller Gewissheit, dass Douglas nachgeben würde. Was er natürlich nicht tat. Und die BBC auch nicht.«

Alan Bell: »Eigentlich sollte eine zweite Serie gedreht werden. Alles war bereits geklärt, wir hatten fünfzig Prozent mehr Geld zur Verfügung, die Schauspieler hatten ihre Termine, und in der Zeit verpasste Douglas den Abgabetermin für das Drehbuch; die Zeit rann uns durch die Finger, wir brauchten seine Informationen, was sollten wir denn machen, sechs Wochen vor Drehbeginn? Die Abgabetermine wurden immer wieder verschoben. Die Bühnenbilder mussten entworfen und aufgebaut werden, das alles passiert nicht von heute auf morgen. Wir ließen ihm noch einmal drei Wochen, ein Arbeitstreffen jagte das andere – auf einmal war Schluss, die Sache musste abgeblasen werden.

Es sollte eigentlich mit einem Testspiel in Australien anfangen, doch als wir alles noch einmal überprüften, stellte sich heraus, dass das Timing nicht stimmte, also mussten wir uns nach etwas anderem umsehen. Mehr kann ich auch nicht über die zweite Fernsehserie sagen – jedenfalls hätte sie mit der zweiten Radioserie nicht viel gemein gehabt.

Douglas ist ein komischer Typ. Er war fest davon überzeugt, dass die besten Sachen im Radio gelaufen waren und dass er beim Fernsehen auf der Strecke bliebe. Was weiß ich, vielleicht hatte er sogar Recht. Ich musste jedenfalls eine ganze Menge umändern, um die Wirkung herauszuholen. Slartibartfasts Luftgleiter zum Beispiel, der erinnerte total an *Krieg der Sterne*, das konnten wir nicht bringen, also machte ich eine Blase daraus, und Douglas regte sich furchtbar darüber auf.

Mit der Zeit fingen wir an, seine wahnwitzigen Ideen aufzuschreiben. Einmal wollte er aus Marvin einen Kerl in einem goldfarbenen Trikot machen. Auf dem Bildschirm sieht man sofort, dass das ein Schauspieler ist. Der Witz liegt doch gerade darin, dass Marvin eine depressive Blechbüchse ist. Wenn Sie auf dem Bildschirm einen Mann in einem goldenen Trikot sehen, wissen Sie doch gleich: Das ist ein Schauspieler, ein depressiver Schauspieler – was soll daran ungewöhnlich sein? Außerdem gab es bereits im *Krieg der Sterne* einen goldenen Roboter. Diese Kapriole kam sofort dem Abteilungsleiter zu Ohren.

Douglas wollte die Mäuse von Menschen in Mäusekostümen spielen lassen. Das hätte nie funktioniert. Es hätte wie Pantomime ausgesehen. Er wollte immer, dass alles so bleibt wie beim Radio, aber das geht nicht, sobald man mit Bildern arbeitet, da müssen die Leute nämlich wirklich in der Dekoration herumlaufen.

Douglas und ich stritten uns die ganze Zeit, was mir nichts ausmachte; so ist das Leben nun mal. Wenn sich bei einer Produktion alle nur fantastisch amüsieren, dann ist da irgendetwas faul, denn normalerweise reagieren Menschen sehr leidenschaftlich auf alles, was passiert. Meine Aufgabe bestand darin, die schlechten Ideen rauszuschmeißen und die guten umzusetzen.

Douglas selbst ist für die Veränderungen in den Szenen mit dem Show-Raumschiff von Disaster Area verantwortlich. Er hatte einige Episoden mit John Lloyd zusammen verfasst, als er noch Drehbuchredakteur bei *Dr. Who* gewesen war und gleichzeitig die Skripts für den *Anhalter* abliefern musste. Damals war er froh darüber, wenn er die Teile, die er nicht fertig stellen konnte, an John übergeben konnte, und das schwarze Show-Raumschiff war so ein Teil. Als die Radiosendung dermaßen eingeschlagen hatte, bedauerte Douglas, dass er sich den Ruhm mit John teilen musste, und deshalb war er sehr daran interessiert, dass bei der Fernsehproduktion keine von Johns Ideen unverändert übernommen wurde; er wollte das totale Douglas-Adams-Projekt. Wenn ich Douglas Adams wäre, hätte ich es wahrscheinlich genauso gemacht.

Alles in allem sind wir ganz gut miteinander ausgekommen, doch manchmal behinderte er das gesamte Projekt. Wir erzählten ihm immer, dass die Nachsynchronisation erst in drei Wochen stattfinden würde, dabei war alles schon am Tag zuvor passiert. Ansonsten hätte er sich nur überall hineingemischt, und, ehrlich gesagt, das machte die Angelegenheit auch nicht gerade leichter.«

Produktionshinweis: Mäuse
Ich schlage vor, wir bedienen uns der Eidophor-Bilder, falls es uns gelingt, wirklich überzeugende Puppendarsteller aufzutreiben, die auch wie richtige sprechende Mäuse aussehen, ungefähr so wie die Muppets oder wie Yoda aus dem ansonsten furchtbar langweiligen *Das Imperium schlägt zurück*. Wenn das hinhaut, dann müssen die Mäuse selbstverständlich so realistisch wie möglich aussehen, nicht wie irgendwelche Fastnachtsmäuse. Das heißt, dass wir bei den Aufnahmen, in denen auch die Schauspieler im Bild sind, bei den Glastransporten etwa, entweder maßstabsgetreue Modelle oder gleich richtige Mäuse nehmen, was ich persönlich vorziehen würde.

– Produktionsnotizen von Douglas Adams für die fünfte Episode (TV)

Douglas Adams: »Vieles von dem, was Alan behauptet, stimmt einfach nicht. Ich kann nicht beurteilen, ob ihn da sein Gedächtnis sitzen lässt oder sonst was. Ich sage nur, dass er – was er jederzeit freudig zugeben würde – nur Dinge erzählt, die ihm in den Kram passen, alles andere lässt er unter den Tisch fallen. Deshalb hat es auch keinen Zweck, darüber zu streiten.

Ich weigerte mich damals, ernsthafte Anstalten in Richtung zweite TV-Serie zu machen, bevor nicht ein paar grundlegende Dinge hinsichtlich der weiteren Vorgehensweise geklärt waren. Ich fühlte mich schon ziemlich verarscht, als man John Lloyd, der bereits als Produzent vorgesehen war, gleich zu Anfang mir nichts, dir nichts zur Seite geschoben hatte, sehr zum Schaden der Sendung. Außerdem machte ich kein Geheimnis daraus, dass ich Geoffrey Perkins dabeihaben wollte, zumindest als Berater.

Nichts davon wurde bei der Arbeit zur ersten Serie berücksichtigt. Mir und den Schauspielern war klar, dass Alan nicht viel für das Drehbuch übrig hatte. Aus diesen Gründen wollte ich nicht mit einer zweiten Serie anfangen, bevor die Situation nicht irgendwie geklärt war, und die BBC ihrerseits war nicht an einer Klärung interessiert. Dieser Streit rumorte also hinter den Kulissen herum, und deshalb ließ ich mir Zeit mit den Drehbüchern. Bevor ich nicht genau wusste, ob die Sendung überhaupt gemacht wurde, kriegten die von mir nicht eine Zeile.«

Im Jahre 1984, als John Lloyd und Geoffrey Perkins abwechselnd als Produzenten und Drehbuchredakteure bei *Spitting Image* von Central Television beschäftigt waren, tauchten Gerüchte auf, die besagten, dass die Leute von *Spitting Image* an einer Adaption von *Das Leben, das Universum und der ganze Rest* Interesse zeigten. Das wäre sicherlich sehr spannend geworden – wahrscheinlich hätten sie Zaphods Kopf endlich richtig hingekriegt –, aber die Fernsehrechte waren an die Filmrechte gekoppelt, und so wurde nichts daraus.

14

Das Restaurant am Ende des Universums

MARVIN: Was einen so richtig runterzieht, sind die Leute, denen man begegnet. Sie sind so langweilig. Die interessanteste Unterhaltung, die ich geführt habe, fand vor über vierunddreißig Millionen Jahren statt.
TRILLIAN: Du Ärmster.
MARVIN: Und zwar mit einer Kaffeemaschine.
ZAPHOD: Schön, das macht uns wirklich betroffen, Marvin. Aber jetzt mal was anderes: Wo ist unser altes Raumschiff?
MARVIN: Im Restaurant.
ZAPHOD: Was?
MARVIN: Es wurde zu Teelöffeln verarbeitet. Das hat mir gefallen. Aber auch nicht allzu sehr.
ZAPHOD: Willst du damit sagen, dass jetzt mit meinem Raumschiff Kaffee umgerührt wird? Mit der *Herz aus Gold*? Hey, das war mal eine der schicksten Raumschleudern, die jemals zusammengesetzt worden sind.

– aus dem Radioskript gestrichen, fünfte Episode

»Jedesmal wenn ich eine neue Fassung ausgearbeitet habe, weiß ich genau, was ich hätte besser machen können; ich spüre genau, was in der ersten Fassung schief gelaufen ist, welche Stellen schwach oder einfach schlecht sind. Das hängt teilweise damit zusammen, dass ich alles wie bei einem Fortsetzungsroman geschrieben habe, ich wusste selbst nicht, in welche Richtung sich die Geschichte entwickeln würde. Ganz egal, wie besessen ich auch Entwürfe zu Papier brachte, ich hielt mich einfach nicht an das, was ich mir ursprünglich ausgedacht hatte.

Du hast also deinen Entwurf vor dir, schreibst die erste Szene nieder, und – wie könnte es anders sein – die erste Szene ist überhaupt nicht lustig. Du musst dir also etwas anderes einfallen lassen, was dann auch wirklich lustig ist – leider hat es nicht mehr viel mit dem zu tun, auf was du eigentlich hinaus wolltest; das heißt, du kannst dir deinen ganzen Entwurf in die Haare schmieren und einen neuen austüfteln...

Nach einer gewissen Zeit wurde es lächerlich, allzu weit vorauszuplanen, es funktionierte sowieso nicht, weil das gesamte Material erst nach und nach Gestalt annahm. Wie oft war ich so weit gewesen, dass ich mir sagte: ›Hätte ich gewusst, dass ich hier landen würde, dann hätte ich weiter vorne etwas ganz anderes gemacht.‹ Das Bücherschreiben ist für mich ein stetiger Kampf mit dem, was ich bereits geschrieben habe, um nicht zu sagen, ein permanenter chirurgischer Eingriff.

Beim zweiten Buch vor allem habe ich versucht, die Sache sinnvollerweise vom Ende her zu entwickeln. Ich wusste, dass die Geschichte auf der prähistorischen Erde enden sollte, und so habe ich mit der Handlung darauf hingearbeitet...«

Das Restaurant am Ende des Universums war Douglas Adams' Lieblingsbuch aus der *Anhalter*-Reihe, obwohl die Umstände, unter denen es entstand, nicht gerade ideal zu nennen sind.

»Ich habe es immer weiter vor mir hergeschoben und eine Verlängerung nach der anderen beantragt (zu jener Zeit passierten eine Menge anderer Sachen, wie zum Beispiel die Bühnenfassung und die Fernsehserie), bis der Cheflektor von Pan schließlich sagte: ›Wir können Ihnen keine weitere Verlängerung mehr geben. Wir müssen jetzt endlich das Buch haben, was auch passiert; wir brauchen das Buch in vier Wochen. Wie weit sind Sie denn mittlerweile?‹ Ich mochte ihm nicht direkt sagen, dass ich noch nicht einmal angefangen hatte; das hätte dem armen Kerl das Herz gebrochen.«

Jacqueline Graham, die damals bei Pan arbeitete, erläutert das Dilemma: »Nach den Erfahrungen mit dem ersten Buch und der Unpünktlichkeit, die Douglas an den Tag gelegt hatte, schwankte unsere Haltung ihm gegenüber zwischen Resignation und schierer Verzweiflung. Beim zweiten Buch waren wir darauf eingestellt und hatten seine Trödelei eingeplant, gleichzeitig dachten wir: ›Das wird ihm doch bestimmt nicht noch einmal passieren! Diesmal fängt er rechtzeitig an, mit einem Zeitplan, an den er sich auch hält…‹

Aber Pustekuchen. Die Zeit wurde wieder fürchterlich knapp, Douglas kam leicht ins Rotieren, weil der endgültige Abgabetermin immer näher rückte. Zu der Zeit wohnte er mit einem Freund namens John Canter zusammen, der ständig zu Hause war und bei dem ununterbrochen das Telefon klingelte; Douglas konnte unter diesen Umständen nicht vernünftig arbeiten. Schließlich sagte ich zu ihm: ›Warum ziehst du nicht einfach aus?‹, denn das erste Buch hatte er ja zu Hause bei seiner Mutter geschrieben. Er stimmte dem Vorschlag sofort zu, ich mietete eine Wohnung für ihn, und am gleichen Nachmittag zog er dort ein.«

Für Douglas war das eine ziemlich schrille Erfahrung: »Ich war für niemanden zu erreichen, total von der Außenwelt abgeschnitten. Einen Monat lang führte ich ein Leben wie ein Mönch, und nach diesen vier Wochen war das Buch fertig.

Es gibt so Zeiten, da führt man sich auf wie ein Wahnsinniger, echt unglaublich. Ich erinnere mich noch genau an den Augenblick, als ich dachte: ›Ich kann es schaffen! Ich werde tatsächlich rechtzeitig fertig!‹ Damals war gerade die Langspielplatte von Paul Simon herausgekommen, *One Trick Pony,* die einzige Platte, die ich besaß. Sobald ich die Finger von der Schreibmaschine nahm, setzte ich mir den Kopfhörer auf und hörte sie über Walkman – sie hat ihr Teil zu der irren, hypnotischen Atmosphäre beigetragen, die mich in die Lage versetzte, das Buch hintereinanderweg zu schreiben.«

Als er das Manuskript von *Das Restaurant am Ende des Universums* beim Verlag abgab, verkündete er, dass es das endgültig letzte Buch aus der Reihe sei. »Jetzt ist hoffentlich Schluss damit«, gab er in einer Tageszeitung bekannt. »Ich möchte mich anderen Dingen zuwenden, vielleicht gehe ich wieder auf die Bühne.«

Das Buch, wieder eine Taschenbuchveröffentlichung bei Pan, begeisterte die Kritiker. Obwohl die Rezensenten sehr vorsichtig auf das erste Buch reagiert hatten – die meisten nahmen es überhaupt nicht zur Kenntnis –, hatte es sich zu einem Bestseller entwickelt. Komischerweise bemängelten die britischen Kritiker ausgerechnet den Abschnitt als »zu sehr Monty Python« und »zu gewöhnlich«, in dem die debilen Golgafrinchaner die Erde kolonisieren; ›komischerweise‹ deshalb, weil die meisten amerikanischen Kritiker mit traumwandlerischem Gespür gerade diesen Abschnitt als besonders gelungen herausstellten und in den höchsten Tönen priesen.

MARVIN WENDET SICH VOM TELEPORT AB UND SCHLURFT VON DANNEN.
MARVIN: Vermutlich hätte so manch anderer eine nettere

Behandlung erwartet, nachdem er fünfhundertundsechsundsiebzigtausend Millionen Jahre in einer Tiefgarage gewartet hat. Ich nicht. Ich bin zwar nur ein gemeiner Roboter, aber ich bin viel zu intelligent, als dass ich mir einbilden könnte, jemand verschwende einen einzigen Gedanken an mich. Viel zu intelligent. Ich bin so intelligent, dass ich wahrscheinlich genug Zeit finden werde, um die fünf Millionen Dinge an meinem geistigen Auge vorüberziehen zu lassen, die mich an organischen Lebensformen so abstoßen. Erstens: Sie sind so unsäglich blöde…

– *Aus dem TV-Drehbuch*

Invasion USA

»Und jetzt«, hieß es in den Vorausexemplaren für die Presse, »kommen wir zu etwas völlig anderem ...«

Wie wir bereits wissen, ist Douglas Adams' Beitrag zu Monty Python weder besonders umfangreich noch auf irgendeine andere Weise weltbewegend gewesen; sein Zutun erschöpft sich in einem alten Sketch für die Schallplattenfassung der *Ritter der Kokosnuss*, der zudem von diversen flinken Fingern mehrmals umgeschrieben wurde, und zwei kurzen Auftritten (einmal als Frau verkleidet und einmal hinter einer Chirurgenmaske) in der letzten Fernsehshow.

Einen komplett anderen Eindruck vermittelt die amerikanische Pressekampagne für *Per Anhalter durch die Galaxis*, in der Douglas als »ehemaliger Drehbuchautor für Monty Python« angepriesen wird. Damit nicht genug, fanden sich auf dem Umschlag der ersten Hardcover-Ausgabe des Buches (im Oktober 1980 bei Harmony/Crown veröffentlicht) folgende Empfehlungen:

> Wirklich erstklassige Unterhaltung, sehr witzig.
> – *John Cleese*
>
> Viel witziger als alles, was John Cleese bisher geschrieben hat. – *Terry Jones*
>
> Ich weiß genau, dass John Cleese es nicht einmal gelesen hat. – *Graham Chapman*

Wer ist eigentlich dieser John Cleese? – *Eric Idle*

Wirklich erstklassige Unterhaltung, sehr witzig.
– *Michael Palin*

Wir vergeben den amerikanischen Lesern, die Douglas Adams anstelle von Terry Gilliam für das sechste Mitglied der Monty Pythons halten.

Monty Python und der Anhalter

Es ist schon komisch. Auf der Universität war ich ein großer Python-Fan. Ich bin's noch heute, aber damals waren die Pythons unbestreitbar in ihrer aktivsten Phase. Ich betrachte die Sachen der Pythons eher von außen, wie ein gewöhnlicher Zuschauer. Was den *Anhalter* betrifft, so bin ich der einzige Mensch, der nicht von außen, quasi unbeteiligt urteilen kann. Ich habe mich oft gefragt, wie ich reagieren würde, wenn ich nicht ich wäre, ob es mir gefallen würde, ob ich ein Fan oder so was werden könnte, aber ich kann anstellen, was ich will, ich bleibe doch immer nur ich, sozusagen. Offensichtlich kann ich diese Frage nicht beantworten, ich habe keine Ahnung, denn ich bin nun mal der einzige Mensch, der es nicht von außen betrachten kann.

Man kann alle möglichen Sachen aus dem *Anhalter* herausklauben, ein bisschen hiervon und ein Stückchen davon. Es ist keine große Kunst, bestimmte Schubladen aufzuziehen, manche Presseleute machen das mit Vorliebe; dann heißt es: eine Mischung aus Monty Python und *Dr. Who*; das stimmt ja auch irgendwie, unendlich viele Elemente sind da mitverwurstet. Wichtig ist doch einzig und allein, dass am Schluss, nach der ganzen Mischerei, etwas völlig anderes, Eigenständiges herauskommt.

Letztendlich ist es doch bei allen Dingen so. Monty Python entstand aus einem Mischmasch von allem möglichen, dreimal rumgerührt, und das Resultat ist etwas noch nie Dagewesenes.

Nehmen wir die Beatles (jetzt wird's richtig abgehoben), selbst die haben sich von überall her zusammengesucht, was sie brauchten, um etwas unbestritten Neues, Einzigartiges zu schaffen.

Obwohl der *Anhalter* keine ausdrücklichen politischen Botschaften vermittelt, so ist das Thema einer allgegenwärtigen Bürokratie, einer Paranoia, die das ganze Universum durchzieht, doch nicht wegzuleugnen. Hier findet sich ein direkter Einfluss der Pythons, ebenso in dem mit Vergleichen arbeitenden Stilmittel der ›individuellen Erlebnisse und kleinen Welten‹. Der größte Unterschied liegt in der Erzählstruktur; die Schauplätze im *Anhalter* sind fast durchweg außerhalb der ›richtigen‹ Welt angesiedelt, obwohl sie sich immer auf diese beziehen. Es ist so, als würde man das Geschehen durch das falsche Ende eines Teleskops betrachten. *– Douglas Adams*

Schon 1980 hatten einige regionale amerikanische Radiosender den *Anhalter* ausgestrahlt, und National Public Radio wartete nur noch auf die Fertigstellung seines neuen Stereosystems, um die Sendung landesweit auszustrahlen. Trotzdem schlug die Produktion in den Staaten nicht auf die gleiche Weise ein wie vorher in England; ein neuer Aufhänger musste dafür gefunden werden.

Auch die Hardcover-Ausgabe des Buches hatte trotz passabler Verkaufszahlen nicht annähernd den Kultstatus erreicht, den es in England genoss und den es, wie man vermutete, auch in Amerika erlangen könnte. Im März 1981 ging die Sendung dann endlich über National Public Broadcast über den Äther; die Reaktion war landesweit so hervorragend, dass schon sechs Monate später alle zwölf Episoden wiederholt wurden.

(Douglas Adams besuchte die Vereinigten Staaten zum ersten Mal im Januar '81, in Zusammenhang mit der BBC Fernsehproduktion. Er wohnte in New York, verbrachte eine herrliche Zeit in der Stadt – obwohl er sich dort eine

Mittelohrentzündung zuzog – und machte einen Abstecher nach Mexiko, bevor er wieder nach England zurückkehrte, um mit der Arbeit an *Das Leben, das Universum und der ganze Rest* zu beginnen.)

Die Veröffentlichung der Taschenbuchausgabe von *Per Anhalter durch die Galaxis* glich in vielerlei Hinsicht der Art und Weise, in der der Kultfilm *The Rocky Horror Picture Show* seinen Weg machte. Die Hersteller von *Rocky Horror* hatten sehr wohl begriffen, dass das Publikum den Film für sich ›entdecken‹ musste, dass sich der Erfolg nur durch Mundpropaganda in der entsprechenden Szene einstellen würde.

Es ist schon eigenartig, dass weder enthusiastische Kritiken noch großangelegte Werbekampagnen über den Erfolg eines Films oder eines Buches entscheiden (obwohl beides zugegebenermaßen den Verkaufszahlen nicht abträglich ist), sondern die Mundpropaganda: Leute, die Bücher lesen und sie ihren Freunden ans Herz legen. Man durfte hoffen, dass der *Anhalter* ähnlich einschlagen würde wie einige der so genannten ›Campus-Klassiker‹ in den sechziger und siebziger Jahren – Bücher, die langsam, aber sicher in die Bestsellerlisten geklettert waren und dort ihren Platz seit Jahrzehnten behaupteten. Könnte der *Anhalter* ein neuer *Fänger im Roggen*, ein neuer *Herr der Ringe*, ein neuer *Wüstenplanet* werden?

Was der *Anhalter* brauchte, war Mundpropaganda, und das bereits im Vorfeld; nicht nur unter den Science-Fiction-Fans, sondern besonders unter den College Kids, die am ehesten auf diese Art von Humor anspringen würden. Die Lösung des Problems? Eine Anzeige im *Rolling Stone* vom 20. August, die den ersten dreitausend Lesern, die bis zum 27. August an den »Hyperraum Anhalter Club – Abteilung Erde c/o Pocket Books« schrieben, je ein Gratisexemplar (»KOSTENLOS!«) versprach. Gleichzeitig wurden nicht wenige »Vorausexemplare« und »kostenlose Reklameexemplare« Monate vor der offiziellen Veröffentlichung unter die Leute gebracht, in der Hoffnung, dass die begeisterten Leser das Buch ihren Freunden empfehlen würden.

Pocket Books knauserten wirklich nicht bei ihrer Werbekampagne. »England«, so hieß es in der Ankündigung für die Presse, »das Land, das Amerika die Beatles und *Monty Python's Flying Circus* geschenkt hat, exportiert jetzt ein neues schrilles Superding – *Per Anhalter durch die Galaxis* von Douglas Adams, einen wahnwitzigen Trip, ab Oktober bei Pocket Books erhältlich.«

Das Buch kam im Oktober '81 auf den Markt und verkaufte sich recht gut.

Zu dieser Zeit hielt sich Douglas wieder in den USA auf, in Los Angeles, wo die Fernsehgesellschaft ABC eine (»Gott sei Dank wieder eingestampfte«) amerikanische Version der TV-Serie in Angriff nahm.

»Es war genauso schrecklich, wie man es immer wieder erzählt bekommt«, sagte Douglas. »Sie kümmerten sich einen Dreck darum, was man aus dem Stoff herausholen konnte; Hauptsache, es gab eine Menge Spezialeffekte, und selbst dafür wollten sie kein Geld ausgeben.«

Die Show erlitt das Schicksal so vieler anderer britischer Fernsehkomödien, die zu amerikanischen Fernsehkomödien verbraten wurden.* (Es gibt da eine lange, ansehnliche Tradition, in deren Verlauf so tolle Sendungen wie *Steptoe and Son, Fawlty Towers* und *The Fall and Rise of Reginald Perrin* über den Atlantik gezerrt wurden, wo man sie so lange neu besetzte, umschrieb und neu inszenierte, bis rein gar nichts mehr von dem übrig blieb, was den ursprünglichen Witz und Reiz ausgemacht hatte.)

---

* Interessanterweise lässt sich feststellen, dass Quizsendungen stets den umgekehrten Weg über den Atlantik machen. So kamen beispielsweise *The Price is Right* oder *Hollywood (›Celebrity‹) Squares* aus den Staaten nach Großbritannien.

Heute ist nicht mehr genau zu ergründen, was ABC eigentlich mit dem *Anhalter* vorhatte. Das Drehbuch wurde von allen möglichen Leuten – außer Douglas – erstellt und dann von mehreren Komitees erneut bearbeitet und zusammengeflickt.

»Immer wieder drangen nach den Sitzungen der Verantwortlichen fürchterliche Meldungen an mein Ohr. Sie verhandelten dort über Fragestellungen wie etwa: ›Wären Außerirdische wirklich grün?‹ Schließlich ging alles den Bach runter, nachdem allein die erste Folge über 2,2 Millionen Dollar kosten sollte. Das wäre dann die teuerste Zweiundzwanzig-Minuten-Show aller Zeiten geworden. Das Drehbuch war unter aller Kanone.«

Douglas' einziger Beitrag bestand darin, »herzukommen und eine Woche lang im Produktionsbüro rumzuhängen«. Später äußerte er sich folgendermaßen: »Man bekommt eine ungefähre Vorstellung von den wahnsinnigen Proportionen des Unternehmens, wenn man weiß, dass sie mir für diese eine Woche mehr zahlten, als ich damals für sämtliche Drehbücher für die Radiosendungen bekommen hatte!«

Schon bald nach der Veröffentlichung von *Das Restaurant am Ende des Universums* gelang Douglas der Sprung in die US-Bestsellerlisten, und als dann die Fernsehfassung der BBC in den USA ausgestrahlt wurde, stand dem Erfolg des *Anhalter* nichts mehr im Wege.

Viele Leute zeigten sich überaus überrascht angesichts der Tatsache, dass etwas so ausgesprochen Britisches wie der *Anhalter* in den Vereinigten Staaten dermaßen einschlug. Nicht so Douglas Adams.

»Überall in der Unterhaltungsindustrie erzählen sie einem, dass das amerikanische Publikum englischen Humor weder schätzt noch versteht. Jeder erzählt dir das, bis auf die Zuschauer, die – so weit ich das mitgekriegt habe –

total drauf abfahren. Alle anderen, speziell diejenigen, die von Berufs wegen Bescheid wissen müssten, erzählen einem etwas anderes. Doch alle Leute, Fans, mit denen ich hier in England und in den USA gesprochen habe, gehören einem ähnlichen Menschenschlag an.

Das amerikanische Publikum wünscht sich vor allem eines: ›Bitte, bitte, lasst nicht zu, dass sie amerikanisieren! Wir kriegen hier schon genug Ungenießbares vorgesetzt…!‹

Von den Verkaufszahlen her betrachtet, läuft der *Anhalter* in den Vereinigten Staaten besser als in England (wir verkaufen dort doppelt so viele Bücher an viermal so viele Einwohner; also ist es entweder doppelt oder nur halb so erfolgreich). Ich finde, es wird zuviel Wind hinsichtlich des Unterschiedes zwischen amerikanischem und britischem Humor gemacht. Dabei muss man das Publikum nicht einmal anders behandeln. In den Vereinigten Staaten werden die Zuschauer (dafür können sie nichts) wie totale Vollidioten behandelt – von den Programmverantwortlichen. Wenn du soundso lange wie ein Vollidiot behandelt wirst, dann verhältst du dich auch irgendwann wie einer. Sobald du ihnen einmal etwas mit einem kleinen bisschen Substanz zukommen lässt, geht ein Stöhnen der Erleichterung durch die Reihen, und alle seufzen: ›Auf den Knien wollen wir Gott dafür danken!‹

Natürlich gibt es Dinge, die allgemein als typisch britisch gelten, so wie Roastbeef zum Beispiel, oder als amerikanisch, so wie Apple Pie. Der Trick besteht darin, über Leute zu schreiben. Solange du Situationen schilderst, in denen sich die Leute wiedererkennen, werden sie darauf reagieren. Natürlich gibt es Komik, die sich nicht transportieren lässt, so was wie die Monologe eines Johnny Carson etwa, die nur funktionieren, wenn man als Zuschauer weiß, wer in dieser Woche was über wen gesagt hat und welche Auswirkungen das auf die Spielweise des Footballteams der

LA Rams hatte. Wenn man das nicht weiß, dann ist die Sendung natürlich nicht besonders lustig,

Alles, was sich jedoch darauf bezieht, wie Leute miteinander umgehen, lässt sich universell einsetzen. (Wie das bei Übersetzungen aussieht, steht auf einem anderen Blatt. Komische Stoffe sind da besonders sensibel, und manchmal denke ich, dass es übersetzt nicht mehr zündet. Was weiß ich. Der *Anhalter* ist in alle möglichen Sprachen übersetzt worden, ich habe wirklich keine Ahnung, in welchen Sprachen er noch funktioniert und in welchen nicht.)«

Tatsache ist, dass *Das Leben, das Universum und der ganze Rest* und besonders *Macht's gut, und danke für den Fisch* sich in den USA erstaunlich gut verkauft haben, Letzterer hielt sich sogar mehr als achtzehn Monate auf den vorderen Plätzen der US-Bestsellerlisten. Das *Computerspiel,* in Großbritannien nicht gerade sehr erfolgreich, war ein Jahr lang Spiel Nummer eins in den Vereinigten Staaten und wurde über eine viertelmillionmal verkauft. Schließlich erhielt Douglas sehr viel Post – und den Löwenanteil seines Einkommens – aus Amerika.

16

Das Leben, das Universum und der ganze Rest

ZAPHOD: Mit meinem Verhältnis zur Realität ist alles in bester Ordnung. Ich lasse es alle vierzehn Tage vorschriftsmäßig warten.

– Auszug aus dem Radioskript, dritte Episode

Die ersten beiden *Anhalter*-Bücher waren aus dem Material entstanden, das Douglas für die Radiosendungen ausgearbeitet hatte. Als er sich bereit erklärte, das dritte Buch zu schreiben, jenes Buch, das er niemals hatte schreiben wollen, griff er auf eine Geschichte zurück, die er »schon seit Jahrmillionen« mit sich herumtrug.

Er hatte sie dereinst als *Dr. Who*-Geschichte vorgeschlagen, doch Graham Williams hielt sie für »zu bescheuert«. Später, als ein *Dr. Who*-Film mit Tom Baker in der Hauptrolle im Gespräch war, machte er aus der Geschichte ein Filmexposé, *Dr. Who and the Krikkitmen* (siehe Anhang V). Aus dem Filmprojekt wurde nichts, doch als dann eine zweite Fernsehserie zum *Anhalter* in Erwägung gezogen wurde, spielte Douglas mit dem Gedanken, das Krikkitmen-Drehbuch als Vehikel für weitere *Anhalter*-Geschichten zu verwenden.

Wie sich bald – aus Gründen, die an anderer Stelle lang und breit erläutert wurden – herausstellte, kam es nicht zu einer zweiten Fernsehserie. Wie dem auch sei, jedenfalls war der Prozess, aus *Dr. Who and the Krikkitmen* etwas namens *Das Leben, das Universum und der ganze Rest* zu machen, ins Rollen gekommen.

Der Handlungsverlauf, was den groben Inhalt betrifft, ist bei beiden Geschichten praktisch der gleiche.

Douglas verteilte die Rolle des Dr. Who auf Slartibartfast, Trillian und (in der letzten Sequenz) Arthur Dent, obwohl das, was sich bei *Dr. Who* in der zweiten Hälfte abgespielt hätte, jetzt die letzten dreißig Seiten des Buches ausmacht.

(In der *Dr. Who*-Version kommt der Doktor – nachdem es ihm nicht gelingt, die Bestandteile des Tores von Wikkit an sich zu reißen – mit Sarah Jane auf Krikkit an und verbringt den Großteil der Restgeschichte damit, im klassischen *Dr. Who*-Stil durch die Gegend zu rennen, sich gefangen nehmen zu lassen, wieder abzuhauen, Sarah Jane zu befreien und so weiter und so fort.)

Das Leben, das Universum und der ganze Rest unterschied sich von den beiden anderen Büchern dahingehend, dass es nicht in Fortsetzungen geschrieben wurde. Douglas wusste, wie sich die Handlung entwickeln sollte; was ihn jedoch vor ein neues Problem stellte: Wie sollte er die Figuren aus dem *Anhalter* in die *Dr. Who*-Geschichte integrieren? Die Charaktere aus dem *Anhalter* sind im höchsten Grade hilflose Typen, die, anstatt das Universum zu retten, eigentlich lieber auf eine Party gehen (Ford), cool bleiben (Zaphod), fassungslos in die Gegend blicken (Arthur) oder gelangweilt gähnen würden (Marvin). Eigentlich blieb da zur Rettung der Welt nur noch Trillian übrig, deren Persönlichkeit bislang eher blass im Hintergrund geschwebt hatte. (Trillian ist wirklich schamlos vernachlässigt worden.)

Mehr noch als alle anderen Projekte in Douglas' Œuvre vollzog sich die Erschaffung von *Das Leben, das Universum und der ganze Rest* im Schatten schier erdrückender Schwierigkeiten:

»Wie alle anderen Dinge auch, schob ich das Projekt erst einmal eine Zeit lang vor mir her, bis dann eine häusliche Krise über mich hereinbrach, die mich voll außer Gefecht setzte. Mir fiel überhaupt nichts mehr ein, was das Leben lustiger machen könnte; ich war drauf und dran, mich von irgendwelchen hohen Klippen herunterzustürzen oder so etwas in der Art. Doch diese Episode berührt mehr meine privaten, emotionalen Belange; ich möchte da nicht weiter ins Detail gehen...«

(Obwohl Adams sich nicht darüber ausließ, so sei hier dennoch verraten, dass ihn seine damalige Freundin verlassen hatte. In einem Interview sagte er dazu einmal: »Sie ist einfach mit diesem Blödmann auf und davon, bloß aus dem – meiner Meinung nach reichlich fadenscheinigen – Grund, weil er ihr Ehemann war.«)

Unter diesen ungünstigen Voraussetzungen brachte Douglas einen »sehr freudlosen« ersten Entwurf zu Papier. »Ich hatte den Rohentwurf zu drei Vierteln fertig, als ich Hals über Kopf eine einmonatige Promotion-Tour durch die USA antreten musste. Mit einem Schlag wurde mir klar, dass dieses Buch noch alles andere als gut war. Ich musste meinen Verleger anrufen und ihm sagen: ›Pass auf, es ist noch nicht fertig. Ich muss alles noch einmal überarbeiten, aber zuerst gehe ich einen Monat lang weg‹ – es war furchtbar!

Mit diesem miesen Gefühl im Bauch machte ich mich auf die Socken. Dann, als ich wieder zurückkam, setzte ich mich hin und schrieb drauflos, und ich warf so gut wie jedes Wort der ersten Fassung wieder raus. Nehmen wir zum Beispiel die ersten zwanzig Seiten der ersten Version, wo Arthur in dieser Höhle aufwacht, zweieinhalb Millionen Jahre vor unserer Zeit (ich vermute, dass ich mich damals genau dorthin wünschte). Ich schrieb die Sequenz immer wieder um und noch einmal und noch einmal, bis nach zwanzig Anläufen aus diesen zwanzig Seiten die ersten zwei Zeilen der heutigen Fassung wurden und damit hatte die liebe Seele Ruh.

Was mich heute noch erstaunt, ist die Tatsache, dass das dritte Buch überhaupt fertig wurde, dass es wirklich da ist und dass es so gut geworden ist. Trotzdem ist es ziemlich zusammengestoppelt, ganz einfach, weil es unter bestimmten Umständen zustande kam, unter denen ich freiwillig nicht einmal ein Bücherregal basteln würde, geschweige denn ein Buch schreiben.

Es stimmt, dass ich alle meine Bücher gehasst habe; als ich dann das nächste schrieb, konzentrierte sich all mein Hass auf dieses neue Projekt, bis mir plötzlich auffiel, dass ich das vorangegangene eigentlich ziemlich mochte. Beim dritten Buch gab es einige Probleme hinsichtlich der Handlungsführung. Da die grobe Handlung bereits feststand, musste ich manchmal ganz schöne Verrenkungen anstellen, um die verschiedenen Fäden wieder alle in die richtige Richtung zu treiben; obendrein sollte es noch ganz besonders lustig werden. An manchen Stellen hört man die Zahnrädchen ganz schön knirschen und die Reifen um die Kurven quietschen.

Der Kampf zwischen Inhalt und Struktur erreichte beim dritten Buch seinen Höhepunkt, denn zum ersten Mal hatte ich einen ziemlich detaillierten Plan für den logischen Ablauf vorliegen. Letztendlich ist davon nicht allzu viel übrig geblieben. Ich verliere mich immer wieder in Nebenhandlungen, und im Gegensatz zu früher, als ich die Nebenpfade immer verfolgt und von dort aus weitergesehen habe, musste ich jetzt immer wieder zur Haupthandlung zurückkehren. Die Nebenhandlungen blieben nichts weiter als tote Arme.

Ich befand mich in ständigem Streit mit mir selbst, weil ich einerseits wusste, wie ich an die Sache herangehen wollte, andererseits aber auch sah, dass sich die Geschichte ganz anders entwickelte. Deshalb wirkt sie an manchen Stellen leicht holprig; ich biege sie immer wieder in eine Richtung, die eigentlich im Sinne der Handlung nicht völlig schlüssig ist. Vieles aus meinem ursprünglichen Entwurf passte nicht mehr richtig zu dem, was sich beim Schreiben entwickelte, und jedes Mal wenn man auf die Haupthandlung zurückgedrängt wird, fragt man sich, wohin die eigentlich führen soll.

Wahrscheinlich bin ich so ein wirrer Typ.

Auf der anderen Seite finden sich in diesem Buch einige der besten Sachen, die ich je geschrieben habe: die Agrajag-Sequenz zum Beispiel, oder die Episode mit dem Fliegen. Arthurs Flugversuche habe ich komplett aus der ersten Fassung übernommen (obwohl ich da ein bisschen gemogelt habe, denn nachdem mir klar wurde, dass ich die gesamte Sequenz in einem Anlauf geschrieben hatte, war ich so abergläubisch, dass ich auch ein paar Sachen drinließ, denen eine Überarbeitung ganz gut getan hätte).

Mit der Agrajag-Episode bin ich nicht sehr zufrieden. Sie wirkt ein bisschen oberflächlich. Ich hätte sie genauer ausarbeiten müssen. Alles in allem finde ich, dass in *Das Leben, das Universum und der ganze Rest* einige der besten, aber auch einige der miesesten Stellen aus dem ganzen *Anhalter* versammelt sind.«

Geoffrey Perkins machte mich darauf aufmerksam, dass das Buch gleich mehrere Schlüsse hintereinander aufweist (in den Kapiteln 33 und 34), weil Douglas immer wieder dachte, es sei nicht lang genug.

»Nein, das stimmt nicht. Es ist sogar eins der längsten Bücher. Eigentlich war es sogar umgekehrt: Als ich die Korrekturbögen von Pan bekam, las ich alles noch einmal sorgfältig durch, und da beschlich mich das kitzlige Gefühl, dass irgendetwas nicht stimmte. Hätte es sich um einen kleinen Fehler gehandelt, wäre er mir bestimmt sofort aufgefallen, aber es war einer dieser Fehler, die so groß und so besonders krass sind, dass es eine Weile dauert, bis man dahinter kommt.

Es fehlten zwei vollständige Kapitel.

Die beiden Kapitel waren einfach verschwunden und tauchten erst später wieder in Amerika auf. Zu der Zeit war jedoch die drucktechnische Entscheidung hinsichtlich der Anzahl der Druckseiten von Herstellerseite längst gefallen, und deshalb ist die englische Ausgabe auch bis zur letzten Seite voll geschrieben, keine Reklame, absolut nichts am Ende des Buches. Aber eigentlich ist es ein ziemlich langes Buch.

Nein, ich habe diesen Abschnitt nicht mit hineingenommen, weil mir das Buch zu kurz schien, sondern weil ich ihn an keiner anderen Stelle unterbringen konnte, nämlich den Abschnitt über die Vernunft. Übrigens eine meiner Lieblingsstellen, auch wenn anscheinend sonst niemand darauf abgefahren ist.

Beim Schreiben kommt man sich meistens wie am Rande einer drohenden Katastrophe vor. Ich meine, da stürzt ein fürchterlicher Abschnitt nach dem anderen auf dich ein, und nur ganz selten gelingt dir ein kleiner Absatz, bei dem du dir am liebsten selbst auf die Schulter klopfen würdest. Genau so ein Teil war das. Ich fand ihn wirklich recht gelungen.

Das größte Problem beim Schreiben des dritten Buches ergab sich jedoch daraus, dass ich ein Handlungsgerüst hatte, mit Hilfe dessen ich etwas ausdrücken wollte, gewichtige Ereignisse spielen sich ab und so weiter, und da saß ich mit meinem Haufen unfähiger Figuren, bei denen ich mir bei jeder Szene überlegen musste: ›Also gut, wer passt hier rein?‹ Im Geiste habe ich jeden Einzelnen von ihnen immer wieder abgetastet, habe ihnen erklärt, um was es sich dreht, und jeder antwortete lässig: ›Ach ja? Na, von mir aus, aber ich will nichts damit zu tun haben.‹ Sie wollten sich entweder aus der Sache heraushalten, oder sie verstanden sie erst gar nicht.

Zum Schluss musste Slartibartfast die Aufgabe übernehmen, alle anderen bei der Stange zu halten, und das lag ihm auch nicht besonders. Wie sich gezeigt hat, sind alle als reine Charakterrollen angelegt; ich hatte eine ganze Reihe Nebenrollen und keine Hauptfigur.«

Wie schreibt man komische Sachen?

Schreiben ist ganz einfach. Du musst nur so lange auf ein blankes Stück Papier starren, bis dir die Stirn blutet.

Ich halte es für geradezu lächerlich schwierig. Ich setze alles daran, es wenn irgend möglich zu vermeiden. Allein die Aufgabe, neue Bleistifte zu besorgen, verschlingt gigantische Energien. Ich besitze vier Schreibprogramme und verbringe eine Menge Zeit damit, mir zu überlegen, welches ich nehmen soll. Allen Schriftstellern, jedenfalls den meisten, fällt das Schreiben schwer, aber fast alle wundern sich darüber, wie schwer es mir fällt.

Beim Schreiben werde ich gewöhnlich sehr depressiv. Es kommt mir vor, als würde das Schreiben immer mit irgendwelchen furchtbaren Krisen, die mein Leben erschüttern, zusammenfallen. Früher dachte ich immer, diese Krisen hätten einen schlechten Einfluss auf den Schreibprozess; heute bin ich fast davon überzeugt, dass diese Krisen erst dadurch ausgelöst werden, dass ich mich zum Schreiben hinsetze. Auf diese Weise verarbeite ich einen Haufen Probleme in den Büchern. Natürlich spielt sich das mehr oder weniger unter der Oberfläche ab und dringt nicht direkt bis in persönliche Sphären vor, aber es ist vorhanden, wenn auch nicht ausdrücklich.

Ich bin kein Schlauberger. Einem Schlauberger fällt immer sofort etwas Witziges ein. Einem humoristischen Schriftsteller fällt erst zwei Minuten später etwas sehr Witziges ein oder, wie in meinem Fall, erst gut zwei Wochen später.

Ich glaube sowieso nicht, dass ich ein ernsthaftes Buch schreiben könnte. Früher oder später würden sich Gags einschleichen. Dabei halte ich Humor für ein sehr ernstes Geschäft; sobald du an etwas arbeitest, musst du es absolut ernst nehmen, dich voller Leidenschaft hineinstürzen. Aber das hält man nicht lange aus, wenn man nicht völlig überschnappen will. Deshalb äußere ich mich anderen Leuten gegenüber meist ziemlich flapsig, wenn es um dieses Thema geht. Ich bin immer heilfroh, wenn ich's hinter mir habe, dann sage ich: ›Sind nur ein paar Witze, sonst nichts.‹ Das erleichtert ungemein.

In der letzten Zeit gehe ich oft so vor, dass ich eine, sagen wir mal, unzusammenhängende Idee für einen guten Gag habe und mir dann unheimlich viel Mühe gebe, um das Umfeld zu schaffen, in dem der Gag dann so zur Geltung kommt, als wäre es einfach nur ein glücklicher Einfall an der richtigen Stelle gewesen, obwohl ich die ganze Vorgeschichte einzig und allein auf diesen Gag ausgerichtet habe. Das ist ziemlich anstrengend, aber solange es funktioniert...

Die Sachen, die so nebensächlich und launisch wirken, sind meist am schwierigsten hinzukriegen. Die Anfangssequenz von *Das Leben, das Universum und der ganze Rest* beispielsweise, damit bin ich sehr zufrieden. Da stecken sie auf der prähistorischen Erde fest und finden sich plötzlich auf dem Lord's Cricket Ground wieder, bloß weil sie einem Sofa über eine Wiese nachgerannt sind. Das klingt alles sehr unzusammenhängend und unlogisch, und doch habe ich diese Stelle immer und immer wieder umgeschrieben, so oft, dass ich beinahe durchgedreht wäre, bis ich endlich die richtigen Zutaten beisammen hatte, um die gewünschte Atmosphäre von, na, nennen wir's mal: wundersamer Inkonsequenz zu gestalten. Nur so konnte ich am Ende dieses langen Abschnitts mit den Worten auftrumpfen: ›Plötzlich befanden sie sich mitten auf dem Spielfeld des Lord's Cricket

Ground in St. John's Wood, London; Australien lag in Führung, und England musste sich mächtig anstrengen, wenn es das Spiel noch gewinnen wollte‹ (den genauen Wortlaut kenne ich nicht auswendig). Da ich nun einmal diesen Satz am Endes des Kapitels zünden wollte, musste ich vorher den ganzen Kram entwickeln, also Ford, der aus Afrika zurückkommt und erzählt, was er dort erlebt hat, nämlich nichts herausragend Erfreuliches, und wie er dann versucht, das ganze Kuddelmuddel und die Strudel im Raum-Zeit-Kontinuum zu erklären (was wirklich ein blöder Witz war, aber auch blöde Witze sind erlaubt), und dann das Sofa und so weiter und so fort.

Das alles war wirklich notwendig, damit ich am Schluss mit dem Knaller kommen konnte: Zack! Plötzlich sind sie ganz woanders, denn wenn man so etwas bringt, ohne vorher die richtige Stimmung dafür geschaffen zu haben, dann funktioniert's nicht. Es hätte nicht ausgereicht, wenn sie einfach auf wundersame Weise irgendwohin transportiert worden wären, es musste just in diesem Augenblick passieren, gerade dann, als sie es am wenigsten erwarten.

Ein Effekt wie dieser muss sorgfältig arrangiert werden. Oftmals weiß man nicht, wie man es anstellen soll, man tappt völlig im Dunkeln und weiß nicht, wo man nach was suchen soll, um an den gewünschten Punkt zu gelangen. Und gerade wenn man sich in Gefilden bewegt, in denen (angeblich) ›alles möglich‹ ist, muss man besonders vorsichtig sein. Ich finde, falls ich überhaupt über eine schriftstellerische Qualität verfüge, dann ist es die, solche Gefahren zu erkennen und einigermaßen gut damit umzugehen, und wenn ich eine Schwäche zugeben müsste, dann ist es die, dass ich nicht immer so gut damit umzugehen vermag, wie ich mir das wünsche.

Jedenfalls fand ich die Stelle, wo sie mitten auf dem Spielfeld auftauchen, deswegen so gut, weil ich wusste, dass ich ein Mordsproblem so gut gelöst hatte, dass der Leser überhaupt nicht merkt, wie er von einer Handlung in eine völlig andere katapultiert wird. Der Leser hat das Gefühl: ›Das ging ja butterweich. Gerade waren wir noch dort, und jetzt sind wir plötzlich hier.‹ Du musst ganz schön herumtüfteln, damit es einem am Schluss so butterweich vorkommt.

– *Douglas Adams, 1984*

Das Leben, das Universum und der ganze Rest wurde von den Kritikern bei weitem nicht so wohlwollend aufgenommen wie die beiden vorangegangenen Bände. Der Großteil der Rezensenten äußerte sich gleichmütig in einer Richtung:

»Beim mittlerweile dritten Mal fand ich Arthur Dent in seinem lächerlichen Bademantel – hat er sich nicht irgendwann einmal umziehen können? – zunehmend langweilig*; er, der schon seit jeher ein recht blasser Held gewesen ist, droht inzwischen in der überhitzten Fantasie seines Autors zusammenzuschrumpfen. Adams täte gut daran, die Gefilde der Science Fiction hinter sich zu lassen; meiner Meinung nach sind sein Zynismus und seine Eigenbrötlerei zu scharf für ein Genre, das hauptsächlich auf Naivität und Vertrauen baut...«

– *Kelvin Johnston, The Observer*

»... der Humor erschöpft sich in einer beschränkten Anzahl von Tricks, und der vorliegende dritte Band, dem es durchaus nicht an enthusiastischem Schwung fehlt, gibt Anlaß zu der Vermutung, dass die Idee nicht mehr allzu breit getreten werden sollte...«

– *Richard Brown, Times Literary Supplement*

---

* An dieser Stelle sei daran erinnert, dass in *Das Leben, das Universum und der ganze Rest* zum ersten Mal gedruckt steht, dass Arthur immer noch im Bademantel herumläuft; Douglas selbst wurde erst beim Schnitt einer Folge der Fernsehserie auf diese Tatsache aufmerksam, als Arthur in einer Szene, an Bord der *Herz aus Gold*, neu eingekleidet werden sollte.

»Den Fans wird die Mischung wieder gefallen ... aber unübersehbare Anzeichen von Leerlauf und Selbstparodie lassen es ratsam erscheinen, dass Adams auf einen vierten Band verzichtet.«

– *Martin Hillman, Tribune*

Sogar die Interviewer, von denen die meisten offensichtlich Fans waren, beschwerten sich bei Douglas, dass *Das Leben, das Universum und der ganze Rest* nicht so lustig wie die früheren Bücher sei. Douglas, der das Buch verabscheute, stimmte voll und ganz mit ihnen überein. Zu seiner Verteidigung führte er an, dass er beim Schreiben ziemlich deprimiert gewesen war, dass es ihm so vorkam, als schreibe er nicht mehr mit seiner eigenen Stimme, dass es sowieso ein riesiger Fehler gewesen sei, einen dritten *Anhalter*-Band zu schreiben, ein Fehler, den er nicht noch einmal machen würde.

»Nach dem zweiten *Anhalter*-Band habe ich bei den Seelen meiner Vorfahren geschworen, dass ich keinen dritten schreiben würde. Jetzt, wo ich den dritten Band geschrieben habe, kann ich bei den Seelen der Seelen meiner Vorfahren schwören, dass es keinen vierten geben wird.« So und so ähnlich wurde er immer wieder zitiert. Oder so: »Ich habe mich felsenfest dazu entschlossen, keine Fortsetzung mehr zu schreiben.«

Er erzählte allen Interviewern, dass seine zukünftigen Aktivitäten nichts mit dem *Anhalter* zu tun haben würden. Vielleicht würde er ein Theaterstück schreiben. Oder ein Filmdrehbuch über irgendetwas anderes. Ganz sicher, unumstößlich, hundertprozentig nichts, was in irgendeiner Form, Farbe oder in sonstiger Hinsicht mit dem *Anhalter* zu tun hatte.

Doch es sollte nicht lange dauern, bis die Seelen der Seelen seiner Vorfahren in den Gräbern ihrer Gräber rotierten.

17

Filmemachen

»Als ich nach Hollywood ging, dachte ich mir: ›Das ist echt so, als würde ich nach Hollywood gehen.‹ Die Erfahrungen, die ich dort machte, entsprachen weit eher denen, die mir viele Leute vorausgesagt hatten, als jenen, die ich mir selbst ausgemalt hatte. Ich erzählte allen: ›Es klappt prima! Das wird eine hervorragende Sache!‹ Aber dann kam ich in Konflikt mit sämtlichen Klischees, die man so über Hollywood kennt...«

– *Douglas Adams, im November 1983, nach seiner Rückkehr aus L. A.*

Im Jahre 1979 erhielt Douglas ein Angebot, das er eigentlich nicht ablehnen konnte: der *Anhalter*-Spielfilm. Er brauchte lediglich ein Stück Papier zu unterzeichnen, und schon hätte er 50 000 Dollar in der Tasche. Das einzige, was ihn daran störte, war, dass der Regisseur sich so etwas Ähnliches wie »*Krieg der Sterne* mit Witzen« vorgestellt hatte.

»Wir schienen ständig aneinander vorbeizureden, und plötzlich stimmte es hinten und vorne nicht mehr, und mir wurde klar, dass ich mich eigentlich nur noch des Geldes wegen damit abgab. Das allein war kein guter Grund, noch länger mitzumachen (auch wenn ich das erst erkannte, nachdem ich ordentlich einen getrunken hatte). Ich war letztendlich sehr zufrieden mit mir, dass ich da ausgestiegen bin; allerdings wusste ich damals bereits, dass wir es ohnehin für das Fernsehen machen würden.

Mir wurde so manches Mal vorgeworfen, ich würde nur des Geldes wegen mitmachen. Natürlich wusste ich, dass man mit dem Film einen ganzen Haufen Geld verdienen konnte, doch nachdem mich außer dem Geld nichts mehr daran interessierte, bin ich ausgestiegen. Die Leute sollten das nicht vergessen.«

FORD: Hinter was bist du eigentlich her?
ZAPHOD: Tja, teils treibt mich die Neugier umher, teils ein Verlangen nach Abenteuer, aber hauptsächlich, glaube ich, bin ich hinter Ruhm und Geld her.
FORD: Geld?
ZAPHOD: Ja, Geld in unvorstellbaren Mengen.
FORD: Zaphod, als ich dich das letzte Mal getroffen habe, warst du einer der reichsten Männer in der ganzen bekannten Galaxis. Warum jagst du hinter dem Geld her?
ZAPHOD: Oh, ich habe meins verloren.
FORD: Alles? Was hast du bloß getan, hast du's verspielt?
ZAPHOD: Nö, ich hab's in einem Taxi liegen lassen.
FORD: Wenigstens hat es Stil.

– Dialogauszug aus der ersten Radiosendung (nicht verwendet)

Einige Jahre später gab Terry Jones (einer der Pythons und selbst ein fähiger Drehbuchautor und Regisseur) zu verstehen, dass er daran interessiert sei, den *Anhalter* zu verfilmen. Anfänglich sollte die Geschichte eng an die ersten Radiosendungen angelehnt bleiben, doch schon bald beschlichen Douglas ernsthafte Zweifel. Er hatte den Stoff bereits viermal durchgeackert (Radio, Bühne, Buch, Schallplatte) und erst kurz vorher ein fünftes Mal bearbeitet (Fernsehen); um zu vermeiden, dass die Geschichte ein ums andere Mal wiedergekäut wurde (»Ich hatte nicht die geringste Lust, alles noch einmal durch ein weiteres Medium zu zerren – ich lief Gefahr, mich in ein lebendes Schreibprogramm zu verwandeln«), kamen sie überein, eine komplett neue Geschichte zu entwickeln, »in Übereinstimmung mit dem, was vorher geschehen war, aus Rücksicht auf diejenigen, die mit dem Stoff vertraut waren, andererseits jedoch so eigenständig, dass auch diejenigen, die den *Anhalter* noch nicht kannten, etwas damit anfangen konnten. Das wurde jedoch ein einziges Kuddelmuddel, bis ich schließlich mit Terry übereinkam, dass es prima wäre, gemeinsam einen Film zu machen, aber es müsse ja nicht unbedingt *Per Anhalter durch die Galaxis* sein. Abgesehen davon waren Terry und ich zwar schon sehr lange gut befreundet, hatten jedoch beruflich bis dahin noch nichts miteinander zu tun gehabt. Man geht immer ein gewisses Risiko ein, wenn man mit Freunden plötzlich beruflich zusammenarbeiten soll; das kann ziemlich fatal werden. Also haben wir darauf verzichtet.«

Als Douglas 1982 mit John Lloyd nach Kalifornien ging, um dort *The Meaning of Liff* zu schreiben, wurde er von zwei Leuten angesprochen, mit denen er sich ungewöhnlich gut verstand; Michael Gross* und Joe Medjuck wollten aus dem *Anhalter* einen Spielfilm machen.

Damals begeisterte sich Douglas, der sich einige spektakuläre *special effects* und andere technische Zaubereien angesehen hatte, für die Perspektiven, die in der Arbeit mit Computern steckten (man stelle sich vor: echte Computergrafiken, auf Computern hergestellt!), und entschloss sich dazu, ein Spielfilmdrehbuch zu schreiben. Er zog nach Los Angeles um, nahm seine Freundin Jane Belson mit, kaufte

---

* Gross kam vom Satiremagazin *National Lampoon*, wo er als Designer auch für das berühmte Cover verantwortlich war, das einen Hund zeigte, auf dessen Kopf jemand einen Revolver richtete; unter dem Bild stand in schreienden Lettern: ›Wenn Sie unser Magazin nicht kaufen, erschießen wir diesen Hund!‹

sich ein Rainbow Textverarbeitungsprogramm und fing an zu schreiben.

Mike und Joe arbeiteten als Produzenten für Ivan Reitman, damals nur durch *Animal House* bekannt, bevor er dann im Jahre 1984 den Riesenhit *Ghostbusters* landete; unglücklicherweise kamen Reitman und Adams nicht ganz so gut miteinander aus wie Adams und die anderen beiden.

FRANKIE: Na schön, Erdling. Wie du weißt, halten wir uns jetzt schon geschlagene siebzehn Millionen Jahre mit dieser letzten Frage auf.
BENJY: Nein, nein, schon viel länger.
FRANKIE: Ach was, das kommt dir nur so vor.

– *Dialog der weißen Mäuse, aus der ersten Radiosendung (herausgeschnitten)*

Später bezeichnete Douglas 1983 als ein »verlorenes Jahr«. Er und Jane fühlten sich nicht wohl in Los Angeles, sie vermissten London und ihre Freunde. Douglas empfand es als sehr anstrengend, in L.A. zu arbeiten, und verbrachte viel Zeit damit, sich an den Computer zu gewöhnen, Computerspiele zu spielen, Tauchen zu lernen und unbefriedigende Drehbücher zu verfassen.

Bei der Verwandlung des *Anhalter* in einen Spielfilm gab es zwei Haken. Der erste bestand in der Anordnung des Materials: »Der Stoff selbst birgt organisatorische Probleme. Der Film soll 100 Minuten dauern, wobei die ersten 25 Minuten für die Zerstörung der Erde benötigt werden; danach fängt eine völlig neue Geschichte an, die jetzt in 75 Minuten erzählt werden muss, ohne dabei das Vorangegangene zu überlagern. Das ist unendlich verzwickt; ich hatte die größten Probleme, die Struktur auf die Reihe zu kriegen. Beim

Radio und beim Fernsehen konnte ich mit drei vollen Stunden jonglieren.

Der Stoff sperrt sich ganz einfach gegen jede Struktur. Der *Anhalter* ist schon immer von Grund auf sehr verschlungen gewesen und hat sich gerne in alle erdenklichen Richtungen entwickelt. Ein Spielfilm verlangt nach einer bestimmten Form, nach einem Rahmen, in den sich mein Stoff nicht hineinquetschen lassen wollte.«

Der andere Haken war der, dass sich Ivan Reitman und Douglas Adams nicht über die unterschiedlichen Rohfassungen einigen konnten. Douglas gebrauchte erneut die Phrase: »*Krieg der Sterne* mit Witzen«. Dummerweise hatte er inzwischen die Verträge unterzeichnet, die ihn als Coproduzenten auswiesen, und er hatte sich für unglaublich viel Geld zur Herstellung des Films verbürgt.

Die Drehbuchfassungen, die Douglas in Los Angeles verfasste, waren Versuche, Reitman auf halber Strecke entgegenzukommen. »Sie waren weder Fisch noch Fleisch und gefielen dann auch weder ihm noch mir.«

FRANKIE: Wir brauchen irgendwas, was sich klasse anhört.
ARTHUR: Was sich klasse anhört? Eine Frage aller Fragen, die sich klasse anhört?
FRANKIE: Na ja, ich meine, Idealismus – einverstanden; Respekt vor der reinen, zweckfreien Forschung – einverstanden; aber ich befürchte, irgendwann kommt der Punkt, an dem dich der fürchterliche Verdacht beschleicht, dass diese ganze multidimensionale Unendlichkeit des Universums höchstwahrscheinlich von einem Haufen Wahnsinniger gesteuert wird. An diesem Punkt musst du dich entscheiden, ob du weitere zehn Millionen Jahre damit vergeuden willst, um das eindeutig herauszufinden, oder ob du dir

einfach die Moneten schnappst und abhaust, und was mich betrifft, so reicht mir der Verdacht völlig aus.

– *noch mehr Mäusedialog, diesmal aus der Fernsehfassung (herausgeschnitten)*

Los Angeles schlug Douglas immer mehr aufs Gemüt. Er spürte, dass er sich immer weiter von den Dingen entfernte, die ihn eigentlich zum Schreiben gebracht hatten. Schließlich entschied er sich zur Abreise.

»Erst als ich L.A. hinter mir gelassen hatte, merkte ich, wie sehr ich alles dort verabscheute. Die Schleusen öffneten sich, und alles brach aus mir heraus. Die Zeit dort war weder sehr angenehm noch besonders produktiv gewesen. Ich erlitt einen leichten Anfall von ›Farnham‹ – das ist das Gefühl, das dich so gegen vier Uhr mittags befällt, wenn du noch nicht genug erledigt hast. Wir sahen letztendlich ein, dass wir zusammen auf keinen grünen Zweig kamen; ich ging zurück nach England, wo ich viel dichter an allem dran war, und versuchte dort die Sache zu meiner eigenen Zufriedenheit auf die Reihe zu kriegen.«

ZWO: Wovon redest du eigentlich, von professioneller Ethik?

VROOMFONDEL: Komm mir nicht mit professioneller Ethik. Zu deiner Information muss ich dir sagen, dass ich drei anerkannte Abschlüsse in Moral, Ethik und Fortgeschrittener Ethik mein Eigen nenne, einen Doktor in Noch weiter Fortgeschrittener Ethik, und außerdem drei Bestseller über die Themen *Warum Sex moralisch ist*, *Warum mehr Sex noch moralischer ist* und *Fünfhundertunddreiundsiebzig*

> *total moralische Stellungen* veröffentlicht habe.
> Ich weiß also verdammt gut, wovon ich rede, wenn
> ich dir sage, dass diese Maschine vom ethischen
> Standpunkt aus gesehen ein absoluter Reinfall ist.
> Schmeiß sie auf den Müll.
>
> – *Dialog aus der ersten Radioserie (nicht verwendet)*

Douglas kehrte nach England zurück, wo er sich erneut an das Drehbuch für den Film machte und – parallel dazu – mit der Niederschrift von *Macht's gut, und danke für den Fisch* und der Entwicklung eines *Anhalter*-Computerspiels begann.

Damals erzählte er mir: »Ich versuche, im Film ganz andere Dinge als in der Fernsehserie unterzubringen. Wir wollen im Film das auf die Leinwand bringen, was in der TV-Serie nicht zu sehen war. Wenn du dir das Buch vornimmst und dir alle Stellen heraussuchst, die nicht im Fernsehen waren ... dann hast du den Spielfilm!

Außerdem kriegt der Film vollkommen andere rationale Erklärungsmuster. Ich habe gerade die Szene mit Marvin und dem Kampfpanzer aus dem zweiten Buch in den Film aufgenommen.«

In den darauf folgenden Jahren schienen die Dinge, da der Film offenbar für alle Zeiten in die Hölle der Entwicklungsphase verbannt worden war, nur sehr langsam von der Stelle zu kommen. Doch im Januar 1998 hieß es auf einmal, das Projekt sei wieder auf einem guten Weg und würde nun von Disney realisiert.

Disney?

Na ja, genau genommen von Hollywood Pictures, einem Teil des mächtigen Disney-Imperiums. (Wer glaubt, Disney würde nur Trickfilme mit sprechenden Tieren produzieren, sollte sich daran erinnern, dass auch *Pulp Fiction* von einer

Tochterfirma des Unternehmens gemacht wurde.) Nach dem Erfolg von *Men in Black* waren komische Science-Fiction-Filme kurzfristig der letzte Schrei, und Douglas hatte einen Vertrag bei Hollywood Pictures unterschrieben, den sein Agent Ed Victor als »solide und detailliert« beschrieb. Als Regisseur wurde Jay Roach verpflichtet, der schon *Austin Powers – Das Schärfste, was Ihre Majestät zu bieten hat* sowie dessen Fortsetzung zu einem Riesenhit gemacht hatte. Douglas bekundete darauf seine große Zufriedenheit sowohl mit dem Geschäft als auch mit dem Regisseur.

Aber drei Jahre später war der Film der Produktion noch um keinen Schritt näher, und das obwohl Douglas, um das Drehbuch zu schreiben, nach Kalifornien gezogen war. In Interviews mit Douglas oder Roach gelangten gelegentlich frustrierende bruchstückhafte Infos über den Gang der Dinge an die Öffentlichkeit. Und schließlich teilte Douglas mit, er habe einen Drehbuchentwurf fertig, der funktioniere und mit dem alle Beteiligten glücklich zu sein schienen.

Das war im Frühjahr 2001...

18

Liff – und andere nette Ortschaften

ZAPHOD: Soulianis und Rahm! Zwei gute alte Quellen des Lichts, die diesen toten, trostlosen Planeten durch so viele ungezählte Jahrtausende erwärmt und seine köstlichen Geheimnisse bewacht haben. Der schiere Anblick weckt den Wunsch in mir, äh... also... Diavorträge zu halten.

– *Auszug aus dem Skript zur ersten Radiosendung (nicht verwendet)*

Douglas Adams und John Lloyd haben bei einer ganzen Reihe von Projekten zusammengearbeitet. Einige davon wurden hier bereits erwähnt. Für zwei Folgen der TV-Zeichentricksendung *Dr. Snuggles* verfassten Adams und Lloyd die Drehbücher. *Dr. Snuggles*, »eine Mischung aus Professor Branestawn und Dr. Doolittle«, wurde von einer holländischen Fernsehgesellschaft für den internationalen Markt produziert.

Eine dieser Folgen brachte ihnen anscheinend sogar einen Preis ein, doch weder Douglas noch John haben ihn oder die Sendung jemals zu Gesicht bekommen.

Dr. Snuggles ist eine reine Kindersendung, und obwohl die einzige von Adams/Lloyd geschriebene Folge, die ich sehen durfte *(Dr. Snuggles und der nervöse Fluss)*, aus dem Gros der Episoden positiv herausragte, müssen sich die Fans von Douglas Adams – oder John Lloyd – nicht ärgern, wenn sie

sie verpasst haben. Jedenfalls handelte es sich um eine Science-Fiction-Geschichte: Dr. Snuggles trifft einen nervösen Fluss, der sich fürchtet, ins Meer zu fließen, weil riesige Batzen des Ozeans verschwinden. Nach einigen Abenteuern zischt der Doktor in den Weltraum, wo er entdeckt, dass das Wasser von Außerirdischen entwendet wird, die glauben, wir wollten unser Wasser nicht, weil wir unseren ganzen Dreck hineinwerfen. Sie geben das Wasser zurück, Dr. Snuggles bindet es hinten an seinem Raumschiff fest und fliegt wieder zur Erde.

Ein anderes ihrer gemeinsamen Projekte war in Großbritannien ziemlich populär, in den USA jedoch aus welchen Gründen auch immer kein Erfolg; ich spreche von einem seltsamen Buch mit dem Titel *The Meaning of Liff*.

Es fing schon damals im Urlaub auf Korfu an, wohin John und Douglas gereist waren, um *Per Anhalter durch die Galaxis* zu schreiben; aus Gründen, die bereits an anderer Stelle groß und breit für die Nachwelt aufbereitet wurden, schrieb Douglas das Buch allein. Sie saßen also mit ein paar Freunden in einer Taverne, spielten Scharade und tranken Retsina. Nachdem sie schon den ganzen Nachmittag lang Retsina getrunken hatten, überlegten sie sich, dass es geschickter wäre, ein Spiel zu spielen, bei dem man nicht so oft aufstehen musste.

Da erinnerte sich Douglas an eine Übung, die er fünfzehn Jahre vorher im Englischunterricht machen musste.

Die Regeln waren denkbar einfach. Jemand sagte den Namen einer Stadt, und ein anderer musste erklären, was das Wort bedeutete.

»Der Urlaub war ausgesprochen unterhaltsam«, erinnert sich John Lloyd. »Wir betranken uns vier Wochen lang und spielten nächtelang Scharade. Dann fingen wir mit diesen Städtenamen an. Gegen Ende des Urlaubs schrieb ich alles auf, weil ich nichts Besseres zu tun hatte, und schon bald hatte ich gut zwanzig davon notiert; die schönsten Ergebnisse sind in *The Meaning of Liff* enthalten – wie zum Beispiel ›Ely‹ (›Das erste, kaum merkliche Anzeichen dafür, dass irgendetwas total schief gelaufen ist‹).

Die meisten Sachen hatten mit Griechenland zu tun, wir saßen halt in Korbstühlen und so weiter, aber auch nach dem Urlaub hörten wir nicht damit auf.«

Anlässlich einer Pressemitteilung zur Veröffentlichung von *The Meaning of Liff* erklärte Douglas Adams das Konzept wie folgt:

> Wir kamen sehr schnell darauf, dass es eine ganze Menge Erfahrungen, Situationen und Gefühle gibt, die wirklich jeder kennt und identifizieren kann, die aber leider nicht akkurat bezeichnet werden können, weil es einfach keinen Ausdruck dafür gibt. Man behilft sich dann mit ›Kennst du das Gefühl, wenn…‹, oder ›Passiert es dir auch manchmal, dass…‹, oder ›Ich habe immer gedacht, so was passiert nur mir, aber…‹
>
> Man braucht nur ein kleines Wort, und die Sache ist klar.
>
> In qualitativer Hinsicht besteht kein Unterschied in der Intensität des Gefühls, das dich beschleicht, wenn du dich auf einen Stuhl setzt, den irgendjemand vor dir mit seinem Hintern angewärmt hat, und dem, wenn ein amoklaufender Elefant aus dem Unterholz bricht und auf dich zudonnert; bis vor kurzem gab es jedoch nur ein Wort für die letztgenannte Empfindung. Jetzt gibt es für beides eine Bezeichnung. Das erste Gefühl nennt man ›Shoeburyness‹, das zweite klar ›Angst‹.
>
> Wir sammelten immer mehr von diesen Wörtern und Definitionen, und dabei mussten wir feststellen, wie erschreckend selektiv das *Oxford English Dictionary* vorgeht. Riesige Gebiete der menschlichen Erfahrung werden schlicht ignoriert.

Sie stehen beispielsweise in der Küche und wissen absolut nicht mehr, warum Sie da hingegangen sind. Das passiert jedem, aber weil es kein Wort dafür gibt – vielmehr gab –, denkt sich jeder, er sei der Einzige, der so einen Blödsinn macht, und dass er deswegen ganz besonders bescheuert ist. Wie erleichternd ist es doch, wenn man merkt, dass alle anderen genauso bescheuert sind und dass das, was wir da in der Küche tun, während wir uns fragen, warum wir da eigentlich hingegangen sind, nichts weiter ist als ›Woking‹.

Nach der Enttäuschung mit dem Roman zum *Anhalter* musste John Lloyd eine zweite Schlappe hinnehmen. Anstelle einer Komödie – *To The Manor Born,* mit Penelope Keith – sollte er für BBC 2 eine satirische Show produzieren, nämlich *Not the Nine O'Clock News* mit Pamela Stephenson, Rowan Atkinson, Mel Smith und Griff Rhys-Jones. Es dauerte nicht lange, und aus *Not the Nine O'Clock News* wurde eine der erfolgreichsten Shows, die einen langen Rattenschwanz an Schallplatten und Buchveröffentlichungen hinter sich herzog (und abgesehen davon, so Douglas, benahm sich John zur Abwechslung einmal so gehässig wie Douglas in den frühen Tagen des *Anhalter*-Erfolges).

Dazu gehörte auch der NOT 1982 Kalender. Lloyd suchte händeringend nach Material, das noch auf verschiedenen Seiten unten, auf anderen oben und auf einigen obendrein in der Mitte fehlte, und buddelte 70 der besten Definitionen aus (insgesamt hatte er ungefähr 150 notiert) und ließ sie im Kalender als Auszüge des *Oxford English Dictionary* abdrucken.

Johns Verleger, Faber and Faber, zeigten sich überaus begeistert über diese Wortschöpfungen.

»Sie sagten mir: ›Das ist das Beste an dem ganzen Kalender – warum machen Sie nicht ein Buch daraus?‹ Die Sache lief jetzt also gerade andersherum: Ich hätte nicht erwartet, dass Douglas Interesse an einer Veröffentlichung von dem Zeug haben könnte, und wollte es allein machen. Doch dann meinte Douglas: ›Komm, wir machen das zusammen‹, und ich sagte: ›Ja, prima!‹, weil ich eigentlich nicht gern allein an etwas arbeite. Nicht zuletzt deshalb bin ich Produzent und nicht Autor geworden.«

The Meaning of Liff wurde im September 1982 in einem gemieteten Strandhaus in Malibu geschrieben. Die beiden saßen am Strand, tranken Bier, blätterten in Illustrierten und dachten sich tolle Umschreibungen aus. Außerdem lernte Douglas diesmal endlich Tiefseetauchen. (Zwei Jahre später belegte er noch einen Kurs in Australien und kannte so manchen weisen Spruch zum Thema Haie). Das Buch kam 1983 bei Pan heraus (Faber and Faber traten als Co-Verleger auf), ein sehr dünnes, sehr schwarzes Büchlein mit dem bemerkenswerten Format 153 × 82 mm; auf dem Umschlag prangte ein grellorangener Aufkleber mit dem Aufdruck: »Dieses Buch wird Ihr Leben total verändern!«

Den Vertretern wurde das Buch folgendermaßen schmackhaft gemacht: »Passt bequem in jede Jackentasche – ein Ratgeber in allen Lebenslagen.« »Die Verfasser sind Experten auf diesem Gebiet« und »Was John Cleeses Psychoanalytiker schon vor Jahren anregte«.

Das Büchlein kletterte sofort auf Platz vier der *Sunday-Times*-Bestsellerliste, kam aber bei weitem nicht an den Erfolg des *Anhalter* oder an die Verkaufszahlen der Bücher zu *Not the Nine O'Clock News* heran.

Douglas sagte damals: »Normalerweise macht mir das Schreiben keinen großen Spaß, doch bei diesem Buch hatten wir unsere helle Freude. Ganz besonders toll finde ich aber, dass meine Familie und so weiter, die sonst immer nur zum *Anhalter* freundlich genickt haben – John berichtet Ähnliches von *Not the Nine O'Clock News* –, dieses Buch richtig ins Herz geschlossen haben. Mein kleiner Bruder und meine Schwester sind ganz verrückt danach.

Es verkauft sich recht gut, wenn auch nicht supergut. Wahrscheinlich liegt es daran, dass die Leute keine Vorstellung davon haben, was das eigentlich sein soll – so rätselhaft und anonym, wie es daherkommt (außer dass man vielleicht unsere Namen wieder erkennt) –, auf der anderen Seite lebt es fast ausschließlich von Mundpropaganda.

Mir gefällt es nach wie vor. Ich kann es wieder und wieder lesen, wo ich doch sonst bei meinem alten Geschreibsel immer peinlich zusammenzucke.«

The Meaning of Liff sorgte auch für eine kleinere Auseinandersetzung in den Zeitungen. Obwohl das Buch wohlwollend und beinahe überall besprochen wurde (in erster Linie wohl deshalb, weil man so hervorragend daraus zitieren konnte – trotz der Definition des Wortes ›Ripon‹, das laut *The Meaning of Liff* nichts anderes bedeutete als: »Besonders bei Literaturkritikern anzutreffen; die die besten Witze aus einem Buch in der Besprechung verarbeiten, so dass es am Ende so aussieht, als hätte der Rezensent sie sich selbst ausgedacht«), wurden die Verfasser von verschiedenen Seiten des Plagiats bezichtigt.

Adams und Lloyd, die gerade nach einem nahezu traumatischen Erlebnis eine Werbeagentur dazu gezwungen hatten, für eine Werbekampagne Geld abzudrücken, in der sie unberechtigterweise den Ausdruck *Oxford English Dictionary* benutzt hatten, wurden von der Anschuldigung, sie hätten die Idee für ihr Buch bei einem gewissen Paul Jennings geklaut, der in den späten fünfziger Jahren einen Aufsatz mit dem Titel *Ware, Wye and Watford* geschrieben hatte, ziemlich aus der Bahn geworfen. Douglas vermutete, dass der Lehrer, der ihnen damals diese Aufgabe gestellt hatte, sich durch Jennings' Buch hatte inspirieren lassen, und ließ Jennings eine Entschuldigung zukommen.

(Miles Kington von der *Times* verteidigte Adams und Lloyd in einem Artikel, in dem er die Unterschiede der beiden Arbeiten herausstrich: Jennings interessierte sich in erster Linie für den Klang und die Assoziationen, die die Ortsnamen hervorrufen, wohingegen Lloyd/Adams mehr daran lag, Zustände und Erlebnisse zu sammeln, für die es bisher noch keine Bezeichnung gab, wobei die dafür benutzten Wörter oder Ortsnamen relativ beliebig ausgesucht wurden.)

Ein weiterer Zufall bestand darin, dass das Buch fast gleichzeitig mit dem Monty-Python-Film *The Meaning of Life* herauskam. (Ein paar hartnäckige Fans machten sich sofort daran, ausgeklügelte Konspirationstheorien um diese Tatsache zu weben.) Im Titel des Films, der in klassisch bescheidener Terry-Gilliam-Manier in eine große Steinplatte gehauen ist, steht zunächst THE MEANING OF LIFF, bevor ein Blitzstrahl den unteren Querbalken des letzten E ergänzt. Ein ziemlich irrwitziger Zufall, den Douglas und Terry Jones erst knapp vor der Veröffentlichung der beiden Arbeiten entdeckten, aber da war bereits alles zu spät. Wie gesagt, ein nichtiger Zufall, aber wem absolut daran gelegen ist, Konspirationstheorien in die Welt zu setzen (was geschieht da eigentlich in der zweiundvierzigsten Minute?), meinetwegen, tut euch keinen Zwang an.

Obwohl *The Meaning of Liff* in den Vereinigten Staaten in anderem Format und mit einigen speziellen Einträgen herausgebracht wurde, ist es dort bis heute das am wenigsten bekannte Buch von Douglas geblieben.

»Ich habe eine Lesetour durch einige Colleges gemacht. Ich ging davon aus, dass im Publikum viele Leute saßen, die wussten, was ich so geschrieben habe, aber dann stellte sich heraus, dass kaum einer vorher etwas von *The Meaning of Liff* gehört hatte. Ich las einige Passagen vor, und sie kamen gut rüber. Die Leute fragten mich immer wieder, wo sie das

Buch kaufen könnten. Anscheinend war es nirgends aufzutreiben. Ich vermute, der Haken daran war, dass niemand so recht etwas damit anfangen konnte.«

Nebenbei gesagt, ›Liff‹, ist eine Stadt in Schottland. Die Bedeutung des Wortes? Ein Buch, auf dessen Umschlag nichts als lauter Lügen abgedruckt sind; beispielsweise jedes beliebige Buch, auf dessen Schutzumschlag Worte wie diese zu lesen sind: »Dieses Buch wird Ihr Leben radikal verändern.«

Nachtrag: Adams und Lloyd kehrten mit Unterstützung von Stephen Fry noch einmal zu *Liff* zurück: Bei der Arbeit an *The Utterly Utterly Merry Comic Relief Christmas Book*, das Douglas Adams als Mitherausgeber betreute und das 1990 in einer erweiterten Ausgabe als *The Deeper Meaning of Liff* erneut und diesmal sogar in Amerika veröffentlicht wurde. *The Meaning of Liff* wurde später ungeachtet der Tatsache, dass dies eigentlich unmöglich ist, erfolgreich ins Niederländische und Finnische übersetzt. *[Ebenso ins Deutsche mit dem Titel* Der tiefere Sinn des Labenz. *A. d. Verlages]*

Spindeldürre Fische

SCHNITT AUF EINE VERSCHWOMMENE NAHAUF-
NAHME VON ZAPHOD,
DER SCHLAFEND AUF DEM BODEN LIEGT.
FORD: Zaphod! Aufwachen!
ZAPHOD: Mmmmmmmmmwwerrrr?
TRILLIAN: Hey, mach schon, aufwachen.
DAS BILD WIRD LANGSAM SCHARF.
ZAPHOD: Lasst mich doch einfach nur das machen, was ich am besten kann, einverstanden?
ER SCHLÄFT WIEDER EIN.
FORD: Soll ich dich vielleicht treten?
ZAPHOD: Legst du gesteigerten Wert darauf?
FORD: Nein.
ZAPHOD: Ich auch nicht, also was soll der Quatsch? Lass mich endlich in Ruhe.
TRILLIAN: Er hat die doppelte Dosis von dem Gas abgekriegt. Zwei Luftröhren voll.
ZAPHOD: Hört mit dem Geschwätz auf, ja? Es ist schon schwer genug, hier einzuschlafen. Was ist überhaupt mit diesem Fußboden los? Er fühlt sich so schrecklich kalt und hart an.
FORD: Das ist Gold.
SCHNELLE KAMERAFAHRT ZURÜCK, WÄHREND ZAPHOD
BLITZSCHNELL AUFSPRINGT. WIR ERKENNEN, DASS
SIE ALLEM ANSCHEIN NACH AUF EINER RIESIGEN,
GLITZERNDEN EBENE AUS PUREM GOLD STEHEN.

ZAPHOD: Wo kommt das denn her?
FORD: Das ist überhaupt nichts.
ZAPHOD: Nichts? Eine Viertelquadratmeile pures Gold ist nichts?
TRILLIAN: Diese Welt ist nur eine Illusion.
ZAPHOD: Seid ihr inzwischen zu den Buddhisten übergelaufen?
FORD: Es handelt sich lediglich um einen Katalog.
ZAPHOD: Einen was?
FORD: Einen Katalog. Es ist nicht wirklich. Nur eine Projektion.
ZAPHOD: Wie kannst du so etwas sagen?
ER FÄLLT AUF DIE KNIE UND BETASTET DEN »BODEN«.
TRILLIAN: Wir beide sind schon eine Zeit lang hier. Wir haben gerufen und geschrien, bis sich jemand zeigte.
FORD: Wir haben weiter gerufen und geschrien, und dann steckten sie uns in ihren Planetenkatalog. Sie wollten sich später um uns kümmern. Wir befinden uns in einem Sens-O-Tape.
ER ZEIGT HINAUF IN DEN HIMMEL.
WIR ERKENNEN EIN PAAR WORTE:
»MAGRATHEISCHER PLANETENKATALOG VOL. DREI.
DESIGN 35/C/6b.
›ULTRASULTANS EKSTASE‹. LANDFORMATION: GOLD.
EXTRAS NACH WAHL: SILBERNER MOND.
ZAN-TEQUILA OZEANE.
ALLE BESTELLUNGEN SIND IM VORAUS ZU BEZAHLEN.«
ZAPHOD: Ah, stinkende Photonen noch mal, ihr weckt mich aus meinen eigenen, absolut perfekten Träumen, nur um mir die von jemand anderem zu zeigen?
TRILLIAN: Wir hätten dich schon früher wecken können; aber der letzte Planet bestand knöcheltief aus Fisch.
ZAPHOD: Fisch?
FORD: Fisch.

ZAPHOD: Sag ihnen, sie sollen den Quatsch abstellen. Holt uns hier raus!
ER BRÜLLT ZUM HIMMEL HINAUF.
ZAPHOD: Holt uns hier raus!
DIE SCHRIFT AM FIRMAMENT WECHSELT. JETZT STEHT DORT ZU LESEN: »MAGRATHEISCHER PLANETENKATALOG, VOL. DREI.
DESIGN 35/C/7. ›LEDERLAND‹.
LANDFORMATION: FEINSTE ARKTURANISCHE MEGAOCHSENHAUT. EXTRAS NACH WAHL: STAHLHÜGELBESCHLÄGE.«
WIR SEHEN, DASS SIE JETZT IN EINER SANFT GEWELLTEN LANDSCHAFT AUS GLÄNZENDEM LEDER STEHEN, DIE SICH BIS ZUM HORIZONT ERSTRECKT. AUSSERDEM SIND GIGANTISCHE RIEMEN UND SCHNALLEN ZU SEHEN.
ZAPHOD: Holt uns hier raus!
ERNEUT WECHSELT DER TEXT AM HIMMEL. (ICH VERMERKE HIER ALLE DETAILS, OBWOHL ES NICHT NÖTIG IST, ALLES HAARGENAU DURCHZULESEN).
»MAGRATHEISCHER PLANETENKATALOG, VOL. DREI.
DESIGN 35/C/8. ›WELT DER LÜSTE.‹
LANDFORMATION: EPIDERMITEX.
EXTRAS NACH WUNSCH: VERLANGEN SIE DEN SPEZIALKATALOG.«
WIR ERKENNEN, DASS DIE NEUE LANDSCHAFT AUS EINEM WEICHEN, ROSAFARBENEN MATERIAL BESTEHT, DAS SICH IN EIGENARTIGEN FORMEN WELLT. SIE BEFINDEN SICH MITTEN IN EINER HÜGELKETTE, DEREN ERHEBUNGEN VON ROTEN SPITZCHEN GEKRÖNT SIND.
ZAPHOD: Holt uns…, hey, ich glaube, an diese Umgebung könnte ich mich gewöhnen. Was meinst du, Ford?
FORD: Ich finde es nicht richtig, Geographie und Lust zu vermischen.

ZAPHOD: Was soll denn das heißen?
FORD: Nichts, nur so 'ne Art Mundübung. Frag mal Trillian.
ZAPHOD: Was soll ich sie fragen?
FORD: Was du willst. (ER SCHLENDERT VIELDEUTIG VON DANNEN).
ZAPHOD ZU TRILLIAN: Will der mich verrückt machen?
TRILLIAN: Ja.
ZAPHOD: Warum das denn?
TRILLIAN: Damit dieser Wahnsinn um uns herum aufhört.
INZWISCHEN IST LANGSAM EIN WERBESPRUCH ÜBER DEM HORIZONT AUFGEGANGEN, DER IN GROSSEN LETTERN VERKÜNDET: »WAS AUCH IMMER SIE WÜNSCHEN, MAGRATHEA BESORGT ES IHNEN. WIR KENNEN KEINEN STOLZ.«

– *aus der Rohfassung zur TV-Serie, fünfte Episode (nicht verwendet)*

Nachdem Douglas Adams ein Buch aus der *Anhalter*-Reihe geschrieben hatte, das ihn überhaupt nicht zufrieden stellte – *Das Leben, das Universum und der ganze Rest* –, hatte er sich geschworen, kein weiteres mehr in Angriff zu nehmen. Warum also verpflichtete er sich kurz darauf, die Trilogie um ein viertes Buch zu erweitern?

Zunächst einmal sah er sich dem großen Druck vonseiten des Verlags und seines Agenten ausgesetzt. Nach seiner Rückkehr aus Los Angeles sagte er: »Ich fühlte mich in Los Angeles so entwurzelt und freute mich darauf, wieder nach Hause zu kommen, wo ich mich endlich wieder an Dingen festhalten konnte, die ich wirklich beherrschte; plötzlich kam es mir wie die einfachste Sache der Welt vor, der Versuchung nachzugeben und noch ein Buch über den *Anhalter* zu schreiben.«

Zweitens war er im Besitz von Gottes Letzter Botschaft

an die Schöpfung; wenn er schon niemandem verraten wollte, wie die Frage aller Fragen lautete, so fühlte er sich doch bemüßigt, irgendetwas zu enthüllen.

Drittens belief sich das Angebot auf über 600 000 Pfund.

Er unterzeichnete den Vertrag.

Im November 1983 unterhielt ich mich mit ihm über das Buch: »Ich kann Ihnen eher etwas zum Arbeitstitel als zur eigentlichen Handlung sagen. Der Titel lautet: *Macht's gut, und danke für den Fisch*. Es dreht sich um eine Sache, die am Ende des dritten Bandes nicht mehr aufgelöst wird, Arthurs Suche nach Gottes Letzter Botschaft an die Schöpfung.

Mein Agent findet, dass *Macht's gut, und danke für den Fisch* kein besonders guter Titel für das Buch ist, weil die ersten drei alle etwas mit ›Galaxis‹ oder ›Universum‹ zu tun haben; er möchte, dass ich es *Gottes Letzte Botschaft an die Schöpfung* nenne. Also meiner Meinung nach fehlt da der gewisse ironische Beigeschmack, der auch im bescheidensten Titel – *Das Leben, das Universum und der ganze Rest* – zu vernehmen ist. Oder auch nicht – wie habe ich den Satz begonnen? Außerdem wollte ich wieder ein Zitat aus dem ersten Buch als Titel nehmen, so wie bei den beiden anderen.«

Obwohl sich Ed Victor, Douglas' Agent, nicht so recht für den Titel *Macht's gut, und danke für den Fisch* erwärmen konnte, waren alle anderen davon begeistert – ganz besonders Douglas' amerikanischer Verleger (und schließlich kamen sechsundfünfzig Prozent der Vorauszahlungen aus den USA). Soweit, so gut. Douglas hatte einen Titel und einen Vertrag. Und eine Idee, aber keine richtig gute.

DEEP THOUGHT: Wie mir scheint, kommen wir bei einem solchen Programm nicht darum herum, beträchtliches Interesse für das Feld der populären Philosophie zu wecken, oder irre ich mich?

MAJIKTHISE: Sprich weiter.

DEEP THOUGHT: Was meine endgültige Antwort betrifft, so wird sich jeder seine eigene Auslegung zurechtbiegen; weshalb also tust du nicht das Naheliegende und vermarktest dich selbst im Mediengeschäft?

WIR SIND JETZT GANZ DICHT AUF EINEM VON DEEP THOUGHTS MONITOREN. DORT ERSCHEINT EIN NEUES BILD: EINE FERNSEHSENDUNG MIT DEM TITEL: »DEEP THOUGHT SPECIAL«. AM UNTEREN RAND DES MONITORS WERDEN ABWECHSELND DIE WORTE: »SIMULATION« UND »NUR EIN VORSCHLAG« EINGEBLENDET. OBWOHL DER TON AUSGESCHALTET IST, IDENTIFIZIEREN WIR SOFORT EINE DISKUSSIONSRUNDE MIT VROOMFONDEL UND MAJIKTHISE ALS GELADENEN SPEZIALISTEN. SIE STREITEN SICH AUF DEN BEIDEN SEITEN EINES SWINGOMETERS, AUF DEM »ANTWORT-VORAUSSAGER« GESCHRIEBEN STEHT. WÄHREND SIE SICH STREITEN, PENDELT DER ZEIGER DES SWINGOMETERS ZWISCHEN DEN BEIDEN MARKEN »LEBENSBEJAHUNG« UND »HOFFNUNGSLOSIGKEIT UND VERGEBLICHKEIT« HIN UND HER. ES IST NICHT HUNDERTPROZENTIG WICHTIG, WENN WIR DIESE DETAILS NICHT GENAU ERKENNEN KÖNNEN. WICHTIG IST VIELMEHR, DASS ES SEHR WICHTIG AUSSIEHT. VOR DEM BILDSCHIRM STEHEN VROOMFONDEL UND MAJIKTHISE UND SIND VON DEM BILD OFFENSICHTLICH FASZINIERT.

DEEP THOUGHT: Solange ihr euch immer wieder in der Boulevardpresse bis aufs Messer bekämpft und keinen Zentimeter nachgebt, und solange ihr gute Agenten habt, so lange könnt ihr euch an den Speckseiten des Lebens laben.

– aus der Rohfassung zur Fernsehserie, fünfte Episode

Bei der Arbeit an *Das Leben, das Universum und der ganze Rest* hatte Douglas mit dem Problem zu kämpfen, ein sorgfältig ausgearbeitetes Handlungsgerüst mit witzigen Szenen aufzufüllen. Diesmal wollte er sich einfach mit der Handlung treiben lassen, wohin auch immer. Zum ersten Mal sollte eines seiner Bücher zunächst als Hardcover-Ausgabe erscheinen.

Die Termine für den Druck standen fest. Man hatte sich über den Abgabetermin geeinigt. Man hatte sich über den letzten möglichen Abgabetermin geeinigt. Man hatte sich über den allerletzten möglichen Abgabetermin geeinigt. Man hatte sich über den allerletzten möglichen Überziehungsabgabetermin geeinigt.

Douglas wurde nicht rechtzeitig fertig.

Obwohl er sich eine ganze Reihe Notizen gemacht, mit verschiedenen Ideen herumexperimentiert (einmal zog er sogar in Erwägung, einige der schrilleren Szenen aus der zweiten Radioserie zu übernehmen) und sich zwecks besserer Organisation der Einfälle ein Computerkatalogsystem zugelegt hatte, brachte er in seiner Wohnung in Islington nichts auf die Beine (übrigens ist *Das Leben, das Universum und der ganze Rest* das einzige Buch aus der *Anhalter*-Reihe, das Douglas, entgegen vielfältiger anderer Behauptungen, tatsächlich zu Hause geschrieben hat; es wurde bereits angedeutet, dass das vermutlich damit zusammenhängt, dass er erst kurz vorher eingezogen war und ihm die Wohnung noch wie ›irgendwo anders‹ vorkam).

Er hatte sich irgendwo im West Country verkrochen, wo schon ein paar der früheren Bücher entstanden waren, aber auch dort tat sich nichts Entscheidendes.

Aus diesem Grund las sich die Ankündigung, die im Spätsommer 1984 an die Verkaufsleiter von Pan Books verschickt wurde, wie folgt:

Die größte Herausforderung für einen in der Verkaufsbranche kreativ Tätigen liegt darin, ein Buch zu verkaufen, von dem niemand irgend etwas weiß.
Das gleiche gilt auch für jeden Verkaufsleiter. Als diese Mitteilung diktiert wurde, befand sich Douglas Adams noch immer, glaube ich, irgendwo im West Country, incommunicado, wie man so schön sagt.
Jeden Morgen schickt man im Cheflektorat Stoßgebete gen Himmel, so in der Richtung von: »Bitte, bitte, lieber Herrgott, segne Douglas Adams zusätzlich zu seinem täglich Brot mit der Gabe der Inspiration, auf dass er das Manuskript rechtzeitig abliefere und wir den Veröffentlichungstermin einhalten können.« Wollen wir gemeinsam hoffen, dass sie dort oben auf eine gehörige Portion guten Willens stoßen! Andererseits ist natürlich jedem von Ihnen bekannt, dass bis jetzt alle *Anhalter*-Bücher angekündigt worden sind, ohne dass zuvor jemand auch nur ein einziges Exemplar zu Gesicht bekommen hätte. Gerade das ist es doch, was unseren Beruf so spannend und spaßig macht...

In den Werbepaketen befanden sich so ausgesuchte Leckereien wie Anstecker und Poster, auf denen Vögel unter Glasschüsseln zu sehen waren. Dazu gab es Douglas' Vorankündigung, eine kurze Zusammenfassung der Handlung:

Alles, was Sie schon immer über die ersten drei Bände wissen wollten, aber einfach zu fragen vergaßen
Das neue Buch handelt von einer der schrecklichsten und herzzerreißendsten Erfahrungen im Leben eines Menschen: Sie versuchen, sich verzweifelt an eine Adresse zu erinnern, die ihnen jemand mitgeteilt hat und die Sie natürlich nicht sofort aufgeschrieben haben.
Am Schluss von *Das Leben, das Universum und der ganze Rest* wurde Arthur Dent mitgeteilt, wo er Gottes Letzte Bot-

schaft an die Schöpfung finden könne; dummerweise ist ihm entfallen, wo das war. Er versucht alles Mögliche, um seinem Gedächtnis auf die Sprünge zu helfen – Meditation, Gedankenlesen, sich selbst mit stumpfen Gegenständen eins über den Kopf ziehen, ja, er versucht sogar, all diese Methoden miteinander zu kombinieren, indem er gemischtes Tennisdoppel spielt – aber vergebens.
Trotzdem verfolgt ihn die Sache nach wie vor – Gottes Letzte Botschaft an die Schöpfung. Er kann einfach nicht wegrationalisieren, dass es sich dabei womöglich um etwas sehr Wichtiges handelt.
In tiefster Verzweiflung beschließt er, sich von einer hohen Klippe zu stürzen, in der Hoffnung, sein ganzes Leben ziehe auf dem Weg nach unten noch einmal an ihm vorbei. Was nach dem Aufprall geschehen sollte, darum würde er sich schon kümmern, wenn das Problem akut nach Lösungen verlangte. Den Glauben an Ursache und Wirkung hatte er schon vor langer Zeit verloren, an dem Tag, an dem er eigentlich etwas Nettes hatte lesen wollen, eventuell den Hund ausbürsten, stattdessen jedoch mit einem Herrn aus Beteigeuze und einer ganzen Raumschiffladung außerirdischer Telefondesinfizierer auf der prähistorischen Erde gelandet war.
Also sucht er sich einen schönen Tag und eine schöne Klippe aus, springt… er fällt… er erinnert sich.
Er erinnert sich auch an unheimlich viele andere Begebenheiten, was ihn augenblicklich in Schockzustand versetzt, so dass er den Boden total verfehlt und völlig zerkratzt und zerstoßen und mit einer Menge nachdenkenswerter Dinge im Kopf in einer Baumkrone landet. Sein ganzes bisheriges Erdenleben erscheint in einem neuen Licht…
Jetzt will er erst recht Gottes Letzte Botschaft an die Schöpfung herausfinden, und er weiß jetzt, wo er suchen muss.
Arthur Dent macht sich auf den Heimweg.

Das hört sich als Kurzinhalt eines Buches recht faszinierend an, war jedoch Lichtjahre entfernt von dem, was dann wirklich in dem Roman drinstand.

Bevor er zu schreiben anfing, erhielt Douglas eine Strafpredigt von Sonny Mehta, Cheflektor von Pan Books, und von seinem Agenten Ed Victor, die ihn ermahnten, das Buch ja rechtzeitig abzuliefern.

»Es ging schon damit los, dass ich überhaupt keine Lust hatte, noch ein *Anhalter*-Buch zu schreiben. Dann ging ich auf eine ausgedehnte Promotion-Tour und verstrickte mich ziemlich in den Entwurf des Computerspiels, was mich einiges an Zeit kostete. Außerdem musste ich das Drehbuch noch einmal überarbeiten.

Also schob ich den Roman immer weiter vor mir her und kümmerte mich um all die anderen Sachen, bis ich am Schluss dastand und das Buch in unglaublich kurzer Zeit schreiben musste, und das, obwohl ich immer noch nicht sicher war, ob ich es *überhaupt* schreiben wollte.«

Wenn das Buch rechtzeitig erscheinen sollte (wie wir bereits wissen, standen sowohl Drucktermin als auch die Höhe der Auflage, ebenso wie die der folgenden Auflagen bereits fest), musste es innerhalb von drei Wochen geschrieben werden.

Zum letzten Mal war so eine Situation bei *Das Restaurant am Ende des Universums* eingetreten, als Douglas in mönchischer Zurückgezogenheit und ohne Kontakt zur Außenwelt nichts anderes getan hatte, als vier Wochen lang zu schreiben.

Wieder einmal war es an Jacqueline Graham von Pan Books, für Douglas einen Platz zum Schreiben ausfindig zu machen. »Ich kam gerade vom Mutterschaftsurlaub zurück«, erinnert sie sich, »da bekam ich auch schon den Auftrag von Sonny Mehta, eine Suite in einem zentral gelegenen Londoner Hotel aufzutreiben, und zwar in der Nähe des

Hyde Parks, damit Douglas joggen konnte, mit Klimaanlage und einer Betamax-Videoanlage für Sonny. Ich klingelte überall durch, und Sonny entschied sich für das Berkeley. Dort gab es eine protzige Suite mit einem großen und einem kleinen Schlafzimmer – Sonny gab Douglas das kleine, da er, so Sonny, sowieso nicht viel zum Schlafen kommen würde.«

Douglas hockte schwitzend über die Schreibmaschine gebeugt und schrieb drauflos. Zweimal am Tag durfte er zu sportlichen Übungen das Haus verlassen. Sonny Mehta saß im Zimmer nebenan, schaute sich Videos an und fungierte als allzeit anwesender Lektor.

Zu jener Zeit verschickte Douglas eine weitere Synopsis von *Macht's gut, und danke für den Fisch* an Pan und an seine amerikanischen Verleger. Obwohl diese Ankündigung schon eher etwas mit dem gemeinten Buch zu tun hatte, enthielt sie auch folgendes:

> Unterwegs treffen sie ein paar neue Leute, aber auch einige alte Bekannte, darunter:
> Wonko den Verständigen und sein bemerkenswertes Irrenhaus.
> Noslenda Bivenda, den genialsten Austernöffner der Galaxis.
> Ein Ultra-Walross mit peinlicher Vergangenheit.
> Einen Lkw-Fahrer, der die ungewöhnlichste Entschuldigung vorzuweisen hat, weshalb er ständig am Wetter rumnörgelt.
> Marvin, den paranoiden Androiden, für den selbst die guten Zeiten ganz schön mies sind.
> Zaphod Beeblebrox, Ex-Präsident der Galaxis mit zwei Köpfen, von denen mindestens einer gescheiter ist als ein Emu auf LSD.
> Und erstmalig…
> Ein Bein.

Vielleicht ist einigen schon aufgefallen, dass es nicht alle Figuren bis in den Roman geschafft haben.

Douglas meinte dazu: »Eigentlich mochte ich die Idee mit dem Bein sehr; komischerweise kam sie aus dem Drehbuch für den Film. Doch sobald ich sie aus dem Zusammenhang gerissen hatte, funktionierte sie nicht mehr.

Erinnerst du dich an den Roboter, der gegen Marvin kämpfen muss? Ich hatte damals keine klare Vorstellung von dem Kampfpanzer, aber er sollte an einer Stelle im Film auftauchen und ich wollte ihn mit einer ganzen Masse mechanischer Beine ausstatten. Ich stellte ihn mir wie einen Dinosaurier vor – die Dinosaurier hatten extra für die Kontrolle des Schwanzes ein Nebengehirn, und ich hatte mir ausgemalt, dass diese Maschine einen Haufen Nebenhirne für die Kontrolle ihrer unterschiedlichsten Teile haben müsste. Nachdem der ganze Koloss sich selbst zerstört hat, bleibt als einziges Stück, eine Art losgelöster Existenz, eins seiner Beine übrig.

Ich fand diese Idee, die ich für das Filmdrehbuch entwickelt hatte, schon immer sehr gut. Natürlich weiß keiner, was aus dem Drehbuch wird, aber diese Szene wird es höchstwahrscheinlich nicht bis in die endgültige Version schaffen; nicht, weil es nicht gut genug ist, sondern einfach deshalb, weil man es so problemlos weglassen kann und weil das Drehbuch sowieso zu lang ist.

Der berühmteste Austernknacker der Galaxis... daran kann ich mich kaum noch erinnern; irgendetwas mit einem Fischrestaurant in Paris. Es gab da jemanden, der mir als Vorlage für diese Figur diente: Er war der einzige Mensch, der diese spezielle Austernart öffnen konnte, eines der größten gastronomischen Erlebnisse; ich weiß nicht mehr, warum es eines der größten gastronomischen Erlebnisse war, aber ich glaube, es hing damit zusammen, dass man jedes Mal beim Öffnen dieser Austern eine Art Erinnerungsblitz bis weit zurück in den Urschleim erlebte. Vielleicht hatte es auch eine gewisse Funktion innerhalb der Handlung, aber daran kann ich mich nicht mehr erinnern, jedenfalls kam diese Idee nicht über die allererste Version hinaus.

Das Ultra-Walross mit der peinlichen Vergangenheit... tja, ich fürchte, das ist sehr selbstgefällig. Ich hatte die Idee, nachdem ich *Let it Be* gesehen hatte, wo mir der offensichtlich überaus peinlich berührte Polizist Leid tat, der den Beatles verbieten musste weiterzuspielen. Wenn einem das bewusst ist, ist es wirklich ein ganz außergewöhnlicher Augenblick: Die Beatles spielen live in London auf einem Dach; dieser arme Polizist muss nun da hinaufgehen und ihnen sagen, sie sollen sofort aufhören. Ich glaube, da möchte man am liebsten vor Scham im Boden versinken, man würde alles tun, um sich dieser peinlichen Situation zu entziehen.

Ich dachte also an jemanden, der in eine ähnlich peinliche Situation gerät, in eine Lage, die er so sehr verabscheut, dass er sich wegwünscht, egal, wohin. Er denkt: ›Ich würde alles tun, wenn ich jetzt nicht tun müsste, was ich tun muss‹, woraufhin eine Gestalt auftaucht und sagt – ›Hör zu, du hast die Wahl. Entweder du gehst los und tust das, was du nicht tun willst... oder aber ich biete dir ein Leben auf einem komplett anderen Planeten an.‹ Er entscheidet sich für die zweite Möglichkeit und ein Leben als Walross. Das Leben als Walross ist zwar recht eintönig, auf der anderen Seite ist er jedoch ewig dankbar dafür, dass er sich dieser peinlichen Situation entziehen konnte und ein Walross geworden ist.

Warum ich mir ausgerechnet ein Walross ausgesucht habe... na ja, zuerst wusste ich überhaupt nicht, welche Lebensform auf diesem anderen Planeten existieren sollte, erst als mir Gary Day Ellison, der den Buchumschlag gestaltet hat, eines schönen Tages dieses linsenförmige Bild zeigte, dachte ich: ›Ich kann genausogut ein Walross aus ihm machen.‹ Gary malt nämlich immer so tolle Covers, die überhaupt nichts mit dem Inhalt des Buches zu tun haben, und immer, wenn ich noch Gelegenheit dazu hatte, versuchte ich, den Umschlag irgendwie in die Handlung miteinzubeziehen. Was nicht heißen soll, dass mir das jemals gelungen wäre.«

Im November kam das Buch in England und in den USA heraus. Auf dem pechschwarzen Umschlag der englischen Ausgabe prangte ein linsenförmiges Bild von einem Dinosaurier, der sich in ein Walross verwandelt (und umgekehrt). (Dabei kommen in *Macht's gut, und danke für den Fisch* weder Dinosaurier noch Walrösser vor.) Auf dem Umschlag der amerikanischen Ausgabe waren, nur sehr beschränkt schlüssiger, springende Delphine zu sehen. (In *Macht's gut, und danke für den Fisch* kommen auch keine Delphine vor, aber immerhin kommen Delphine häufiger als Dinosaurier oder Walrosse vor.)

Im Oktober, einen Monat vorher, wurde das teuerste *Anhalter*-Buch verkauft. Sir Clive Sinclair, ein findiger Unternehmer, entdeckte auf einer Dinner-Party bei Douglas ein Vorabexemplar von *Macht's gut, und danke für den Fisch* und fragte, ob er es haben könne. Douglas verneinte, weil es das einzige Exemplar war, das er besaß, woraufhin Sir Clive sein Scheckbuch zückte und Douglas 1000 Pfund für einen wohltätigen Zweck seiner Wahl anbot – vorausgesetzt, er erhielt im Gegenzug das Buch dafür.

Douglas ließ ihn den Scheck auf Greenpeace ausstellen.

Wie auch immer, wahrscheinlich hatte Douglas weniger deshalb gezögert, weil er nur ein Exemplar des Buches besaß, sondern weil er mit dem Buch nicht besonders zufrieden war.

Macht's gut, und danke für den Fisch unterscheidet sich sehr von den anderen *Anhalter*-Büchern, und auch die Reaktion der Kritik fiel sehr unterschiedlich aus. Viele Fans zeigten sich enttäuscht: Sie wollten mehr Zaphod, mehr Marvin, mehr Weltraum; sie wollten, dass es Arthur mit Trillian trieb; sie wollten wissen, wie sich das Agrajag-Problem weiterentwickelte und warum Arthur Dent das wichtigste Lebewesen im ganzen Universum ist (und dabei noch viel lustiger als die Frösche); sie wollten Handtuchwitze und noch mehr Auszüge aus dem Reiseführer.

Sie kriegten eine Liebesgeschichte. *Macht's gut, und danke für den Fisch* ist kein Science-Fiction-Roman mehr, und – über weite Strecken – auch keine Komödie (trotzdem ist es oft sehr witzig, und Science-Fiction-Elemente sind ebenfalls drin). Die Fans hatten jedenfalls ein anderes Buch erwartet, und viele waren enttäuscht.

Viele Kritiker der bürgerlichen Presse kamen mit der ruhigeren Gangart und dem eher erdverbundenen Ton der Geschichte besser zurecht als mit den ersten Bänden. *Time* schrieb beispielsweise: »*Fisch* ist der beste Beweis dafür, dass Adams nicht nur ein witziger Sci-Fi-Schreiberling ist, sondern ein Satiriker mit einiger Durchschlagskraft.« Andere hingegen spöttelten, es lese sich, als wäre es innerhalb von vierzehn Tagen in einem Hotelzimmer zusammengeschrieben worden, »ein Werk, in dem unzusammenhängende Fetzen und Teilchen vergebens um eine nichtexistente Handlung kreisen« *(The Times).*

Macht's gut, und danke für den Fisch verkaufte sich genauso gut wie die anderen Bücher und wurde von *City Limits* mit dem Preis für das ›beste Buch‹ des Jahres 1985 ausgezeichnet.

Sprach man Adams auf das Buch an, antwortete er mit einer Mischung aus Erleichterung und einem gewissen Befremden darüber, dass sich das Buch so gut verkaufte, und unverhülltem Bedauern, dass er beim Schreiben »nicht mein Herzblut gegeben« habe.

Warum tauchen nicht alle gewohnten Charaktere auf? »Teils weil sie nicht reinpassten, und teils weil ich es nicht wollte. Es war schon fast wie ein Zwang; die Leute sagten: ›Und jetzt wieder ein bisschen was mit Zaphod‹, aber ich hatte keine Lust, wieder ein bisschen was mit Zaphod abzuliefern.«

Diese Haltung à la ›ich beuge mich nicht den Wünschen der Leser‹ zeigt sich, sehr zum Schaden des Buches, besonders deutlich im Kapitel 25, und auf die – zugegeben leicht rhetorische – Frage, ob Arthur Dent denn nicht auch anderen Vergnügungen als Fliegen und Teetrinken fröne, antwortete Douglas: »Diejenigen, die das erfahren wollen, sollten weiterlesen. Andere sollten vielleicht gleich zum letzten Kapitel springen, das wirklich gut ist. Außerdem kommt Marvin drin vor.« Das ist selbstgefällig und unfair. Zweifellos wäre diese Stelle bei einer neuerlichen Überarbeitung herausgestrichen worden – wenn es eine solche gegeben hätte.

»Ich hatte keine Lust, Marvin auf Biegen und Brechen mit hineinzuquetschen; und dann auf einmal hatte ich eine tolle Idee, zu deren Umsetzung ich Marvin wieder brauchte, und so soll es doch eigentlich sein. Mit Zaphod ging es mir nicht so, vielleicht habe ich mich auch mehr dagegen gesperrt. An dieser einen Stelle brauchte ich jedenfalls etwas Besonderes, und es sah ganz so aus, als wäre das ein Job für Marvin.

Diese Szene, in der sie durch die Wüste gehen und dann die Botschaft finden, ist sehr eigenartig.* Sie ging mir damals beim Schreiben sehr nahe; sie ist nicht besonders witzig oder sonst was, trotzdem war ich seltsamerweise sehr stolz darauf. In der Szene tut mir Marvin unendlich Leid, ich fühle mich dieser Figur so nahe wie niemals vorher, wo

---

* Dieser Abschnitt wurde bei der Trauerfeier für Douglas vorgelesen.

ich sie manches Mal nur benutzt hatte, weil sie eben vorkommen musste.

Aber unbestritten; das Buch ist leichtgewichtiger als die anderen. In gewisser Hinsicht bin ich auf der letzten Seite nahe daran, das offen zuzugeben.«

Man kommt nicht daran vorbei, gewisse Parallelen zwischen Arthur Dents Rückkehr aus dem All (wobei er allen erzählt, er sei in Kalifornien gewesen) und Douglas Adams' Rückkehr aus Los Angeles (wo er ein nicht gerade sehr glückliches Jahr verbracht hatte) zu ziehen. Adams zieht sich in die vertrauten Gefilde von Islington zurück; er behauptet zwar, zwischen Fenchurch und Jane, seiner Verlobten, gebe es keinerlei Verbindung (Fenchurch sei vielmehr aus den Erinnerungen an eine Jugendliebe geschaffen worden), gibt aber zu, dass die Spekulationen nicht völlig aus der Luft gegriffen sind.

»Ganz bestimmt klingt da meine Heimkehr aus L.A. mit an. Meiner Meinung nach liegt das Problem – es ist nicht das einzige – vielmehr darin, dass ich bis dahin reine Fantasy geschrieben hatte, es blieb mir ja auch nichts anderes übrig, nachdem ich die Erde sozusagen gleich im ersten Akt zerstört hatte. Meine Aufgabe hatte also immer darin bestanden, das Fantastische so wirklich und so solide wie möglich erscheinen zu lassen; das war das Problem beim *Anhalter durch die Galaxis*.

Bei *Macht's gut, und danke für den Fisch* hingegen passierte etwas Merkwürdiges. Ich beschränkte mich wieder auf das Alltägliche, und zum ersten Mal kam einem alles so unwirklich und fantastisch vor. Ich glaube, das rührt hauptsächlich daher, dass ich das Problem der fehlenden Erde, auf die ich mich beziehen konnte, dadurch zu lösen versuchte, dass ich sie einfach wieder zurückbrachte; ich vermute, dass ich in meinem Innersten immer geahnt habe, dass das nicht geht. Deshalb war es auch nicht die richtige

Erde, und deshalb musste sie einfach unwirklich und fantastisch werden, und das war das eigentliche Problem bei diesem Buch.

Außerdem hat sich die Figur des Arthur Dent grundsätzlich verändert; bislang ist er stets unser aller Ego in einer fantastischen Welt gewesen, ein Jedermann, derjenige, mit dem wir uns identifizieren konnten, mit seinen Augen haben wir all die sonderbaren Dinge betrachtet, die sich so zugetragen haben. Auf einmal ist alles ins Gegenteil verkehrt; wir haben es mit einer ganz gewöhnlichen Erde zu tun und mit einer Figur, die als unser Stellvertreter nicht mehr funktioniert, ein Mensch, der die letzten acht Jahre seines Lebens abwechselnd in einer Höhle auf der prähistorischen Erde verbracht hat oder kreuz und quer durch die Galaxis geschleudert wurde.

Wir können die Dinge also nicht mehr mit seinen Augen betrachten. Die ganze Sache steht plötzlich auf dem Kopf, und ich habe das Gefühl, dass ich sie nicht mehr richtig in den Griff bekommen habe, oder erst dann, als ich schon viel zu tief drinsteckte.

Deshalb fange ich jetzt noch einmal ganz von vorne an, ich finde, der ganze Text ist einfach zu verknäult.«

Was wurde aus der Idee mit dem Sprung von der Klippe? »Die heckte ich damals als strukturellen Leitfaden aus; als Leitfaden finde ich sie immer noch recht griffig, aber als Buch klappt es einfach nicht. Das Buch hätte damit angefangen, dass er sich von der Klippe stürzt, in der Hoffnung, dass im Moment des Todes das ganze Leben noch einmal an einem vorüberzieht. Er wollte sich an irgendetwas erinnern. Was passieren würde, wenn er unten ankommt, damit wollte er sich zu gegebener Zeit beschäftigen. Das gesamte Buch wäre also ein Flashback gewesen, all das, was ihm auf dem Weg nach unten durch den Kopf geht. Nachdem ich mich eine Zeit lang damit herumgeschlagen hatte, gelangte ich zu der Einsicht, dass es sich hierbei um die Struktur einer Kurzgeschichte handelte, aber nicht als Entwurf für einen Roman taugte. Einige Leute könnten jetzt einwerfen (und gewiss nicht ganz zu Unrecht), dass ich sowieso keine Romanstruktur fertig gekriegt habe, warum also dieser Aufstand?

Einen Großteil des Materials habe ich vermutlich deshalb wieder herausgestrichen oder gar nicht erst verwirklicht, weil ich damals das Gefühl nicht loswurde, die ganze Welt schaute mir beim Schreiben über die Schulter zu. Andauernd schrieb mir jemand: ›Was hast du mit dieser Figur vor?‹ oder ›Warum löst du diese oder jene Situation nicht so und so auf?‹, so dass ich immer mehr davor zurückschreckte und spürte, wie mir die Sache aus den Fingern glitt.

Es kam mir so vor, als gäbe es im *Anhalter* noch so unendlich viel zusammenzukehren und aufzuwischen; wenn ich so weitergeschrieben hätte wie vorher, hätte ich nur damit zu tun gehabt, alle möglichen abgerissenen Fäden wieder zusammenzubringen, und da dachte ich mir, es ist besser, wenn ich mir etwas total anderes ausdenke...«

Macht's gut, und danke für den Fisch sollte der letzte Akt von *Per Anhalter durch die Galaxis* bleiben. Zumindest, was die Form des Romans betrifft; was noch ausstand, waren die Computerspiele, der Spielfilm, das Handtuch, möglicherweise weitere Fernseh- und Radiosendungen – sogar dieses Buch hier. Was den Roman betrifft, so war die Geschichte an ihrem Endpunkt angelangt. Endgültig.

Jedenfalls bis dahin. Douglas schwor es.

Wissen Sie, wo Ihr Handtuch ist?

Ein Handtuch, so wird es lang und breit in dem Reiseführer *Per Anhalter durch die Galaxis* erklärt, ist ein verdammt nützliches Instrument.

Ein Handtuch ist außerdem ein nicht von der Hand zu weisendes Vermarktungsobjekt.

Eine ganze Reihe von Ausrüstungsgegenständen, die im *Anhalter* erwähnt werden, verfügen über beträchtliches kommerzielles Potential – Joo Jantas Sonnenbrille beispielsweise, deren Gläser sich beim ersten Anzeichen von Gefahr schwarz färben, oder die Schallplatten von Disaster Area, sogar der Reiseführer selbst – aber bedauerlicherweise ist unsere Technologie noch nicht so weit fortgeschritten, als dass diese Dinger in großer Stückzahl, oder überhaupt, hergestellt werden könnten.

Nicht so bei Handtüchern.

Marks and Spencer* hatten schon einmal in Erwägung gezogen, das Handtuch zu vermarkten; aus irgendwelchen Gründen wurde nichts daraus.

Im Jahre 1984 traf sich Douglas mit Eugene Beer, von der Marketing-Firma Beer-Davies, zum Mittagessen. (Eugene war für Vermarktung des *Anhalter*-Computerspiels zuständig.) Beim Essen erwähnte Douglas das fehlgeschlagene Handtuchprojekt von Marks and Spencer. Eugene erkannte sofort, dass mit echten, autorisierten Handtüchern mit dem

* Eine britische Warenhauskette, deren Unterwäsche zwei von drei Briten auf dem Körper tragen.

entsprechenden Aufdruck aus dem Reiseführer eine Menge echtes Geld zu holen war. Er fing sofort damit an, schaltete eine Anzeige in *Private Eye* und verschickte jede Menge kostenlose Handtücher an die einschlägigen Adressen.

Die Werbeexemplare sollten bewirken, dass die bemusterten Journalisten ein paar Zeilen darüber verloren, was auch prompt – und fast ohne Ausnahme – geschah.

Zuerst waren die Handtücher nur in Violett und Blau erhältlich. Sie sind ziemlich groß, strapazierfähig, von guter Qualität und leisten all das, was der *Anhalter* von einem ordentlichen Handtuch erwartet; darüber hinaus bieten sie auf langen Reisen etwas Lesestoff, einen Service also, an den selbst Douglas Adams anlässlich seiner ursprünglichen Abhandlung über Reisehandtücher nicht gedacht hatte. Die zweite Auflage kam zusätzlich in ›Squornshöllisch-Silber‹ und ›Beeblebrox-Braun‹ auf den Markt, 150 mal 100 cm.*

---

* Über ZZ9 Plural Z Alpha (4 The Sycamores, Hadfield, Glossop, Derbyshire SK13 2BS. UK) kann man eine breite Palette an Merchandising-Artikeln, darunter T-Shirts, Kugelschreiber, Anstecknadeln, Aufkleber usw. beziehen. Obwohl das »offizielle« *Anhalter*-Handtuch nicht mehr erhältlich ist, bieten die Leute von ZZ9 Plural Z Alpha immer noch ein sehr schönes »Don't Panic«-Handtuch an. Sie würden allerdings liebend gerne noch mehr davon verkaufen, um endlich ihr Gästeschlafzimmer wieder belegen zu können.

Computerspielereien

Douglas Adams wurde schon immer von Spielereien aller Art magisch angezogen. Sein Haus, ja eigentlich sein ganzes Leben ist mit all jenen kleinen Kinkerlitzchen voll gestopft, die einem den Alltag so angenehm einfach gestalten. Fernsehgeräte und Verstärker, Computer und Kameras, alle erdenklichen Sorten Tonbandgeräte, elektronische Objekte aller Farben und Formen. »Die Tendenz, alles aus der modernen Technik herauszuholen, endet immer damit, dass ich alles aus mir heraushole. Digitaluhren und die ganze Küche voller elektrischer Saftpressen – ich fahre total drauf ab!«

Obwohl der Bombenerfolg von *Per Anhalter durch die Galaxis* ihm recht schnell erlaubte, seiner Leidenschaft für Tonbandgeräte, Walkmänner und so weiter hemmungslos zu frönen, hielt er noch sehr lange an seiner verbeulten mechanischen Schreibmaschine fest; er konnte Computer nicht leiden – und er vertraute ihnen nicht.

Deep Thought Design
DER COMPUTER IST IN ERSTER LINIE EIN HOHER WEISSER TURM, DER SICH NACH OBEN HIN VERJÜNGT. UNTEN WIRD ER SO BREIT, DASS ER PRAKTISCH IN DEN FUSSBODEN ÜBERGEHT: MAN GEHT BUCHSTÄBLICH ZU IHM EMPOR. AN JEDER SEITE UND ETWAS IN DEN VORDERGRUND GERÜCKT STEHEN ZWEI KLEINERE, SONST ABER SEHR ÄHNLICHE TÜRME. IN DIE VORDERSEITE DIESER TÜRME IST JE EIN MONITOR EINGELASSEN. DER MONITOR AUF DEM HAUPTTURM ZEIGT DAS ABBILD EINES MUNDES. WENN

DEEP THOUGHT REDET, BEWEGT SICH DER MUND SYNCHRON
DAZU. AUF EINEM DER ANDEREN MONITORE IST EIN EINZELNES
AUGE, AUF DEM DRITTEN EIN OHR (VON DER SEITE) ZU SEHEN.
DAS AUGE, DAS OHR UND DER MUND MÜSSEN SO ANONYM WIE
MÖGLICH BLEIBEN, ALLERDINGS SOLLTE MAN ERKENNEN, DASS
SIE NICHT VON EIN UND DERSELBEN PERSON STAMMEN.

– *Vorschlag für einen Entwurf von Deep Thought (erste Version);
aus dem TV-Drehbuch, vierte Episode.*

In einem Interview aus dem Jahre 1982 ließ er verlauten, dass er Computer, wenn schon nicht für von Grund auf böse, so doch für nutzlos hielt – entweder waren es HACTARS oder EDDIES. Damals war er gerade in seine Wohnung in Islington umgezogen und hatte dabei die Erfahrung gemacht, dass es unmöglich war, die Computer der Behörden von diesem Umstand zu überzeugen. »Eine Auseinandersetzung mit dem American Express Computer übertrifft sogar Kafkas schlimmste Alpträume«, erzählte er dem Reporter.

Als Vergeltungsschlag hatte er in einem Szenario für *Das Leben, das Universum und der ganze Rest* eine Welt erschaffen, die ähnlich wie die unsere hart am Rande des nuklearen Armageddon dahinschlingert, und schließlich nicht etwa von einem Gänseschwarm oder dem Finger eines Verrückten auf dem roten Knopf in den Abgrund geschubst wird, sondern durch einen Computer, der mit einer Benachrichtigung über einen Adressenwechsel nicht zurechtkommt. Die Szene schaffte es nicht bis in die endgültige Fassung.

Douglas versuchte, sich mit Computern anzufreunden, hatte sogar im Frühjahr des gleichen Jahres eine Computermesse besucht, wurde dort jedoch vom Fachchinesisch überrollt und suchte rasch das Weite. Erst im Jahre 1983, als er sieben Monate in Los Angeles verbrachte, um das Drehbuch für den Spielfilm zu schreiben, schlug die strikte Ablehnung in Enthusiasmus um (knapp an der Grenze zu messianischem Eifer).

Es lässt sich nicht abstreiten, dass er während jener Zeit anderthalb Drehbuchentwürfe verfasste; um der Gerechtigkeit Genüge zu tun, muss hier berichtet werden, dass er einen Großteil seiner Zeit damit verbrachte, mit seinem Textprogramm herumzuspielen und sich in endlose Computerspiele zu verstricken.

Bislang hatte er sämtliche Anregungen, aus dem *Anhalter* ein Computerspiel zu machen, rigoros abgelehnt. Nachdem er sich längere Zeit mit solchen Spielen beschäftigt hatte, nahmen jedoch konkrete Ideen Gestalt an; er wusste, dass ein *Anhalter*-Spiel keinesfalls wie die herkömmlichen Glücks- und Geschicklichkeitsspiele nach dem Muster der Space Invaders, sondern eher wie ein Planspiel, wie ein interaktiver Roman funktionieren müsste.

Im Spätjahr 1983 wandte er sich an Infocom, eine Gesellschaft aus Massachusetts, deren Spielprogramme ihn beeindruckt hatten, und schlug ihnen eine Zusammenarbeit vor. Die Firma sagte begeistert zu, und schon im Januar 1984 war Douglas so weit, dass er freudig verkündete: »Ich werde das Computerspiel noch in diesem Jahr fertig stellen; damit habe ich endlich eine Entschuldigung dafür, dass ich ständig mit meinem Computer herumspiele. Ich arbeite an einem Computer in Boston, den ich von hier aus mittels Datenfernübertragung bediene. Ich bin total begeistert!«

Neues Design für Deep Thought

DEEP THOUGHT IST EIN RIESIGES GEBÄUDE, SO RIESIG, WIE ES DIE BESCHRÄNKUNGEN VON STUDIOBÜHNE UND BUDGET EBEN ZULASSEN. ER BESTEHT AUS FUNKELNDEM GOLD. ES HANDELT SICH EINDEUTIG UM EINEN COMPUTER, ABER ER WEIST UNHEIM-

LICHE ÄHNLICHKEIT MIT EINEM RIESIGEN, FETTEN BUDDHA AUF, WAS IHM EINEN BEEINDRUCKENDEN, ÜBERWÄLTIGENDEN AUSDRUCK VERLEIHT.

– *Deep Thought Design, zweite Version; aus dem TV-Drehbuch, vierte Episode.*

Douglas Adams arbeitete zusammen mit Steve Meretzky, einem Amerikaner, an dem Computerspiel. Anfangs korrespondierten sie via elektronische Datenfernübertragung, erst später, im Februar 1984, trafen sie sich persönlich zu genaueren Absprachen. Adams entwarf die Bestandteile des Spiels, schickte sie per Computer an Meretzky, der ein Programm dafür schrieb und alles wieder an Douglas zurückschickte. Douglas Adams schrieb und entwarf mehr als die Hälfte des Spiels, der Rest entstand aus der Zusammenarbeit von Douglas' Ideen und Meretzkys Computerwissen. Das Spiel kam Ende '84 auf den Markt und entpuppte sich sofort als Renner. Das fantasievoll aufgemachte Set enthielt ein illustriertes Handbuch, in dem der berühmte Reiseführer und allerhand außerirdische Phänomene abgebildet waren, weiterhin einen ›Keine-Panik‹-Sticker, Joo Jantas Sonnenbrille, etwas Flaum, eine mikroskopisch kleine Raumflotte, Zerstörungsbefehle (knallharte Fans sollten sich die Beschriftung sehr genau betrachten) und keinen Tee.

Das Computerspiel, von dem Adams behauptete, »es hat mit den Büchern ungefähr so viel zu tun, wie *Rosencrantz and Gueldenstern are Dead* mit *Hamlet*«, fängt in etwa so an wie die anderen Variationen des *Anhalter*. Du bist Arthur Dent, der eines Morgens mit einem fürchterlichen Kater aufwacht, kurz bevor sein Haus plattgemacht wird; kurz darauf findest du dich in einem bösartigen, phantasmagorischen Alptraum wieder, dessen Sinn und Zweck ebenso darin zu bestehen scheint, herauszufinden, um was es eigentlich geht, wie zu spielen.

»Der Spieler wird losgeschickt und in trügerischer Sicherheit gewiegt«, erklärte Adams. »Und dann bricht die Hölle los, es geht ab in allen nur erdenklichen Richtungen. Einige Vorkommnisse, die in den Büchern eine zentrale Stelle einnehmen, werden im Computerspiel nur kurz gestreift, andere wiederum, die ich lediglich als kleine Gags eingestreut habe, haben eine wichtige Rolle im Spiel. Das ergab sich aus der Überlegung, dass ich selbst nicht das Interesse verliere und andererseits auch den Leuten gegenüber fair bleiben wollte, die die Bücher nicht gelesen haben. Auf diese Weise gingen die Leser und Nichtleser, so weit das möglich ist, von gleichen Voraussetzungen aus ... das Spiel ist für beide Gruppen gleich knifflig.«

Die Leute stürzten sich geradezu auf das Spiel. Die Londoner *Times* lobte es als »zweifellos das beste Abenteuerspiel, das je für den Computer entwickelt wurde«, und in den USA avancierte es sofort zum meistverkauften Spiel; insgesamt wurden über eine Viertelmillion Exemplare abgesetzt. Ein nicht unbeträchtlicher Anteil am Erfolg des Spiels muss damit zusammenhängen, dass hier zum ersten Mal ein richtiger Buchautor an der Entstehung der Computerversion seiner Werke beteiligt war, beziehungsweise selbst die Programme entwickelt hatte; außerdem übertrug sich Douglas' eigene Besessenheit, sein Bedürfnis, beim Spielen unter keinen Umständen gelangweilt zu werden, direkt auf alle anderen Spieler.

Im Spiel tauchen nicht wenige neue (und zweifellos apokryphe) Dinge auf; obskure, gehirnknotenträchtige Probleme, ganz zu schweigen von viel neuem Adamsschen Text, inklusive einer weiteren Gelegenheit, die erste Hälfte des ersten Buches neu zu schreiben. Türen, Babelfische, Erdnüsse und Tee (beziehungsweise der Mangel daran) werden mit gänzlich neuem Leben erfüllt.

Hier zwei Kostproben:

Ein Käsesandwich in einer Kneipe ...
Der Typ hinter dem Tresen gibt dir ein Käsesandwich. Das Brot erinnert an das Zeug, das bei Stereoanlagen als Verpackung mitgeliefert wird, der Käse würde sich hervorragend dafür eignen, Rechtschreibfehler auszuradieren, und die Gurken haben sich mit der Margarine zu einer Substanz vereint, die, was eigentlich nicht sein dürfte, aber trotzdem vor deinen Augen munter existiert, türkis schillert. Da das Zeug eindeutig nicht zum Verzehr geeignet ist, fühlst du dich geradezu erleichtert, dass du nicht mehr als ein Pfund dafür berappen musst.

Einer der vielen Tode von Arthur Dent ...
Deine schwer allergische Reaktion auf Proteinverlust nach Einwirkung von Materietransferenzstrahlen wird in verschiedenen holistischen Interessengruppen in der Galaxis zum *cause célèbre* und führt zur totalen Ächtung jeglicher Dematerialisation. Innerhalb von fünfzig Jahren wird das intergalaktische Reisen durch das aufblühende Interesse an der Restauration alter Möbelstücke und der Kleingärtnerei ersetzt. In dieser neuen, bedeutend ruhigeren Galaxis erlebt die Kunst der Telepathie einen ungekannten Aufschwung, woraufhin eine neue universelle Harmonie erlangt wird, die sämtliche Leben näher zusammenrücken lässt, jegliche Materie in Gedanken verwandelt und dem gesamten Universum auf einer höheren, besseren Ebene eine Chance zum Neuanfang bietet. Leider kriegst du davon nichts mehr mit, denn du bist tot.

Später steht einem auch ein Exemplar des Reiseführers *Per Anhalter durch die Galaxis* zur Verfügung, der dann zu einer Reihe von Themen befragt werden kann. Zum Beispiel Flaum ...

> Flaum ist eine interessante Substanz: auf Bodega Minor wirkt er absolut tödlich, auf Frazelon V ist er eine beliebte Diät, auf den Monden des Blurfoid Systems gilt er als Währungseinheit, und auf dem Nachschubplaneten für Bettwäsche, Blastus III, ist er Hauptanbauprodukt. Eine der vielen Legenden behauptet, dass in der Galaxis vier Häufchen Flaum verteilt wurden: Jedes Häufchen ist ein Viertel des Schößlings eines Baumes mit enormen Eigenschaften, des einzigen Überlebenden des tropischen Planeten Fusselboll. Wo der Flaum wirklich herkommt, ist noch immer ein Rätsel, das die Wissenschaft in zwei Lager spaltet; die einen hängen der Theorie vom Großen Watteknall an, wohingegen die anderen auf die Theorie vom Weißen Watteloch schwören.

Das Spiel ist bizarr und wird von Unwahrscheinlichkeiten bestimmt, das Programm umfasst den Text eines Kurzromans. Seitdem bestand ein Großteil von Douglas Adams' Post aus herzzerreißenden Hilferufen von Spielern, die auf der Brücke der *Herz aus Gold* festsaßen oder verzweifelt nach einem Babelfisch suchen.

Bereits bei der Planung des ersten Spiels wurde ein zweites in Betracht gezogen, das auf dem Planeten Magrathea stattfinden sollte. Es wird auch bestimmt irgendwann einmal herauskommen, musste aber auf Grund von Zeitmangel bei Douglas und interner Schwierigkeiten bei Infocom zurückgestellt werden.

Man kann sich darüber streiten, ob das Spiel als echter Bestandteil des *Anhalter*-Kanons zu betrachten ist (wofür als einziges die Tatsache spricht, dass es sich von allen anderen Versionen gänzlich unterscheidet). Andererseits sind solche Vergleiche ziemlich hinfällig. Zum Thema ›Interaktive Literatur‹ befragt, antwortete Douglas Adams in einem Interview: »Man macht sich sehr schnell zum Narren, wenn man IL mit herkömmlicher Literatur vergleicht. Als Leo

Fender damals die erste elektrische Gitarre entwickelte, hätte man einwenden können: ›Was hat das mit richtiger Musik zu tun?‹ Die Antwort darauf kann nur lauten: ›Schön und gut, wahrscheinlich wird niemand darauf Beethoven spielen, aber wir könnten wenigstens ausprobieren, was sich damit machen lässt.‹ Was zählt, ist einzig und allein die Tatsache, ob etwas interessant und aufregend ist – oder nicht.

Was mir daran gefällt, ist, dass ich mich mit dem Bewusstsein daransetzen kann, dass ich der Erste bin, der auf diesem speziellen Gebiet arbeitet. Jeder, der einen Roman schreibt, weiß, dass er die Leser manipuliert. Hier weißt du, dass du sie dazu bringen musst, so zu argumentieren, wie du es willst. Für mich hat das nichts mit Abdankung des kreativen Schaffens zu tun. Gewiss, am Anfang hatte ich so meine Bedenken: Es stimmt schon, dass der Autor jetzt noch viel mehr unter Kontrolle hat, weil der ›Leser‹ noch mehr Probleme lösen muss. Sämtliche Mittel, mit denen ein Roman arbeitet, stehen dir nach wie vor zur Verfügung, denn ein Roman ist ganz einfach nur eine Abfolge von Wörtern, und diese Wörter erlangen ihre Bedeutung erst in der Art und Weise, wie du sie aneinander reihst; das macht unter Umständen mordsmäßig Spaß.«

Adams hatte an der Ausarbeitung und Zusammenstellung des Computerspiels bei weitem mehr Spaß als bei allen anderen Aspekten der weit verzweigten *Anhalter*-Geschichte. Obwohl seine Begeisterung für Computer, Computerspiele und die Programmiererei auch nach Fertigstellung des Spiels nicht nachließ, griff er von Zeit zu Zeit auf die gute alte Schreibmaschine zurück; das geschah meistens dann, wenn er dringende Arbeiten zu erledigen hatte, die ihn auf dem Apple Macintosh viel zuviel Zeit gekostet hätten – weil er sich immer wieder von seinem Spieltrieb verführen ließ –, und als kleine Bestrafung. Weitere computergestützte Projekte waren *Bürokratie**, *Starship Titanic* und *h2g2.com*. Andere Projekte wie beispielsweise *Reagan, Gott*, den *Anhalter Teil II* und *The Muppet Institute of Technology* wurden niemals verwirklicht.

Das *Muppet Institute of Technology* sollte eine einstündige Fernsehsendung werden, in der mit Hilfe der Muppets die Bedeutung der Fähigkeit, in der modernen Welt mit Computern umgehen zu können, unter die Leute gebracht werden sollte. Jim Henson, der Schöpfer der Muppets, ließ Douglas und rund zwanzig andere Leute nach New York fliegen, um das Projekt zu diskutieren, doch obwohl sich Douglas überaus enthusiastisch zeigte und Hensons Mitarbeiter als »sehr nette Menschen, mit denen man gerne zusammenarbeiten möchte« bezeichnete, wurde letztendlich nichts daraus.

Die Idee für das *Reagan*-Programm kam Douglas nach einer der Fernsehdebatten zwischen Reagan und Mondale im Jahre 1984: »Ich dachte daran, wie Reagan von seinen Leuten auf solche Debatten vorbereitet wurde und dass ihn seine Spezialisten mit einem Minimum an Faktenwissen, dafür aber mit einem Maximum an Zugangsmöglichkeiten zu diesem Wissen hin ausstatten mussten, also mit einer nahezu allumfassenden Rückfallposition, von der aus er immer wieder loslegen konnte, wenn er auf die Fragen eigentlich keine Antworten wusste, die Fragen womöglich erst gar nicht verstanden hatte, aber irgendein Stichwort erkannt hatte, das er dann mit einer abgesicherten Phrase zu kontern in der Lage war.

›Das ist genau wie beim Programmieren eines Computers‹, dachte ich mir. ›Hinterher erweckt er den Anschein, als nähme er tatsächlich an der Unterhaltung teil.‹ Ich woll-

---

* Bei dem Spiel *Bürokratie* geht es darum, deine Bank so weit zu bringen, dass sie irgendeine Mitteilung hinsichtlich deiner neuen Adresse zur Kenntnis nimmt.

te mich also mit einem Freund in New York dranmachen, ein wirklichkeitsgetreues Reaganprogramm auszutüfteln, das bei einer Computerkommunikation genau wie Reagan antwortete. Anschließend wollten wir eins für Margaret Thatcher schreiben, und immer weiter, bis wir alle Mächtigen der Welt zusammen hätten, dann hätten sich die verschiedenen Module allein unterhalten können.

Danach war ein Programm mit dem Titel *Gott* geplant; es sollte alle göttlichen Eigenschaften beinhalten, inklusive der unterschiedlichen Spielarten Gottes, die es so gibt ... also einen methodistischen Gott und einen jüdischen Gott und so weiter ... Ich wollte der Erste sein, dessen Computer-Software in der Provinz öffentlich verbrannt wird. Ich finde, jedes junge Medium muss durch dieses Stadium hindurch.

Leider wurde dank der Rezession in der amerikanischen Computerindustrie nichts aus alledem, hauptsächlich deshalb, weil die Leute, die mir dabei hatten helfen wollen, plötzlich ohne Autos, ohne Geld und ohne Jobs dastanden.«

Zum Spiel selbst
Es ist nicht leicht, ausführlich über das Computerspiel zu sprechen, ohne zuviel zu verraten, was dann denjenigen, die damit spielen, den Spaß verdirbt. Grob gesagt, basiert es auf den ersten beiden Dritteln des Buches *Per Anhalter durch die Galaxis*. Man fängt an als Arthur Dent, der eines Morgens mit einem tierischen Kater in seinem Bett in Tiverton in der Grafschaft Devon aufwacht. Zu den ersten Schwierigkeiten gehören Dinge wie etwa irgendetwas in die Hand nehmen, ohne dass es dir gleich wieder durch die Finger rutscht, oder auch der Versuch, am Leben zu bleiben, wenn ein riesiger gelber Bulldozer dein Haus plattmacht.

Bis zu dem Punkt, an dem du die *Herz aus Gold* erreicht hast, folgt die Handlung der des Buches; dann allerdings verdrücken sich Ford, Zaphod und Trillian in die Sauna, und ab da bist du völlig auf dich allein gestellt, inmitten eines Haufens unkooperativer GPP-Maschinen. Danach wird alles ziemlich bizarr: Man erlebt alle Vorkommnisse von verschiedenen Blickwinkeln aus; die anfallenden Aufgaben müssen an so gänzlich unterschiedlichen Orten wie Damogran, auf einer Party in Islington und im Innern eines Wals gelöst werden.

Um das Spiel unversehrt zu überstehen, brauchst du dein Exemplar des *Anhalter*, deinen Sub-Etha-Sensomatischen Daumen und dein Handtuch – abgesehen von deiner angeborenen Schläue, einer Menge Glück und einem Sinn für Humor. Außerdem etwas, das dir deine Tante geschenkt hat und von dem du immer noch nicht weißt, was es eigentlich sein soll.

Das Spiel macht süchtig: Es ist höllisch schwierig, aber niemand wird es abbrechen können, ohne nicht auch das allerletzte Problem gelöst zu haben, was nur dann gelingt, wenn man auf jede winzige Information achtet, die im Laufe des Spiels preisgegeben wird. Es kann ohne weiteres auch von Neulingen gespielt werden, an manchen Stellen werden sogar erfahrene Computerspieler größere Schwierigkeiten haben, sich auf die sehr spezifische Geisteshaltung des Spiels einzulassen.

Nicht besonders geglückt hingegen sind die Hülle des Spiels und das Handbuch. Der achtseitige Waschzettel (»Jawohl! Das Universum gehört Ihnen – für weit weniger als 30 Altairische Dollar am Tag!«) wirkt ziemlich pennälerhaft – eher wie aus dem MAD-Heft als von Douglas Adams.

Das Spiel selbst ist allerdings eine runde Sache – ein Heidenspaß, den sich auch diejenigen Fans nicht entgehen lassen sollten, die noch nie zuvor vor einem Computer gesessen haben.

Man erkennt sofort, weshalb das Computerspiel für Douglas Adams das erfreulichste Kapitel in der Geschichte des *Anhalter* darstellt. Beinahe alle Bestandteile – von der abenteuerlichen Handlung über die Einträge in den Reiseführer und die Fußnoten bis hin zum ›Buch der Unsichtbaren Hinweise‹ – strahlen eine Gelassenheit aus, die sich weder in den Büchern noch in den Radiosendungen finden lässt. Adams neigt dazu, Ideen zu produzieren, die nicht immer in den Rahmen dessen passen, womit er gerade beschäftigt ist. Erfreulicherweise ließen sich die abgefahrensten Ideen mühelos in das Computerprogramm integrieren; und obendrein kam Adams' Vorliebe für Rätsel und knifflige Fragen voll zur Geltung.

Nachtrag: Das *Anhalter*-Computerspiel wurde schließlich als CD-Rom unter dem Titel *The Lost Treasures of Infocom* wiederveröffentlicht. Im Internet wurde es auch unter der *Comic-Relief*-Site zugänglich gemacht.

Briefe an Douglas Adams

»Ich bin den Fans sehr zu Dank verpflichtet – von anderen Dingen einmal ganz abgesehen, verdanke ich ihnen schließlich mein täglich Brot. Ich freue mich mordsmäßig, dass so vielen Leuten mein Zeug gefällt. Trotzdem versuche ich, immer ein klein wenig Abstand zu wahren, denn ich finde, es gibt nichts Gefährlicheres, als der eigenen Popularität zu verfallen. Das weiß ich durch den Umgang mit Leuten, die ich selbst sehr bewundere: John Cleese zum Beispiel, es hat sehr lange gedauert, bis ich so weit war, ein ganz normales menschliches Wesen in ihm zu sehen, und ich weiß, wie schnell es geht, dass man ein ganz normales menschliches Wesen, das vielleicht dank einer besonderen Begabung und Fähigkeit ins Rampenlicht gerückt worden ist, wie eine außergewöhnliche, anbetungswürdige Persönlichkeit betrachtet.

Meiner Meinung nach erweist man sich selbst den größten Gefallen damit, wenn man sich etwas aus der Öffentlichkeit zurückzieht; ehe man sich versieht, wird man zum Geschenk Gottes an die Menschheit hochstilisiert, und das ist zweifellos Humbug. Die Medien präsentieren dich als eine Art Übermenschen, der du natürlich nicht bist, und deshalb ist es ganz gesund, wenn man einen kleinen Sicherheitsabstand beibehält.

Es ist schon komisch, wenn ich bemerke, wie einer meiner Sätze in die Umgangssprache eingeht. Normalerweise glaubt

doch keiner von uns ernsthaft daran, dass irgendeiner unserer Gedanken, die wir im stillen Kämmerlein ausbrüten, in der Welt auch nur ein Jota verändert. Und auf einmal bekommst du Fanpost und Anerkennungsschreiben und siehst deinen Namen auf der Bestsellerliste, und trotzdem kann ich mir nicht vorstellen, dass das alles irgendeine Wirkung auf andere Leute hat; ich will es auch nicht glauben.
Leute wie ich tauchen nicht in den Klatschspalten der Zeitungen auf, weil niemand weiß, wie wir aussehen. Ich genieße sämtliche Vorteile des Ruhms, ohne einen einzigen seiner Nachteile in Kauf nehmen zu müssen. Es ist mir eher peinlich, wenn mich jemand erkennt – ich fühle mich dann immer so verletzlich. Ich verstehe sehr gut, weshalb manche Schriftsteller unter Pseudonym arbeiten. Es ist so seltsam, in den Köpfen anderer Leute als jemand zu existieren, der eigentlich nichts mit dem wirklichen Ich zu tun hat. Ich bin nicht mehr der gleiche, den sie auf Grund meiner Aufsätze in der Schule beurteilt haben.«

– *Douglas Adams zum Thema ›Ruhm‹, 1985.*

Wenn man sich durch Douglas Adams' Fanpost wühlt, so kommt das einer bewusstseinserweiternden Erfahrung sehr nahe. Die gesamte Palette menschlicher Lebensformen – und vermutlich ein beträchtlicher Anteil außerirdischer obendrein – spiegelt sich hier wieder. Einige Themen tauchen jedoch immer wieder auf. Die meisten Leute möchten wissen, wo er seine Ideen herhat. (Eine amerikanische Möchtegernschriftstellerin fragte an, ob sie ein paar Ideen, die er selbst nicht verwertet hatte, bekommen könnte.) Andere hingegen stellen Fragen, wollen irgendwelche Ratschläge, bieten Heirat oder Sex an, und gelegentlich werden auch Lösungen zu Problemen geliefert, die in einem der Bücher angesprochen sind.

Da gibt es zum Beispiel diese drei Studenten von der

Universität Huddersfield, die behaupten, sie hätten die Frage aller Fragen, die Frage nach dem Leben, dem Universum und dem ganzen Rest entdeckt...

Die Antwort auf die ultimative Frage nach dem Leben, dem Universum und dem ganzen Rest ist nämlich nicht 42, sondern vielmehr in den reproduzierenden Zellen sämtlicher Lebensformen aufbewahrt, und diese Antwort kann über den Umweg 42 gefunden werden. Um es genauer zu erklären: Alle – oder fast alle – Zellen vermehren sich durch Zellteilung, das heißt, aus einer werden zwei Zellen.

Wenn aus einer Zelle zwei werden, dann werden aus zwei Zellen vier ... und so weiter. Daraus folgt: Die Antwort liegt in irgendeiner Zweierpotenz. Deep Thought lieferte die Zahl 42, und genau mit dieser Zahl muss man 2 potenzieren, um die Antwort zu finden...

Man nimmt also 2 hoch 42 – 4 398 046 511 104 –, setzt die Zahl in Morsecode um, entschlüsselt den Morsecode, stellt die so erhaltenen Buchstaben zu vernünftigen Wörtern zusammen und interpretiert das Ergebnis richtig, und schon hat man die ursprüngliche Frage. Ich werde für nichts in der Welt die Frage an dieser Stelle preisgeben, möchte aber dennoch anmerken, dass jeder Kabbalistiker stolz auf die Arbeit dieser Studenten sein dürfte. Wer will, kann sich ja sofort selbst daranwagen.

Es folgen nun ein paar der am meisten schriftlich zugestellten Fragen an Douglas Adams...

F: *Wie heißt der Song von den Dire Straits, von dem in* Macht's gut, und danke für den Fisch *die Rede ist?*
A: Der Song von den Dire Straits heißt ›Tunnel of Love‹ und ist auf dem Album ›Making Movies‹ zu finden.

F: *Haben Sie die Geschichte mit den Biskuits von Jeffrey Archer geklaut?*

A: Die Geschichte mit den Biskuits rührt von einer Begebenheit her, die mir selbst im Jahre 1976 auf dem Bahnhof von Cambridge passiert ist; seitdem habe ich die Geschichte schon so oft im Radio und im Fernsehen zum Besten gegeben, dass sie so langsam zum Allgemeingut wurde. Aus diesem Grund wollte ich sie selbst schwarz auf weiß festhalten. Mir war nicht bekannt, dass Jeffrey Archer in *A Quiver Full of Arrows* (1982) eine sehr ähnliche Geschichte erzählt; ich hatte das Buch nicht gelesen. Ich weise darauf hin, dass das Datum 1982 – wenn auch sehr unwesentlich, aber dennoch – nach dem Datum 1976 liegt.

F: *Wie lautet die Frage nach dem Leben, dem Universum und dem ganzen Rest?*

A: Die ursprüngliche Frage, der Arthur Dent hinterherjagt, wurde mir erst vor kurzem offenbart. Sie lautet folgendermaßen:
Sobald es mir gelungen ist, sie zu entziffern – ich warte darauf, dass mir jemand eine Fibel der betreffenden Sprache zukommen lässt –, werde ich Ihnen das Ergebnis unverzüglich mitteilen.

Einer dreizehnjährigen Romanautorin, die über große Schwierigkeiten beim Ausdenken der Namen für die Figuren klagte, antwortete er:

A: Wenn Du für Deine Hauptpersonen nur unter großen Anstrengungen Namen erfinden kannst, dann liegt es wahrscheinlich daran, dass Du die falsche Kaffeesorte trinkst. Versuche es doch mal mit einer italienischen Mischung.

F: *Wie mixt man einen Pangalaktischen Donnergurgler?*
A: Ich befürchte, dass unter den atmosphärischen Gegebenheiten unseres Heimatplaneten Erde ein akzeptabler Pangalaktischer Donnergurgler überhaupt nicht zu mixen ist. Als Alternative schlage ich vor, das Sortiment des nächstbesten Schnapsladens aufzukaufen, das ganze Zeug in einen großen Eimer zu schütten und alles noch dreimal zu destillieren. Ich könnte mir vorstellen, dass Ihre Bekannten voll drauf abfahren.

F: *Was will die Serie* Dr. Who *eigentlich bezwecken?*
A: Sinn und Zweck von *Dr. Who* offenbart sich jedem Interessierten sofort, der den zweiten Buchstaben des jeweils neunundfünfzigsten Wortes jeder einzelnen Sendung der letzten zwanzig Jahre herauszieht und dann das Ganze von hinten liest; Sie erfahren sodann die exakte Lage der verschwundenen Stadt Atlantis. Ich hoffe, dass Ihre Frage damit beantwortet ist.

An einen Studenten, der seine Examensarbeit über die wissenschaftlichen und philosophischen Gedankengebäude des *Anhalter* schreiben wollte:
A: Der Großteil der geistigen Entwürfe im *Anhalter* ergibt sich aus der Logik des Witzes. Jede Beziehung, die mit irgendeinem Aspekt der wirklichen Welt in Verbindung gebracht werden könnte, entstand rein zufällig.

Jemand wollte wissen, wo Arthur das Exemplar des Reiseführers durch die Galaxis in *Macht's gut, und danke für den Fisch* herhatte und in welcher Kneipe von Taunton sich Fenchurch und Arthur zum ersten Mal begegneten.
A: Obwohl der Reiseführer de facto niemals auf der Erde erschienen ist, ist er relativ einfach (wenn auch oft zu reichlich übertreuerten Preisen) in der restlichen Gala-

xis erhältlich. Arthur gelangte auf seiner Rückreise zur Erde in den Besitz eines zweiten Exemplars (also irgendwo zwischen dem Schluss von *Das Leben, das Universum und der ganze Rest* und *Macht's gut, und danke für den Fisch*). Obwohl ich die Kneipenszene in Taunton angesiedelt habe, dachte ich dabei eigentlich an eine andere Kneipe in Gillingham in Dorset, deren Namen ich (in weiser Voraussicht) sofort wieder vergessen habe.

F: *Beabsichtigen Sie, die Folgen von* Dr. Who, *die aus Ihrer Feder stammen, in Romanform herauszubringen?*
A: Was *Planet der Piraten* und *Stadt des Todes* angeht, so hätte ich nichts dagegen, irgendwann einmal Bücher daraus zu machen; in der Zwischenzeit habe ich aber mehr als genug andere Sachen zu tun. Ganz bestimmt möchte ich nicht, dass irgendjemand sonst das für mich erledigt! Bei *Shada* sieht es etwas anders aus. Meiner Meinung nach ist die Geschichte nicht besonders toll, diese Episode ist nur deshalb zu einiger Berühmtheit gelangt, weil niemand sie gesehen hat. Wenn wir sie damals fertig gestellt und gesendet hätten, würde heute kein Hahn mehr danach krähen.

Oftmals erhielt Douglas auch nummerierte Fragelisten, die er oft ebenso nummeriert beantwortete:
F: 1) *Aus welchem Grund haben Sie sich entschlossen, mit der Schriftstellerei anzufangen?*
2) *Welche Aspekte der Science Fiction ›plündern‹ sie vornehmlich aus?*
3) *Welche Erfahrungen haben Ihr Leben am nachhaltigsten beeinflusst?*
4) *Sind ihre Gefühle in irgendeine der Romanfiguren besonders eingeflossen?*

5) *Was können Sie über Ihre Herkunft sagen?*
6) *Aus welchen Gründen schreiben Sie Science Fiction und keine normalen Romane?*
7) *Macht Ihnen die Schriftstellerei Spaß?*
8) *Wie würden Sie Ihren ›Schreibstil‹ charakterisieren?*

A: 1) Weil mir sonst nichts eingefallen ist.
   2) Sind Sie sicher, dass wir beide mit ›ausplündern‹ das Gleiche meinen?
   3) Alle.
   4) Nicht nur in eine.
   5) Verschiedenes.
   6) Weiß ich nicht.
   7) Nein.
   8) Sowohl als auch.

F: 1) *Wie lange haben Sie an* Das Leben, das Universum und der ganze Rest *geschrieben?*
   2) *Haben Sie einen oder mehrere der Charaktere nach Ihrem eigenen Vorbild entworfen?*
   3) *Haben Sie jemals daran gedacht, einen Comic zu entwerfen?*
   4) *Welche Figur gefällt Ihnen in der gesamten Trilogie am besten?*
   5) *Woher kam der Anstoß, diese Bücher zu schreiben?*

A: 1) Mehrere Monate.
   2) Nein.
   3) Nein.
   4) Keine.
   5) Von einem Versandhaus in Iowa.

F: 1) *Was brachte Sie zum Schreiben?*
   2) *Warum schreiben Sie Science Fiction?*
   3) *Wo kriegen Sie bloß all Ihre Ideen her?*

A: 1) Geldmangel.

2) Das mache ich nicht absichtlich. Ich neige lediglich zu Übertreibungen.
3) Von einem Versandhaus in Cleveland.

F: 1) *Wie kommen Sie auf diese seltsamen Namen?*
2) *Aus welchem Grund fingen Sie an, Bücher zu schreiben?*
3) *Warum schrieben Sie über solche Themen?*
4) *Wann entschlossen Sie sich, Schriftsteller zu werden und warum?*
5) *Sind Sie mit dem, was Sie schreiben, eigentlich zufrieden?*
6) *Wieso haben Sie Ford und Arthur auf die prähistorische Erde verfrachtet?*
7) *Wie lange haben Sie gebraucht, um die Bücher zu schreiben?*

A: 1) Ja.
2) 37,5.
3) Nein.
4) Somerset.
5) Letzten Donnerstagvormittag.
6) Französisch.
7) Nein.

Schließlich und endlich gibt es da noch diesen Brief, auf dem Douglas seine Antworten zwischen die Zeilen kritzelte, der aber leider nie zurückgeschickt wurde, weil der Absender seinen Namen und seine Adresse vergessen hatte...

1) *Finden Sie sich selbst in einer der Hauptfiguren wieder? Inwiefern?*
   – Nein.
2) *Auf welche Weise wurde Ihre Arbeit durch die Zusammenarbeit mit der Monty-Python-Truppe beeinflusst?*

– Überhaupt nicht. Ich kannte sie zwar, habe aber nie mit ihnen gearbeitet.

3) *Wie oft sind Sie schon in etwas hineingezogen oder zu etwas gezwungen worden, das Sie lieber nicht getan hätten (wie Arthur Dent in* Das Leben, das Universum und der ganze Rest*)?*

– 37mal.

4) *Glauben Sie an die Macht des Schicksals, und versuchen Sie, diesen Glauben in Ihre Bücher einzubringen?*

– Nein.

5) *Würden Sie bitte eine kurze Autobiographie beifügen, die alles berücksichtigt, was irgendwie mit Ihrem Werk zu tun hat?*

– 1952 geboren. Immer noch am Leben.

6) *Welcher ist Ihr Lieblingsplanet?*

– Die Erde. Ich kenne sonst keinen.

7) *Haben Sie viele Nachforschungen angestellt, bevor Sie mit dem Schreiben anfingen?*

– Überhaupt keine.

8) *Haben Sie ausführlich Geschichte studiert?*

– Halbausführlich.

9) *Wie lautet Ihre Hauptbotschaft in* Das Leben, das Universum und der ganze Rest*?*

– Es gibt keine. Wenn ich eine Botschaft hätte vermitteln wollen, dann hätte ich das getan. Ich habe aber ein Buch geschrieben.

10) *Ist Ihnen jemals etwas Ähnliches wie Ihren Romanfiguren passiert?*

– Nein.

11) *Sind Sie jemals von der Galaktischen Polizei über den Aufenthalt eines gewissen Zaphod Beeblebrox befragt worden?*

– Nein. Es handelt sich hier um fiktive Personen.

SEX UND DER ALLEINREISENDE ANHALTER

(...) Da ich mich ungewöhnlich tiefgehend mit Ihrem Werk auseinandergesetzt habe, halte ich mich für würdig, mit Ihnen persönlich zusammenzutreffen, um ein wenig über unsere guten alten Freunde Trill., Zaphod und, nicht zu vergessen, den unglücklichen Marvin zu plaudern. Teilen Sie mir in Ihrer Antwort bitte mit, wann und wo wir uns treffen sollen...   *(M.D. London)*
— Meistens bin ich 33 000 Fuß über Island anzutreffen, aber wenn Sie mal auf einen Schluck vorbeischauen wollen, so wäre ich einem Besuch nicht abgeneigt.

Lieber Mr. Adams,
   bleiben Sie ganz ruhig – ich bin kein Immobilienmakler aus Beverly Hills. Wenn Sie noch nicht verheiratet sind, keine Kinder haben und sich für Mädchen interessieren, dann greifen Sie doch zum Telefonhörer, wenn Sie wieder einmal in New York City sind, wählen Sie (xxx-xxx) und fragen Sie nach Marion. Ich brenne darauf, den Mann hinter diesem dümmlichen Grinsen persönlich zu treffen. Falls Sie das wünschen, lasse ich Ihnen einige Referenzen zukommen.

Lieber Mr. Adams,
   zuallererst möchte ich Ihnen versichern, dass ich kein Makler aus Surrey bin. (Ohje, Sie erhalten sicher Unmengen von Briefen, die so anfangen.) Lassen Sie mich gleich zur Sache kommen. Ich biete Ihnen in aller Form die Möglichkeit einer Affäre mit mir an; Sie wurden aus allen WELTBERÜHMTEN humoristischen [sic] Schriftstellern auserwählt, eine romantische Beziehung mit mir eingehen zu dürfen, eine Beziehung, deren Dauer davon abhängt: a) ob oder nicht [sic] wir dieselbe Sprache sprechen, und b) wie gut Sie vögeln.
Die betreffende junge Dame behauptete, einsneunundfünf-

zig groß zu sein, brünett, mit farbensprühenden Augen, und bezeichnete sich selbst als *diskret, abenteuerlich, agil, bereit, alles zu tun, solange ich keinen dauerhaften körperlichen Schaden davontrage, und außerdem habe ich hervorragende Telefonmanieren.*

Douglas antwortete ihr nicht.

Erwähnenswert ist auch der Brief eines Fans aus Amerika, der hoffnungsfroh an einem Drehbuch schrieb und Douglas offenbarte:

Das ist 'ne Menge Arbeit, aber ich verschaffe mir Abwechslung damit, in finsteren Spelunken Weiber abzuschleppen, indem ich mich als Sie ausgebe. Vielen Dank.

VOLLMEISEN

Sehr geehrter Mr. Adams,

herzlichen Dank dafür, dass Sie nicht mehr über Zaphod Beeblebrox schreiben, denn so langsam spüre ich, wie ich mich immer mehr mit ihm identifiziere, da ich selbst zwei Köpfe und eine Raumflotte besitze und außerdem die fliegende Stadt in den Pyramiden und in Ihrem HHGC Verwaltungsgebäude gesehen habe. Ich führe das alles auf den Umstand zurück, dass das Motto ›Keine Panik‹ lautet. (Siehe Daniel 4:34, denn genau in dieser Stunde befanden sich die Planeten in Konjunktion.)

Darauf folgt ein ziemlich ausführlicher Streifzug durch die Bibel sowie die Bücher von Adams, Castaneda und Moorcock, aus dem hervorgeht, dass 42 in Wirklichkeit 666 ist, die Zahl des Tieres, woraus messerscharf folgt:

Jedenfalls danke für den Fisch. Ein nettes Wort von Ihnen würde auch die Sache mit meiner Freundin wieder zurechtrücken, die offensichtlich nicht versteht, dass ich Ihre Bücher alle gelebt habe:

Wenn Sie das nicht verstehen, muss ich halt aufgeben (›Die Götter weilen nicht unter den Menschen‹, Daniel 2:11) ...

Sehr geehrter Mr. Adams,
heute morgen habe ich geträumt, dass Jack Lemmon auf mich zukam und nach dem Weg zur Royal Albert Hall fragte ...

Lieber Douglas Adams,
die Antwort lautet nicht 42; sie lautet vielmehr NAM-MY-OTTO-RENGE-KYO. Es handelt sich hierbei um das Gesetz des Lebens nach Nichiren Derishonin aus dem Jahre 1255 nach Christus ...

Lieber Douglas,
wie alt werde ich sein, wenn die Menschheit von der Erde weggebracht wird?
Ich bin jetzt 34. Kennst du die Telefonnummer von Kit Williams? Frohe Weihnachten, und noch recht viele davon. Meiner Digitaluhr nach dürften es noch acht sein.
Gruß und Kuss Muz

»Einige Leute behaupten, der *Anhalter* gehöre in die gleiche Kategorie wie *Pilgrim's Progress*.
Damit sollen die beiden Werke nicht miteinander verglichen werden, es soll nur heißen, dass dieses Genre auf eine beachtliche Geschichte zurückblicken kann, das Genre der unfreiwillig durch eine fantastische Welt Taumelnden.
Ein Student ließ mir einen langen Aufsatz zukommen, in dem es um ein Buch ging, von dem wir mit Sicherheit wissen, dass John Bunyan (der Verfasser von *Pilgrim's Progress*) es gelesen hat. Es heißt *Der Pfad des einfachen Menschen zum Himmel*, verfasst von einem englischen Puritaner namens Arthur Dent. Der Student ging davon aus, dass mir

diese Tatsache bekannt war und ich mir einen akademischen Witz erlaubt hätte.

Wenn man sich erst einmal darauf einlässt, Parallelen zu finden, dann findet man sie auch überall: Man kann Zahlen zusammenzählen, Bilder vergleichen, ganz egal; nimm dir zwei beliebige Bücher, und du wirst beweisen können, dass sie sehr ähnlich sind. Es ist nicht schwer, eine direkte Verwandtschaft zwischen der Bibel und dem Telefonbuch zu entdecken.«

– Douglas Adams

EIN LETZTES WORT ...

Sehr geehrter Mr. Adams,

Sie sind ganz schön hart drauf. Zumindest Ihre Bücher sind ganz schön hart drauf. Ich finde das klasse. Ich bin selbst ganz schön hart drauf.

Falls Sie wirklich einer dieser furchtbar langweiligen Menschen sein sollten, die nur so schreiben, als wären sie hart drauf, dann behalten Sie das bitte für sich. Ich hasse es, desillusioniert zu werden ...

23

Dirk Gently und andere Viecher

»Ich werde mich zukünftig vermutlich in anderen Genres umsehen. Ich wollte Science Fiction eigentlich nicht parodieren, sondern vielmehr die Möglichkeiten und Konventionen der Science Fiction benutzen, um einen schärferen Blick auf andere Sachen zu bekommen. Ich hätte gute Lust, einen Kriminalroman zu schreiben. Nicht als Parodie, sondern um auch aus diesen bekannten Mustern etwas anderes zu machen. Gewiss können die Leute mich dann wieder fragen: ›Warum machen Sie nicht gleich etwas anderes?‹, und ich weiß nicht, was ich darauf antworten soll, außer dass ich mich dabei ziemlich unwohl fühlen würde. Ich brauche immer ein paar vertraute Wegweiser, um an einen neuen Ort zu gelangen.
Ich würde gerne einen Thriller oder einen Krimi schreiben ohne dabei den einen oder anderen Autor parodieren zu wollen, denn ich verstehe mich nicht als Parodisten; die Parodie gehört zu den leichtesten literarischen Formen. Wenn man sich nicht wirklich anstrengt, verfällt man nur allzu leicht in Parodien. Das soll nicht heißen, dass es mir noch nicht passiert ist, aber diese Stellen gehören mit Sicherheit zu meinen weniger geglückten Versuchen.«

– *Douglas Adams, Januar 1984*

»Ich habe das Gefühl, zum Thema *Anhalter* und in diesem Medium alles gesagt zu haben; es gibt genügend andere Sachen, die ich noch tun möchte. Vielleicht wende ich mich dem Feld Horror/Thriller/Okkultes zu. Vor allem geht es mir darum, neue Figuren und neue Schauplätze zu finden; nicht, weil unbedingt etwas Neues hermuss, ich möchte vielmehr jetzt, im Alter von 33 Jahren, an etwas arbeiten, das meinem jetzigen Zustand entspricht, und nicht immer mit dem Kram, den ich mir mit 25 ausgedacht habe. Ich möchte so unendlich viele Sachen machen, aber am allerwichtigsten, das Hauptding sozusagen, ist das Bücherschreiben.«

– *Douglas Adams, Oktober 1985*

»Es heißt *Dirk Gently's Holistic Detective Agency.*«

– *Douglas Adams, Dezember 1985*

An einem schönen Novembermorgen des Jahres 1985 saßen Douglas Adams und Ed Victor, sein Agent, in einem Hotelzimmer vor einer ganzen Batterie Telefone und warteten auf den Ansturm. Am Abend desselben Tages hatte sich ein glücklicher Verleger die Rechte an *Dirk Gently's Holistische Detektei* und dem Nachfolger gesichert, und Douglas war um zwei Millionen Dollar reicher als am Morgen. Das erste Buch sollte nach einem Jahr abgeliefert werden und im April '87 erscheinen.

Und danach?

»Am meisten Lust zu schreiben hat man immer dann, wenn man gerade ein Buch fertig hat; ich habe eben einen Vertrag über zwei Bücher abgeschlossen und beabsichtige erst mal das eine und dann direkt im Anschluss daran das zweite zu schreiben, vielleicht sogar beide innerhalb eines Jahres. Im Augenblick sieht es so aus, als würde auch das zweite ein *Dirk-Gently*-Roman werden – vorausgesetzt, dass das erste hinhaut.«

Dirk-Gently's war ursprünglich nach den ersten Entwürfen als Detektivroman, okkulte Geistergeschichte, eine Abhandlung über Quantenphysik und als mordsviel Spaß angelegt. Wie schon oben erwähnt, tauchen auch einige Figuren und Szenen aus *Shada* und *Stadt des Todes* auf.

»Mir liegt sehr viel daran, dass dieses Buch nicht, wie der *Anhalter,* in erster Linie ein humoristisches Buch wird, auch wenn sehr viele komische Elemente darin sind. Im *Anhalter* musste alles nach den Pointen ausgerichtet werden, und sehr oft musste ich die gesamte Handlung zurechtbiegen oder einzelne Stellen auf den Kopf stellen, nur damit am Schluss der Witz auch zündete.

Jetzt hingegen möchte ich – und ich bin schon emsig dabei – eine straff organisierte Handlung mit einer Menge darin verwobener Einfälle zusammensetzen und die Witze immer dann einbauen, wenn die Handlung auch Witze zulässt; ich werde jedenfalls keine Gags aufpropfen und damit die Handlung vergewaltigen, wie das oft beim *Anhalter* der Fall gewesen ist. Unter diesen Voraussetzungen können alle möglichen komischen Elemente einfließen, aber es wirkt dann nicht so ... es ist wie bei einem Schulaufsatz, bei dem man immer versucht ist, irgendwelche tollen Gags einzubauen, aber wenn man dann einen Sketch schreiben will, fällt einem ums Verrecken nichts Lustiges ein. Diesmal fange ich also gleich ganz anders an.

Sie werden es sofort merken, wenn Sie es lesen, dass Witz und Komik immer noch zu den festen Bestandteilen gehören, dass sie aber nicht mehr die Hauptbeweggründe sind.«

In Großbritannien ging der Zuschlag an den Buchverlag Heinemann, Pan Books erhielt die Taschenbuchrechte; ein Vertrag, mit dem Douglas ein Problem als gelöst ansah, das ihn bislang beschäftigt hatte.

»Das Problem war, dass meine Bücher immer zuerst als Taschenbücher herausgekommen sind, und auch *Macht's gut...* kam bei einem Taschenbuchverlag als Hardcover heraus.

In einem Taschenbuchverlag mahlen die Mühlen anders als in einem Hardcover-Verlag, denn bei den Taschenbüchern werden normalerweise soundso viele Exemplare eines Buches, das schon als Hardcover auf dem Markt ist, mehr verkauft, die ganze Planung ist viel enger, das System weniger flexibel.

Dagegen sind die Hardcover-Verlage voll und ganz darauf eingestellt, dass Schriftsteller immer zu spät dran und immer sehr schwierig sind. Immer wenn ich früher mit irgendwelchen Problemen zu kämpfen hatte (was ziemlich oft der Fall war), dann gab es keine Möglichkeit mehr, den Prozess zu stoppen und die Sache in Ordnung zu bringen. Mir kam es immer absurder vor, dass ich, der Autor überaus erfolgreicher Bücher, die nicht nur für mich, sondern für eine ganze Menge Leser sehr wichtig waren, keine Chance hatte, alles möglichst so abzugeben, wie ich es für richtig hielt, und das kam mir ziemlich idiotisch vor. Je erfolgreicher man wird, um so unwahrscheinlicher wird es, das selbstproduzierte Zeug ordentlich und komplett abzuliefern.

Ich möchte an dieser Stelle betonen, dass ich nicht über Pan Books herziehe; der Verlag hat ausgezeichnet gearbeitet, was Werbung, Marketing und den Verkauf der Bücher betrifft. Es liegt aber in der Natur der Sache, dass ein Taschenbuchverlag nicht darauf eingerichtet ist, mit den Erstveröffentlichungen und den Problemen der Autoren umzugehen. Damit können sie nichts anfangen. Jetzt, da ich einen Hardcover-Verlag habe, hoffe ich, dass sich zukünftig in dieser Beziehung eine Menge ändert.«

»Mein Lebenswandel? Ziemlich langweilig. Ich gebe einen Haufen Geld für Dinge aus, die ich nicht brauche, wie zum Beispiel schnelle Autos, was total bescheuert ist, da ich sowieso nur in der Stadt herumtuckere. Dabei hatte ich diese

Anwandlungen schon lange vorher hinter mir gelassen, hatte mir schon früh im Leben geschworen, dass ich – sollte ich einmal viel Geld verdienen – auf keinen Fall auf die blöde Idee kommen werde und mir einen fetzigen Wagen anschaffen. Kaum kletterte der *Anhalter* auf die vorderen Plätze der Verkaufslisten, schon raste ich los und kaufte mir einen Porsche 911. Es war grauenhaft. Mit so einem Gerät in London herumzukurven ist ungefähr so, als würde man eine Ming-Vase zum Footballspielen mitnehmen. Eine Spazierfahrt kam dem Versuch nahe, Polen zu überfallen. Ich wurde den Wagen dann aber schnell wieder los, nachdem ich eines Tages aus dem Hyde Park herausschoss, böse ins Schleudern kam und voll gegen die Wand neben dem Hard Rock Café krachte... Vor dem Café stand eine lange Schlange von Leuten, die sich lautstark über mich lustig machten, und das war's dann mit dem Porsche. Als Nächstes kaufte ich einen Golf GTI. Drüben in L.A. fuhr ich einen Saab Turbo, und als ich zurückkam, das Gehirn noch voll auf L.A. gepolt, legte ich mir einen BMW zu, ein schönes Auto, aber eigentlich brauchte ich überhaupt kein Auto für 24 000 Pfund. Verschwendung gehört wohl einfach zu meinem Leben.

Ich gebe einen Haufen Geld für gutes Essen aus. Erst letztes Jahr bin ich mit Jane nach Frankreich gefahren. Wir wollten uns königlich amüsieren – so ziemlich das Einzige, was uns konsequent danebenging. Überall, wo wir hinkamen, hatten die Hotels geschlossen, also beschlossen wir, runter nach Burgund zu fahren, wo es wenigstens gutes Essen gibt.

Wir kamen dort spät in der Nacht an, und ich bekam das beste Omelett, das ich je in meinem Leben gegessen habe. Leider waren da irgendwelche komischen Pilze drin, so dass ich die beiden darauf folgenden Tage mit Lebensmittelvergiftung im Bett verbringen musste. Wir hatten zwar Vorbestellungen für sämtliche exzellenten Restaurants in der Gegend, aber es war mir nicht vergönnt, ein Einziges davon zu betreten. Dann fuhren wir wieder zurück. Sobald mein Magen wieder feste Nahrung behalten konnte, schien es schier unmöglich, irgendwo eine ordentliche Mahlzeit aufzutreiben. Obendrein regnete es die ganze Zeit, dann verpassten wir die Autofähre und mussten durch den strömenden Regen nach Calais fahren, ich wurde seekrank und mir war schlecht bis nach Hause. So habe ich mir den Jet-set immer vorgestellt. Komischerweise hat das alles eine ganze Stange Geld gekostet.«

– Douglas Adams

Adams verbrachte einen Großteil des Jahres 1986 mit der Herausgabe von *The Utterly Utterly Merry Comic Relief Christmas Book*, wodurch er weit weniger Zeit als erhofft für den Entwurf des Bürokratie-Computerspiels (»es verwickelt dich in allerlei schreckliche Abenteuer, angefangen von deiner eigenen Wohnung bis hinein in den tiefsten Dschungel Afrikas, dabei liegt der Sinn und Zweck des Spiels darin, deine Bank dazu zu bringen, deine Adressenänderungsmitteilungskarte endlich anzuerkennen …«) und für die Planung von *Dirk Gently* übrig hatte.

»*Dirk Gently* hat mit dem *Anhalter* nicht das Geringste zu tun. Es handelt sich hier um eine Art romantisch-komisches Geister-Horror-Detektiv-Zeitreise-Epos, in dem sich fast alles um Matsch, Musik und Quantenmechanik dreht.

Komischerweise beeilte ich mich zu den Zeiten, als ich am *Anhalter* schrieb, den Leuten zu versichern, dass ich kein Science-Fiction-Schriftsteller sei, sondern ein Humorist, der sich der Science Fiction nur bedient, um seine Gags loszuwerden. *Dirk Gently* hat mich total umgekrempelt. Jetzt denke ich, vielleicht bin ich doch ein Science-Fiction-Autor. Komisch.«

ÜBER SCIENCE FICTION

Auszug aus einem Interview mit Douglas Adams, das der Autor im November 1983 mit Douglas Adams führte.

Ich habe von unglaublich vielen Science-Fiction-Romanen die ersten dreißig Seiten gelesen. Egal, wie gut die Stories ausgedacht waren, für meinen Geschmack sind die meisten Sachen einfach fürchterlich schlecht geschrieben. Vor einigen Jahren habe ich Isaak Asimovs Foundation-Trilogie gelesen. Eine wirklich tolle, fesselnde Idee – aber der Stil! Bei mir dürfte der nicht einmal Briefwurfsendungen verfassen! Der Film 2001 hat mir unheimlich gut gefallen, ich habe ihn mir sechsmal angeschaut und das Buch zweimal gelesen. Anschließend las ich ein Buch mit dem Titel Die verlorenen Welten von 2001, *in dem Clarke alle Meinungsunterschiede zwischen ihm und Kubrick auflistet, alle Ideen, die bei der Verfilmung auf der Strecke geblieben waren: ›Das hier hat er weggelassen, und das und das auch!‹, und am Ende des Buches kann man als Leser Kubrick nur bewundern. Als 2010 herauskam, habe ich es sofort gelesen; es kam mir so vor wie eine geballte Ansammlung der Sachen, die Kubrick geschickterweise aus 2001 herausgeschmissen hatte.*

Was ist gut? Vonnegut natürlich, der ist wirklich klasse, aber er ist eigentlich kein Science-Fiction-Schriftsteller. Die Leute nehmen es ihm übel, wenn er das behauptet, aber es stimmt. Er ging immer von ein, zwei guten Einfällen aus und erkannte, dass die Muster der Science Fiction für seine Zwecke am besten taugten.

Für mich gab es immer eine direkte Verbindung zwischen *Die Sirenen des Titan* und dem *Anhalter*, beispielsweise die Idee mit dem Chrono-Synclastischen Infundibulum, oder so ähnlich.

Das ist richtig. Komisch, dieser Vergleich wird immer wieder gezogen, und jedes Mal fühle ich mich sehr geschmeichelt, denn ich halte den Vergleich für nicht sehr fair; jedenfalls Vonnegut gegenüber nicht, denn wenn man sich seine besten Bücher be-

trachtet (ich rede jetzt nicht von seinen späteren Sachen, wo ich mir gut vorstellen kann, wie er sich vom Enthusiasmus gepackt vor die Schreibmaschine hockt und das Zeug herunterhämmert, wobei er immer wieder von den eigenen stilistischen Tricks eingeholt wird), also wenn man sich seine drei ersten Bücher betrachtet, dann wird man erkennen, dass sie sehr, sehr ernst gemeint sind. Meine Bücher sind auf dieser Ebene nicht sehr ernst zu nehmen – wenn auch auf einer anderen –, aber unsere Arbeiten unterscheiden sich ganz deutlich. Lesen Sie ein Buch von Vonnegut und lesen Sie eins von mir, sie sind völlig anders. Es gibt drei Gründe, aus denen sie immer wieder miteinander verglichen werden. Erstens sind beide Sachen irgendwie lustig, und zweitens kommen hier wie dort Raumschiffe und Roboter vor. [Drittens kam nicht mehr vor.] Die Verpackung ist dran schuld. Wer einen weitaus stärkeren Einfluss auf mein Schreiben hat, ist P. G. Wodehouse; er hat halt nichts über Roboter und Raumschiffe geschrieben, deshalb merkt es keiner. Die Leute schauen immer nur auf die Verpackung.

Einige Ihrer Redewendungen könnten direkt von Wodehouse stammen. Zum Beispiel der Ausdruck: »Eine Tante rief der anderen Tante etwas zu, wie Dinosaurier von einem Ende des Sumpfes zum anderen.«
Richtig, ich habe diesen Satz irgendwo im dritten Buch eingebaut. Wo genau, weiß ich nicht mehr.

Bei den Matratzen?
Genau, am Schluss von der Matratzen-Szene, im Sumpf. Aber das merkt niemand, es sei denn, man stößt sie mit der Nase drauf.

Was gute SF-Romane angeht, so muss ich unbedingt Lobgesang auf Leibowitz *von Walter Miller jr. erwähnen, ein hervorragendes Buch. Dann bin ich wegen dem* Anhalter *noch auf einen anderen Autor gestoßen – mir wurde immer wieder gesagt: »Wenn Sie solche Sachen schreiben, dann kennen Sie bestimmt die Bücher von Robert Sheckley.«*

Ich vermute, dass Sie Sheckleys *Dimension of Miracles* gelesen haben.

Das wurde immer wieder behauptet, und schließlich setzte ich mich hin und las es, und das war ein ziemlich gruseliges Erlebnis. Dieser Typ, der die Erde konstruiert – ein totaler Zufall. So etwas kann schon vorkommen, letztendlich gibt es nur eine begrenzte Anzahl von Ideen. Mir kam es so vor, als sei meine Art zu schreiben mehr mit Sheckley als mit Vonnegut verwandt.

Wie alle anderen Sachen, die Douglas jemals in die Hand genommen hat, war auch *Dirk Gently* sehr spät dran. Als das Manuskript endlich vorlag, fehlte die Zeit, um es ordentlich zu setzen und Korrekturfahnen anfertigen zu lassen – was Douglas dazu anspornte, sich in Desktop Publishing einzuarbeiten. Das Buch wurde auf seinem Macintosh Computer gesetzt (er ließ sogar die Korrekturfahnen von seinem Laserdrucker ausspucken) und kam im Frühjahr 1987 auf den Markt; die Reaktionen waren sehr gespalten. Einige Rezensenten fanden es weitaus befriedigender als die *Anhalter*-Serie, andere wiederum vermissten die unaufhörliche Flut von Gags und schrillen Einfällen.

24

Die Rettung der Welt ohne Honorar

Dirk Gently ist ein Privatdetektiv von der eher unwahrscheinlichen Sorte. Er ist selbstgefällig, fett und trägt eine Brille. Er ist ein durchtriebener Hund, verschickt haarsträubende Rechnungen mit absolut lächerlichen Honorarforderungen und das, was wirklich der Gipfel ist, vermutlich auch noch zu Recht. Er ist genau die Art Mensch, der man nur unter den denkbar ungünstigsten Umständen über den Weg laufen möchte.

Svald Cjelli. Allseits als Dirk bekannt, obwohl wiederum »allseits bekannt« kaum richtig war. Verschrien, das bestimmt; gesucht, endlosen Spekulationen ausgesetzt, auch das war richtig. Aber allseits bekannt? Nur in dem Sinn, wie ein schwerer Unfall auf der Autobahn allseits bekannt sein könnte – alle fahren langsamer, um sich die Sache ausführlich anzusehen, aber keiner fährt zu nahe an die Flammen heran. Berüchtigt kam dem schon näher. Svald Cjelli, berüchtigterweise als Dirk bekannt.

– *Der Elektrische Mönch – Dirk Gently's Holistische Detektei*

Douglas Adams wusste nichts über Detektive. Oder doch zumindest nur sehr wenig. Sein Wissensstand war sogar so bescheiden, dass *Der Elektrische Mönch – Dirk Gentlys Holistische Detektei* für die schlampige Art und Weise gerügt wurde, mit der der Autor die Rätsel auflöste, vor die er seinen Schnüffler zuvor gestellt hatte. (Laut Chicago Tribune »verletzt Adams außerdem einige der wichtigsten Regeln von

Detektivromanen, indem er dem Leser zum Beispiel Hinweise präsentiert, die für die Aufklärung des Verbrechens ohne Bedeutung sind, oder plötzlich irgendeinen *Deus ex Machina* hervorzaubert, um die Unebenheiten seiner Geschichte zu glätten«.) Wenn es sich bei Dirk Gently um einen Detektiv im eigentlichen Sinn handelte, wäre diese Kritik vielleicht berechtigt. Doch in Wirklichkeit ist Gently eher ein Hochstapler mit einem unverhältnismäßig regen Interesse an dem, »was die Welt im Innersten zusammenhält«, sowie an der Funktionsweise der Quantenmechanik. Das ist es, was Gently wirklich fasziniert. Seine Arbeit als Privatdetektiv versetzt ihn ganz einfach in die Lage, dieser Leidenschaft zu frönen, solange ihn seine Klienten für dieses Privileg bezahlen.

»Natürlich werde ich Ihnen noch mal erklären, warum die Reise zu den Bahamas so überaus wichtig war«, sagte Dirk Gently besänftigend. »Nichts könnte mir größere Freude machen. Ich glaube, wie Sie wissen, Mrs. Sauskind, an die grundsätzliche Verflechtung aller Dinge untereinander. Dann habe ich die Vektoren der Verflechtung der Dinge untereinander ermittelt und trianguliert und bis zu einem Stand auf den Bahamas verfolgt, den ich deshalb im Laufe meiner Ermittlungen von Zeit zu Zeit aufsuchen muss. Ich wünschte, es wäre nicht so, denn leider bin ich sowohl gegen Sonne als auch gegen Rumpunsch allergisch, aber wir haben ja alle unser Kreuz zu tragen, nicht wahr, Mrs. Sauskind?«

– *Der Elektrische Mönch – Dirk Gently's Holistische Detektei*

Als Whodunit funktioniert *Dirk Gently* hinten und vorne nicht. Es gibt nur einen Mord, und wenn man genau aufpasst, findet man ziemlich schnell heraus, wer der Täter ist. Selbst wenn man nicht aufpasst, wird einem des Rätsels Lösung sehr früh offenbart. Aber wodurch erregt *Dirk Gently* überhaupt irgendein Interesse, wenn der Roman weder als Detektivgeschichte noch als klassischer Rätselkrimi etwas taugt?

Nun, wie alle Bücher von Douglas Adams ist auch dieses sehr komisch. Amüsant und fesselnd stellt es die anmaßenden Regeln des Detektivgenres auf den Kopf. Und unter dieser Voraussetzung konstruiert Douglas eine maßlos unwahrscheinliche Geschichte, die einfach einen Detektiv braucht, um sie zu entwirren.

Hinzu kommen Adams' Begeisterung für Science Fiction, Computer, Ökologie, Quantenmechanik und sogar eine Prise fraktaler Mathematik. Die Geschichte, in der sich Dirk Gently wieder findet, ist dabei beinah nebensächlich. Es kommt vielmehr auf all die Randerscheinungen an, die die Handlung vorantreiben oder auch nicht.

Gleichwohl regten sich sowohl Kritiker als auch Fans von Detektivgeschichten über so manches Science-Fiction-Element auf, das der Auflösung gewisser knifflig verknoteter Handlungsstränge diente. Das ist verständlich, oder wäre es zumindest dann, wenn es sich bei *Der Elektrische Mönch – Dirk Gentlys Holistische Detektei* tatsächlich um einen Detektivroman handeln würde. Aber dem ist nicht so. Es geht hier um einen Roman von Douglas Adams, und da herrschen nun einmal etwas andere Gesetzmäßigkeiten.

Dennoch nimmt sich Adams einige Freiheiten heraus. Und der Trick mit der Zeitreise ist vielleicht ein etwas zu einfacher Ausweg.

Aber vieles macht einfach großen Spaß. Da ist erst einmal Dirk selbst, ein durch und durch erbärmlicher Typ mit ein paar versöhnlichen Charakterzügen.

Und da ist natürlich *Der Elektrische Mönch*, wahrscheinlich Douglas' gelungenste Schöpfung seit Marvin, dem Paranoiden Roboter. *Der Elektrische Mönch* wurde erschaffen, um an alles Mögliche zu glauben und seinen Schöpfern damit die Last abzunehmen, selber an irgendwas glauben zu müssen. Das ist ein so hinreißend brillanter Einfall, dass man sich wundern muss, warum nicht schon früher jemand darauf gekommen ist. Aber andererseits hat auch noch nie jemand daran gedacht, ein mustergültiges Geister-Horror-Wer-ist-der-Täter-Zeitmaschinen-Romanzen-Komödien-Epos zu verfassen.

Der einzige Nachteil des *Elektrischen Mönchs* ist, dass er eine Störung entwickelt hat, die ihn darauf bestehen lässt, die haarsträubendsten Sachen für bare Münze zu nehmen – auch wenn dieser Zustand jeweils nur 24 Stunden anhält. Aber wenn der *Elektrische Mönch* in dieser Zeit etwas glaubt, dann bis zur letzten Konsequenz. Nichts vermag seine fundamentale Überzeugung zu erschüttern, bis er auf etwas stößt, an das zu glauben ihm noch interessanter erscheint.

Dieser Mönch hatte zum ersten Mal nicht einwandfrei funktioniert, als er eines Tages schlicht und einfach zu viel glauben musste. Er war aus Versehen mit einem Videorekorder quer geschaltet worden, der elf Fernsehprogramme gleichzeitig sah, und das hatte dazu geführt, dass ihm eine Reihe Unlogik-Schaltkreise durchbrannten. Der Videorekorder hatte sich die Programme natürlich nur anzusehen. Er musste sie nicht auch noch glauben. Deshalb sind Gebrauchsanweisungen ja auch so wichtig.

Nach einer hektischen Woche, in der der Mönch glaubte, Krieg ist Frieden, gut ist schlecht, der Mond besteht aus Schimmelkäse und Gott hat sehr viel Geld nötig, das man ihm auf ganz bestimmte Konten überweisen muss, glaubte er plötzlich, 35 Prozent aller Tische seien Hermaphroditen, danach brach er zusammen.

– Der Elektrische Mönch – Dirk Gently's Holistische Detektei

Der Wirbel um *Der Elektrische Mönch – Dirk Gentlys Holistische Detektei* hatte sich nicht mal im Ansatz gelegt, als Douglas mit *Der lange dunkle Fünfuhrtee der Seele* auch schon den Nachfolgeroman vorlegte.

In diesem Buch setzt Dirk seine Erforschung des innersten Zusammenhalts der Dinge unbeirrt fort. Zu diesen miteinander verknüpften Dingen zählen dieses Mal ein neuer Eisschrank, ein Coca-Cola-Automat (vermutlich der Nachhall einer früheren Episode), der sich selbst aufopfernde Abfertigungsschalter einer Fluglinie sowie die Götter von Asgard, von denen einer, nämlich Thor, gegenwärtig ein unzufriedener Patient des NHS ist. Normalerweise müsste dies ausreichen, um jedem gründlich den Tag zu vermiesen, aber was Dirk wirklich auf die Palme bringt, ist die Tatsache, dass sein Klient tot ist. Wer also soll sein Honorar bezahlen? Und Dirk gehört nicht zu denen, die sich durch Nebensächlichkeiten wie die Rettung der Welt von den wirklich wichtigen Dingen abbringen lassen, wie zum Beispiel der sofortigen Begleichung seiner Rechnungen durch einen Lebenden.

Die Schwächen des ersten Buchs sind in der Fortsetzung weitgehend behoben. Zeitweilig sah es so sogar aus, als könnte Dirk Gently ein mindestens so langlebiger Erfolg werden wie der *Anhalter**. Schon viele Romanautoren sind dahinter gekommen, dass die Leser gute Detektive lieben. Noch auffälliger ist allerdings, dass sie nur schwer wieder loszuwerden sind. Sir Arthur Conan Doyle könnte Ihnen einiges darüber erzählen.

Der lange dunkle Fünfuhrtee der Seele war Jane Belson gewidmet, einer Rechtsanwältin und langjährigen Freundin von Douglas Adams. Das Buch kam im Oktober 1988 he-

---

* Dirk Gently trat danach nur noch einmal in einer frühen Fassung von *The Salmon of Doubt [Lachs im Zweifel]* auf. Als das Buch (postum) veröffentlicht wurde, war allerdings weit und breit nichts mehr von ihm zu sehen. Alle Versuche, die Figur ins Fernsehen oder zum Film zu bringen, führten zu nichts. Immerhin gab es ein erfolgreiches Bühnenstück, das Douglas sehr gut gefiel, und *Der lange dunkle Fünfuhrtee der Seele* wurde für eine finnische Radioserie bearbeitet.

raus. Trotzdem dauerte es noch weitere drei Jahre, bis die beiden heirateten. Die Hochzeit fand am 25. November 1991 im Standesamt von Islington im Norden Londons statt. Der einzige Grund, weshalb es nicht bereits früher dazu gekommen war, bestand darin, dass Douglas nicht gerade durch seine ständige Anwesenheit geglänzt hatte.

Während der gesamten Dirk-Gently-Episode hielt Douglas den Kontakt zu einem Zoologen namens Mark Carwadine aufrecht. Gemeinsam bereiteten sie eine Reihe von Expeditionen zu den seltensten Tierarten der Erde vor oder gaben sich zumindest alle Mühe, dies zu tun. Doch das ist, da stets eins zum anderen kam, Bücher veröffentlicht, die eine oder andere Werbereise rund um die Welt und vieles mehr unternommen werden musste, der Beginn einer anderen Geschichte, die jedoch noch drei weitere Jahre auf sich warten ließ.

Douglas und andere Viecher

1985 reisten der Zoologe Mark Carwadine und der außerordentlich ahnungslose Nichtzoologe Douglas Adams auf der Suche nach dem Aye-Aye, einem Geschöpf, das schon seit Jahren niemand mehr zu Gesicht bekommen hatte, auf Geheiß der Farbbeilage des *Observer* sowie des World Wildlife Fund gemeinsam nach Madagaskar. Als sie die Verfolgung des nahezu ausgestorbenen Lemuren zu der Insel Neco Mangabo führte, erhaschten sie dort bereits in der ersten Nacht einen 20 Sekunden dauernden Blick auf das seltene Tier, fotografierten es und traten außergewöhnlich selbstzufrieden den Rückweg an.

Sie waren sogar dermaßen selbstzufrieden, dass sie beschlossen, das Ganze irgendwann zu wiederholen. Beim nächsten Mal sollte es jedoch um andere gefährdete Tierarten und auch nicht mehr nach Madagaskar gehen.

Doch Mark Carwadine kam bald dahinter, dass jeder Versuch, sich selbst, Douglas Adams und eine Bande vom Aussterben bedrohter Tiere am selben Ort und zur selben Zeit zusammenzubringen, in einem logistischen Alptraum enden musste. Und da Logistik nicht gerade zu Douglas' Stärken gehörte, fiel die ganze Arbeit ausschließlich Mark zu.

»Es dauerte mehrere Jahre, in denen wir beide mit anderen Projekten beschäftigt waren, bis wir endlich die Zeit fanden, mit der Arbeit an *Die Letzten ihrer Art* zu beginnen. Aber als wir dann so weit waren, kamen wir mächtig ins Staunen. Wir fanden heraus, dass wir, wenn wir für die Suche nach jeder gefährdeten Tierart drei Wochen ansetzten und uns nur auf die wichtigsten Arten der Erde beschränkten, 300 Jahre dafür brauchen würden. Und damit hätten wir gerade mal die Tiere erfasst. Wenn wir uns darauf eingelassen hätten, auch die bedrohten Pflanzen zu berücksichtigen, hätten wir noch mal 1000 Jahre benötigt.

Also beschlossen wir es bei einer Auswahl zu belassen. Wir setzten uns hin, und ich sagte: ›Schön, wie wäre es, wenn wir in den Kongo reisten?‹ Und Douglas antwortete: ›Ich würde lieber auf die Seychellen fliegen.‹ Also trafen wir uns in der Mitte und gingen erst mal nach Mauritius. Ungefähr so lief das ab. Wir trafen eine möglichst große Auswahl, um viele unterschiedliche Tierarten dabeizuhaben. Wir hatten den Komodowaran, ein Reptil, den Rodrigues-Flughund, ein Säugetier; in China machten wir uns auf die Suche nach den im Yangtse-Fluss lebenden Delfinen. Dann hatten wir noch den Kakapo, eine Papageienart in Neuseeland, den Juan-Fernandez-Pelzseehund in Chile, die Seekuh im brasilianischen Amazonasgebiet und das weiße Rhinozeros im Norden von Zaire.«

– *Mark Carwadine*

Sobald sich die beiden entschieden hatten, wohin sie reisen und nach welchen Tierarten sie sich umschauen wollten, mussten sie sich nur noch über den Zeitpunkt einig werden. Was sich als nicht ganz einfache Aufgabe erweisen sollte. Doch im Mai 1988, nach einigem Hin und Her, das ein ganzes Jahr beansprucht hatte, war das ungleiche Gespann endlich so weit, die dunkelsten Kapitel menschlicher Grausamkeit gegenüber den übrigen Mitbewohnern der Erde zu erforschen.

Also begaben sie sich mit der selbst auferlegten zeitlichen Beschränkung von drei Wochen pro Reise auf die Suche nach seltenen Delfinen und Echsen, um alles in allem, mit Unterbrechungen, bis um die Mitte 1989 unterwegs zu sein.

In der Zwischenzeit waren wie immer andere Mächte am Werk. Damit die beiden unerschrockenen Forscher ihre unerschrockenen Forschungen unbeirrt in Angriff nehmen konnten, war Heinemann dazu überredet worden, einen Schwindel erregend hohen Vorschuss lockerzumachen. Außerdem hatten die beiden eine nette kleine Fernsehserie im Sinn.

Doch diese Idee wurde nach einer kurzen Unterredung mit den chinesischen Behörden fallen gelassen. Mark Carwadine: »Unsere erste Expedition sollte dem Yangtse-Delfin gelten. Wir begannen mit unseren Nachforschungen, erkundigten uns bei den richtigen Leuten in China nach einer Dreherlaubnis und solchen Dingen. Und die Antwort, die wir bekamen, lautete: ›Natürlich können wir dafür sorgen, dass Sie einreisen und filmen dürfen, aber es wird mindestens neun Monate dauern, bis die Dreherlaubnis organisiert ist, die im Übrigen zweihunderttausend Pfund kosten wird.‹ Wir schoben dem auf der Stelle einen Riegel vor und machten uns stattdessen Gedanken über eine Verwertung im Radio.«

Also brach das Gespann, lediglich durch einen Tontechniker des BBC-Radios verstärkt, zu den entferntesten Winkeln des Planeten auf. Manchmal hatten sie Erfolg, manchmal nicht. Aber auf jeden Fall gelang es der BBC, auf diese Weise fast zum Nulltarif sechs Tiersendungen zu produzieren, während der Zoologe allmählich die Vorteile von Radioaufnahmen schätzen lernte und der Nichtzoologe ganz furchtbar nass wurde.

»Wir versuchten auf einer Insel vor der Küste von Mauritius mit Namen Round Island zu landen, auf der es laut Schätzungen mehr gefährdete Tierarten pro Quadratmeter gibt als irgendwo sonst auf der Welt. Die Insel ist winzig klein und wegen der hohen Wellen sehr schwer zu erreichen, außerdem gibt es dort keine guten Landeplätze. Wir hatten unsere Ausrüstung gut verpackt, aber der Tontechniker streckte gerade sein Mikrofon aus und machte seine Aufnahmen, als Douglas aus dem Boot fiel und gegen einen Felsen geschmettert wurde. Er war voller Blut, und das Ganze war ziemlich dramatisch. Wir haben alles auf Band, aber wenn wir mit einem Fernsehteam dort gewesen wären, hätten wir Douglas erst mal abtrocknen, das ganze Blut aufwischen und ihn anschließend dazu bringen müssen, noch mal ins Meer zu stürzen. Aber es wäre auch dann nicht dasselbe gewesen.

Zuerst hielten wir das Radio nur für die zweite Wahl, aber im Nachhinein hat sich gezeigt, dass es viel besser funktionierte als Fernsehen. Man sagt dem Radio ja auch nach, dass es die besseren Bilder liefert. Einmal richteten wir uns gerade in unserer Unterkunft auf der indonesischen Insel Komodo ein. Wir hatten drei Hühner als Verpflegung dabei, und plötzlich tauchte ein Komodowaran auf, schnappte sich die Hühner und rannte mit ihnen davon. Diese Geräusche, das Gackern der Hühner, wir drei, wie wir hinter der Echse herlaufen, das Geschrei der Wächter, das Gescharre im Staub, kommen im Radio einfach großartig rüber. Vielleicht hätten wir manches davon auch im Fernsehen bewundern können, wenn in dem Moment die Kameras zufällig bereit gewesen wären. Aber ich glaube, es ist viel eindrucksvoller, wenn man sich mit geschlossenen Augen zurücklehnt, einfach nur zuhört und sich sein eigenes Bild macht. Daher denke ich rückblickend, dass das Radio viel besser funktioniert hat, als es das Fernsehen jemals hätte tun können.«

– *Mark Carwadine*

Nachdem Douglas abgetrocknet und gründlich gesäubert war, kehrten sie in die Zivilisation, nach Südfrankreich, zurück, wohin Douglas von seinem Steuerberater für ein Jahr ins Exil geschickt worden war. Dort wollten die Forschungsreisenden ihre Abenteuer zu Papier bringen.

Stattdessen kam es, wie der Zoologe zugibt, zu endlosen »Sitzungen in französischen Cafés. Wir verbrachten Stunde um Stunde damit, die ganze Sache immer wieder durchzusprechen und uns die Tonbandaufnahmen anzuhören, die uns sehr beim Ordnen des Materials geholfen haben. Wir hatten uns Notizen über Fakten und Gedanken, Ereignisse und Zitate von Leuten und dergleichen mehr gemacht. Aber beim Abhören mancher Bänder kamen statt der nüchternen Tatsachen und Überlegungen die Erinnerungen an unsere Eindrücke und ein Gefühl für die Landschaften zurück. Wir haben stundenlang einfach zugehört, diskutiert und über alles gesprochen. Schließlich machten wir uns an die Arbeit, wobei Douglas das meiste schrieb und ich ihn mit Ideen und Informationen fütterte und die Fakten überprüfte, während er am Computer saß und ich ihm dabei über die Schulter sah.

So haben wir es fast die ganze Zeit gehalten. Dabei gingen wir auf unterschiedliche Weise vor, meistens Stück für Stück, und am Ende setzten wir alles in einer total verrückten Phase von Vierundzwanzigstundentagen zusammen.«

Südfrankreich erwies sich als nicht sonderlich produktionsfördernde Umgebung. Es gab zu viele Ablenkungen, zu viele Cafés, in denen es sich prima herumsitzen ließ. Nach vier Monaten hatten die beiden gerade mal ein Gesamtergebnis von einer Seite vorzuweisen.

Doch irgendwie nahm das Buch schließlich doch Gestalt an.

Heinemann veröffentlichte *Die Letzten ihrer Art*, eine bizarre Mischung aus Reisebericht und Unterhaltung, im

Oktober 1990 und erhielt durchweg gute Kritiken. Die *Times* sah darin eine »Schilderung auf hohem Niveau ... und ein außergewöhnlich intelligentes Buch.« Die Taschenbuchausgabe bei Pan erschien 13 Monate später.

Die Voyager Company brachte *Die Letzten ihrer Art* darüber hinaus auf einer CD-ROM mit Hunderten Farbfotos, Interviews und Audioessays von Mark Carwadine sowie Auszügen aus der Radioserie zur Ergänzung des Textteils auf den Markt. Faule Leser konnten sich das Buch auch einfach von Douglas vorlesen lassen. Voyager hat außerdem eine vollständige Ausgabe von *Per Anhalter durch die Galaxis* als Expanded Book für Macintosh herausgebracht (die zumindest so lange vollständig blieb, bis *Einmal Rupert und zurück* erschien).

Die BBC strahlte derweil zwischen dem 4. Oktober und dem 8. November 1989 auf Radio 4 die wöchentliche *Die Letzten ihrer Art*-Radioserie aus, deren Folgen jeweils an einem späteren Wochentag wiederholt wurden.

Seltsamerweise wurden lediglich vier Folgen im darauf folgenden Jahr noch einmal gesendet. Was indes mit den Bändern über den Kakapo und die Flughunde passiert ist, kann man nur vermuten.* Ebenso verloren ging anscheinend ein Programm mit dem Titel *Natural Selection: In Search of the Aye-Aye*, das bereits am 1. November 1985 gesendet worden war und an die erste Expedition erinnerte.

Doch trotz alledem bleibt am Schluss die Frage, ob das ganze Unternehmen irgendwas gebracht hat. Mark Carwadine ist davon überzeugt: »Wir flogen nach Neuseeland, um nach dem Kakapo zu suchen, einem am Boden lebenden Papagei, der nicht mal fliegen kann, aber vergessen hat,

---

* Noch seltsamer ist, dass Radio 4 im Mai 1997 fünf weitere Sendungen mit dem Titel *Die Letzten ihrer Art* ausgestrahlt hat, die sich bei genauerem Hinhören ganz einfach als von Douglas gelesene Auszüge aus dem Buch entpuppten.

dass er nicht fliegen kann, und deshalb von hohen Bäumen springt und einfach auf die Erde plumpst. Es gibt heute kaum noch vierzig, fünfundvierzig von diesen Vögeln, mehr haben nicht überlebt, und die Leute in Neuseeland hatten sie schon mehr oder weniger abgeschrieben. Es gab noch ein paar engagierte Wissenschaftler, doch die Verantwortlichen in der Regierung stellten ihnen nicht genug Geld zur Verfügung, sodass diese Wissenschaftler nur sehr schwer an die Mittel herankamen, die notwendig waren, um diese Vogelart vor dem Aussterben zu bewahren. Als wir dort hinkamen, erregte unser Besuch aus irgendeinem Grund großes Aufsehen, und es gab jede Menge Publicity. In den Wochen unseres Aufenthalts führte eins zum anderen. Plötzlich stand der Vogel ganz oben auf der Tagesordnung und es wurde mehr Geld bereitgestellt. Also hat es in dem Fall was gebracht.

Für andere Weltgegenden, in denen das Buch herauskam, lässt sich das allerdings nur schwer sagen. Ich denke, wenn man mit einem Buch wie *Die Letzten ihrer Art* Leser erreichen kann, die sich normalerweise nie ein Buch über wild lebende Tiere kaufen würden, oder mit einer Radioserie Hörer ansprechen kann, die sich so etwas sonst nie anhören würden, erreicht man ein vollkommen anderes Publikum. Und wenn man nur ein Prozent dieser Leute für sich einnimmt, dann hat man damit schon etwas Gutes bewirkt. Je mehr Menschen man ein Bewusstsein für die Probleme der Tierwelt und für das, was zur Lösung dieser Probleme unternommen wird oder unternommen werden muss, vermitteln kann, desto besser ist es. Wenn man es von dieser Seite betrachtet, hat das Buch meiner Meinung nach durchaus etwas bewirkt.«

Die weggeschnappten Hühner auf Komodo denken darüber möglicherweise ein wenig anders.

Alles, was geschieht, geschieht

Die Sache verhält sich etwa so: Als die *Per Anhalter durch die Galaxis*-Trilogie abgeschlossen ist, ist sie es, nun ja, eigentlich doch noch nicht so ganz. Irgendwo da draußen im Hyperraum baumeln noch zu viele lose Enden, die miteinander verknüpft werden müssen. Also sperrt man Douglas Adams in ein Zimmer und sagt ihm, er könne erst dann wieder herauskommen, wenn das vierte und definitiv letzte Buch der Trilogie fertig sei. All die losen Fäden der Handlung müssen noch gekappt und verknotet werden, aber dann soll es keinen Blick zurück mehr geben, nie wieder, nicht mal einen ganz kurzen.

Nach dem Roman *Macht's gut, und danke für den Fisch*, in dem Gottes Letzte Botschaft an seine Schöpfung offenbart und Marvin durch sein Ableben endlich von den Schmerzen in sämtlichen Dioden auf seiner linken Seite erlöst wurde, schien alles ein für alle Mal in trockenen Tüchern zu sein.

Doch dann ...

Alles, was geschieht, geschieht.

Alles, was sich selbst im Zuge seines Geschehens erneut geschehen lässt, geschieht erneut.

Alles, was während seines Geschehens etwas anderes geschehen lässt, lässt etwas anderes geschehen.

Allerdings tut es das nicht unbedingt in chronologischer Reihenfolge.

– *Vorwort zu* Einmal Rupert und zurück

Doch dann kam *Einmal Rupert und zurück*.

Douglas' Ansichten über die Welt und ihren wechselhaften Lauf hatten sich während der vielen Reisen für *Die Letzten ihrer Art* unwiderruflich verändert. Eine Tatsache, die angesichts der Schwindel erregenden neuen Perspektiven, die diese Expeditionen dem Autor eröffneten, kaum verwunderlich ist. Und natürlich nahm Adams seine neu gewonnenen Erkenntnisse und machte sich daran, sie in seinen Büchern zu verarbeiten.

Und dann gab es ja auch noch die bohrenden unbeantworteten Fragen aus *Macht's gut, und danke für den Fisch*. Als da wären:

Wie sollte es mit Arthur Dent und seiner neuen Liebe Fenchurch weitergehen?

Was war aus Ford Prefect, Zaphod Beeblebrox und Trillian geworden, den übrigen Passagieren der *Herz aus Gold*?

Wie war es um die Zukunft des erfolgreichsten Buchs bestellt, das jemals von den großen Verlagshäusern auf Ursa Minor herausgegeben worden war, dem Reiseführer *Per Anhalter durch die Galaxis*?

Und, die vielleicht wichtigste Frage, konnte Marvin *wirklich* tot sein?

Auf mindestens eine dieser Fragen gibt es eine eindeutige Antwort. Aber damit all jenen, die *Einmal Rupert und zurück* noch nicht gelesen haben, die Spannung nicht ganz abhanden kommt, wird erst am Ende dieses Kapitels verraten, zu welcher Frage diese eine Antwort passt.

Das Jahr 1992 war der weiteren Beschäftigung mit dem *Anhalter* gewidmet. Zu Beginn des Jahres brachte die BBC endlich die Fernsehserie auf Video auf den Markt. Dieses Unterfangen war zuvor stets an der unsicheren Vertragslage zwischen Douglas und den Filmmogulen in Hollywood gescheitert, denen er die Filmrechte abgetreten hatte. Die Wiedererlangung dieser Rechte kostete Douglas eine Summe von etwa 200 000 Pfund sowie zur Sicherheit (oder Unsicherheit) eine ganze Reihe neuer Catch-22-Klauseln als Dreingabe.

Die Originalserie wurde elf Jahre nach der Erstausstrahlung in einer zweiteiligen Box veröffentlicht. Die zweite Kassette enthielt sogar zusätzliches »noch nie gezeigtes Material«, ein paar Minuten, die damals geschnitten worden waren, um das Sendeformat nicht zu sprengen. Außerdem gelang es der BBC, die ursprüngliche Mono-Tonspur in Stereo umzuwandeln. Und schließlich wiederholte der Sender die zweite *Anhalter*-Radioserie.

Am Ende des Jahres kam dann *Einmal Rupert und zurück* heraus, der fünfte Teil der »zunehmend unzutreffend so genannten *Per Anhalter durch die Galaxis*-Trilogie«. Während *Macht's gut, und danke für den Fisch* viele Fans verunsichert haben mag, immerhin war der Roman eher so was wie eine Liebesgeschichte, steckt in *Einmal Rupert und zurück* eine ganze Wagenladung SF. Außerdem gibt es gelegentlich Abschnitte, von denen man sicher sagen kann, dass Douglas sie vor seiner ökologischen Spritztour um die Welt so niemals hätte schreiben können.

Es war ein Schauspiel, an das Arthur sich nie so recht hatte gewöhnen oder an dem er sich hätte satt sehen können. Er und Ford waren zügig am Ufer des Baches entlang gewandert, der das Tal durchfloss, hatten schließlich die Ausläufer der weiten Ebene erreicht und sich in die Äste eines großen Baumes hochgezogen, um einen der seltsameren und herrlicheren Anblicke besser bewundern zu können, die die Galaxis zu bieten hatte.
Die große, donnernde Herde aus Tausenden und Abertausenden aus Absolut Normalen Viechern wogte in prachtvoller Schlachtordnung über die Anhondo-Ebene. Im frühen, fahlen Morgenlicht stürmten die mächtigen Tiere durch den feinen Dampf ihres Körperschweißes, der sich mit dem von ihren Hu-

fen aufgewirbelten schmutzigen Nebel vermischte, und wirkten schon aus diesem Grund unwirklich und gespenstisch, aber das wahrhaftig Atemberaubende an ihnen war, woher sie kamen und wohin sie verschwanden, nämlich schlicht und ergreifend aus dem beziehungsweise in das Nichts.

– *Einmal Rupert und zurück*

Und es gibt einige bizarre physikalische Phänomene und zeitliche Widersprüche, die sich seit der Zerstörung der Erde, oder dessen, was wir allgemein für die Erde halten, durch die Vogonen vor langer Zeit ereignet oder auch nicht ereignet haben.

In dem, was wir albernerweise als Vergangenheit bezeichnen, hatte der Reiseführer *Per Anhalter durch die Galaxis* zum Thema Paralleluniversen eine ganze Menge zu sagen. Allerdings ist nur sehr wenig von alledem für jemanden verständlich, der sich nicht auf der Stufe eines Fortgeschrittenen Gottes befindet, und da heute allgemein anerkannt ist, dass sämtliche bekannten Götter eine gute Dreimillionstelsekunde nach dem Universum entstanden sind und nicht, wie sie normalerweise behaupten, in der Woche davor, haben sie auch schon genug zu erklären und stehen daher momentan nicht zur Verfügung, um sich zu Fragen der höheren Physik zu äußern.

– *Einmal Rupert und zurück*

Einmal Rupert und zurück stürzt sich Hals über Kopf in die trüben Untiefen paralleler Universen, sodass man sich nie ganz sicher ist, ob der Arthur Dent dieses Buchs derselbe ist wie der an anderer Stelle auftretende Arthur Dent. Immerhin gibt es auch in diesem Universum eine Astrophysikerin namens Trillian und sogar eine forsche Fernsehreporterin mit Namen Tricia McMillan, die auf die eine oder andere Weise sogar miteinander zu tun haben könnten. Im Übrigen geht diese Fernsehreporterin, die auf einer Party in Islington mal einem Außerirdischen begegnet ist, der auf den Namen Zaphod hörte, aber *nicht* mit ihm ging, ihrem Beruf auf dem Planeten Erde nach. Oder wenigstens *irgendeiner* Erde. Welcher im Besonderen, bleibt indes den Vermutungen des Lesers überlassen. Denn *diese* Erde wurde niemals vernichtet. Oder wenn doch, legt sie eine bemerkenswerte Abneigung dagegen an den Tag, von der Bildfläche zu verschwinden.

Unterdessen befasst sich der Roman neben so gewichtigen Fragen der SF, der Kosmologie und der Wissenschaft wie der von Paralleluniversen auch ein wenig mit Astrologie sowie gewissen als Grebulonier bekannten Außerirdischen. Diese Grebulonier haben sich gegenwärtig auf dem erst vor kurzem entdeckten zehnten Planeten unseres Sonnensystems eingerichtet, der aus keinem besonderen Grund auf den Namen Rupert getauft wurde. Den Grebuloniern, die sich aufgemacht hatten, um irgendwo Unheil oder sonst was anzurichten, ist mit freundlicher Unterstützung eines durchs All brausenden Meteoriten ein kleines Missgeschick widerfahren. Seitdem ist ihnen vollständig entfallen, was sie eigentlich hatten tun sollen, sobald sie dort angekommen sein würden, wo sie die ganze Zeit hingewollt hatten. Stattdessen sitzen sie nun die ganze Zeit vor dem Fernseher.

In der Zwischenzeit lässt sich Arthur, dessen Versuch, die Erde oder wenigstens eine Erde zu finden, die entfernt an jene erinnert, von der wir nach wie vor annehmen, dass sie von den Vogonen in die Luft gejagt wurde, grandios gescheitert ist, nach der Bruchlandung seines Raumschiffs, die er als Einziger überlebt, auf einem freundlichen kleinen Planeten nieder. Er reüssiert als Sandwichmacher und lebt dort einigermaßen glücklich. Das heißt, einigermaßen glücklich für einen Mann, der es geschafft hat, nicht bloß seinen Planeten zu verlieren, sondern danach, so unwahrscheinlich sich das auch anhören mag, bei einem Unfall mit dem Unwahrscheinlichkeitsdrive auch noch Fenchurch, seine große Liebe. Doch irgendwie gelingt es Arthur, bei alledem die Ruhe zu bewahren. Schließlich weiß er, wie er im Verlauf der Ereignisse, die in *Das Leben, das Universum und der ganze Rest* erzählt werden, herausgefunden hat, dass er unmöglich sterben kann, bevor er den unglückseligen Agrajag auf der planlos so genannnten Welt Stavromula Beta trifft. Das ist allerdings eine Geschichte, die es am Ende zu einer Auflösung bringt.

Anderenorts hat Ford gewaltige Probleme mit Infini Tumb Enterprises, den neuen Verlegern des Reiseführers *Per Anhalter durch die Galaxis*. Die sind nicht bloß wahre Spaßbremsen auf Partys, sondern, Horror über Horror, auch noch damit beschäftigt, den alten *Anhalter* durch dessen Neuauflage, den *Anhalter Mark II*, zu ersetzen, der in einem Behälter ausgeliefert wird, auf dem in großen, unfreundlichen Buchstaben das Wort PANIK aufgedruckt ist. Ford, der sich außer Stande sieht, irgendeine Party zu besuchen, ist davon verständlicherweise absolut nicht begeistert. Und je mehr er über Infini Tumb Enterprises erfährt, desto weniger begeistert ist er. Er nimmt darauf die Dienste seines mechanischen Freundes Colin in Anspruch und versucht dem Geheimnis auf den Grund zu gehen, nämlich dem, weshalb es in den Büros des *Anhalter*-Verlags keine Partys und nicht einmal mehr was zu trinken gibt, indem er mehrfach aus dem Gebäude springt und sich schließlich auf die Suche nach Arthur macht.

Während all das passiert, entdeckt Arthur zu seinem Entsetzen, dass er Vater geworden ist. Seine Tochter hört auf den unwahrscheinlichen Namen Random, führt sich meistens ziemlich verdrießlich und übellaunig auf und hat eine Mutter namens Trillian. Und falls Sie sich jetzt fragen, ob die beiden mal... nein, haben sie nicht, das Kind war das Resultat einer DNA-Probe oder irgendwas in der Richtung. Wie dem auch sei, Random ist ganz sicher nicht die Art Mensch, dem man gerne seine Uhr borgen würde, und Arthur schreckt ein bisschen davor zurück, sich seine friedliche Existenz als Sandwichmacher durch das plötzliche Auftauchen von Trillian durcheinander bringen zu lassen, die ihre gemeinsame Tochter bei ihm ablädt und sofort wieder in der Stratosphäre verschwindet. Arthur muss darauf sein Lebensglück gegen Verantwortung eintauschen und ist darüber ganz und gar nicht erfreut.

Das sind die Dinge, die sich zwischen den Buchdeckeln von *Einmal Rupert und zurück* abspielen, wobei Zaphod Beeblebrox gelegentlich erwähnt wird, aber kein einziges Mal in Erscheinung tritt.

Ach ja, und wenn Sie das immer noch interessiert und Sie sich *Einmal Rupert und zurück* bis jetzt noch nicht gekauft haben – Schande über Sie, wenn nicht –, ja, Marvin ist tatsächlich tot und kommt in dem Roman überhaupt nicht vor. Rauswürfe wie diese sind der Stoff für große Tragödien.

Reiseführer durch den Reiseführer

In der heutigen Welt elektronischer Pressemappen, DVDs und CD-ROMs scheint jeder Film und jede Fernsehserie von einer ›Making of‹-Dokumentation begleitet zu sein, ganz gleich, ob sich irgendwer dafür interessiert, wie das entsprechende Machwerk entstanden ist, oder nicht. (Ironischerweise ist das ›Making of‹ in manchen Fällen sogar besser als sein Thema.)

Als 1980 die *Anhalter*-Fernsehserie produziert wurde, hatte noch niemand etwas von einer derartigen Extravaganz gehört. Doch zum Glück besaß Kevin Davies den Weitblick, nur für den Fall, dass die BBC irgendwann in der Zukunft einmal eine ›Making of‹-Dokumentation in Erwägung ziehen sollte, einen Großteil des Geschehens hinter den Kulissen aufzuzeichnen.

13 Jahre später beschloss die BBC, dass nun der richtige Zeitpunkt gekommen sei, eine Dokumentation mit dem Titel *The Making of the Hitchhiker's Guide to the Galaxy [Per Anhalter durch die Galaxis – Das Making of]* ins Werk zu setzen.

Wenn man es genau nimmt, war Kevin Davies' Job bei der Fernsehserie der eines Trickfilmzeichners, der unter Rod Lord in den Pearce Studios arbeitete. Doch als großer Fan von Science Fiction im Allgemeinen und dem *Anhalter* im Besonderen nahm er jede Gelegenheit wahr, am Set aufzutauchen, wo man ihn mit einer Heimvideokamera beladen nach Belieben herumlaufen ließ. Man schrieb das Jahr 1980, lange vor der Einführung des Begriffs ›Camcorder‹.

Kevins Ausrüstung bestand aus einer unförmigen Kamera, die über ein Kabel mit einem schweren Aufnahmegerät verbunden war, das er wie Ford Prefect seinen Rucksack über der Schulter trug. Seine Allgegenwart am Set brachte ihm indes einige Spottnamen wie ›Mäusetrainer‹ oder ›Bademeister‹ ein.

Als die BBC 1992 die Veröffentlichung der *Anhalter*-Fernsehserie auf Video vorbereitete, schlug Kevin vor, einen Teil seines Archivmaterials für ein kleines, zehnminütiges ›Making of‹-Extra zu verwenden. Die Sendeanstalt beschloss jedoch, dass eine abendfüllende Dokumentation eine bessere Idee sei, allerdings nur dann, wenn die Fans dies wünschten. Also wurden die Käufer der ersten Exemplare der *Anhalter*-Videos mit der Bitte konfrontiert, schriftlich ihr Interesse am Kauf eines *Making of Hitchhiker's*-Videos zu bekunden. Das Echo war offenbar groß genug.

Kevin wurde darauf auf Empfehlung von John Lloyd als Regisseur eingestellt* und schrieb und drehte anschließend unter der Obhut des Produzenten Alan J. W. Bell eine Dokumentation, die nicht nur den *Anhalter* feierte, sondern bis zu einem gewissen Grad auch zu einem Bestandteil des Kanons wurde.

The Making of the Hitchhiker's Guide to the Galaxy beginnt mit Arthur Dent, der, nachdem er sich von einem vorüberfliegenden Raumschiff hat mitnehmen lassen, wieder auf der Erde abgesetzt wird (zur Freude aller SF-Fans handelte es sich dabei um die Liberator aus *Blake's 7*, die von einer vertraut aussehenden Grünen Minna verfolgt wurde!). Arthur kehrt nach Hause zurück, wo er einen Haufen überflüssige Post vorfindet (ganz wie in *Macht's gut, und*

---

* Kevin Davies hat gemeinsam mit dem Special Effects-Produzenten Sean Broughton, dessen Freundin die ehemalige Pressesprecherin von John Lloyd war, mehrere Werbespots gemacht. Komischerweise spielten irgendwelche Sekretärinnen dabei keine Rolle.

danke für den Fisch) und eine Ausgabe seines unentbehrlichen elektronischen Begleiters, des Reiseführers *Per Anhalter durch die Galaxis*. Anschließend betrachtet Arthur – und mit ihm der Zuschauer – auf dem Bildschirm des *Anhalters* die Dokumentation über die Entstehung der Fernsehserie.

Außer Kevins Archivmaterial und *Anhalter*-Ausschnitten aus Sendungen wie *Pebble Mill at One* und *Tomorrow's World* waren darin neue Interviews mit Douglas Adams, Sandra Dickinson, David Dixon, Martin Benson, Mark Wing-Davey, David Learner, Alan J.W. Bell, Rod Lord, dem Komponisten Paddy Kingsland, dem Designer Andrew Howe-Davies, dem Effect Supervisor Jim Francis und – zu Arthurs Überraschung – mit Simon Jones zu sehen.

Der beste Teil ist der über die Produktion der Trickfilme. Arthur zieht sich einen gezeichneten Babelfisch aus dem Ohr*, der ihm darauf einen verkratzten Lehrfilm darüber vorführt, wie die Trickfilme zum Leben erweckt wurden. Die Stimme des Babelfischs und der Tonfall des ›Films‹ im Stil der 40er-Jahre gingen beide auf das Konto von Michael Cule, der außerdem seine Rolle als Vogonen-Wächter wieder aufleben ließ. Cule stapfte im Originalkostüm (das er sich von einem Fan borgen musste, der es bei einer Auktion der BBC ersteigert hatte), aber mit neuem Kopf, neuen Händen und Stiefeln ins Zimmer und packte Arthur/Simon, bevor er sich in David Dixon als Ford (in einem leicht unpassenden Jackett) verwandelte.

Während Ford Arthur aus dem Haus und an Marvin, dem Paranoiden Roboter, vorbeiführt, erklärt er ihm, dass das Ganze nur eine virtuelle Umgebung sei, und ruft eine Kontrollkonsole auf, die Marvin, die Straße und alles andere einfach verschwinden lässt.

---

* Wie die meisten britischen Trickfilmkünstler hatte auch Kevin an *Falsches Spiel mit Roger Rabbit* mitgearbeitet und einen Teil der Szene gezeichnet, in der Roger sich im Spülbecken versteckt.

Die allererste Auslieferung der *The Making of the Hitchhiker's Guide to the Galaxy*-Videos hatte einen erheblichen Fehler auf der Tonspur, mit dem Ergebnis, dass Peter Jones' Erzählerstimme an manchen Stellen nicht zu hören war. Obwohl die Kassetten schnell zurückgezogen wurden, gingen einige doch über den Ladentisch und sind nun, je nach Sichtweise, (a) ein bedeutendes Sammlerstück oder (b) einfach defekt.

Die erste Ausgabe des *Making of* dauerte 90 Minuten, während die Großhändler in den USA im letzten Augenblick eine Kürzung auf nur mehr 60 Minuten verlangten. Im Jahr 2001 gelang es Kevin Davies, als eine Art ›Making of Teil 2‹ weitere 30 Minuten Material zusammenzustellen, das neben der Originaldokumentation sowie den vollständigen Fassungen der Ausschnitte aus *Tomorrow's World* und *Pebble Mill* auf der 2002 erschienenen DVD der Serie enthalten war.

The Making of the Hitchhiker's Guide to the Galaxy erschien erstmals im März 1993, rechtzeitig zum 15. Jahrestag der ursprünglichen Radioserie. Fünf Jahre später strahlte Radio 4 eine einstündige Dokumentation über diese Radioserie aus. Obwohl man kurz darüber nachdachte, dem Programm den immer wieder vorgeschlagenen, letztlich aber nie verwendeten Titel *The Hitchhiker's Guide to the Hitchhiker's Guide to the Galaxy* zu verpassen, ging es dann doch unter dem Titel *The Guide to Twenty Years' Hitchhiking* über den Sender und wurde danach als *Douglas Adams' Guide to the Hitchhiker's Guide to the Galaxy* auf Kassette veröffentlicht.

Das genau wie das *Making of*-Video von Peter Jones erzählte Radioprogramm war von Debbie Barham geschrieben, deren Skript zahlreiche unvergessliche Passagen aus dem *Anhalter* nachzeichnete – eine Vorgehensweise, auf die schon Kevin Davies und Andrew Pixley in einem erschreckend detaillierten Artikel über die Fernsehserie für das Magazin *Time Screen* zurückgegriffen hatten.

Außerdem gab es Interviews mit Douglas Adams, Simon Brett, Geoffrey Perkins, Simon Jones, Geoffrey McGivern, Stephen More, Paddy Kingsland und anderen. Ein zweites Band, das zusammen mit der Kassette auf den Markt kam, enthielt das komplette 50 Minuten lange Interview mit Douglas Adams.

Obwohl Douglas bereits viele, viele Male interviewt worden war, stellte die Einladung in die *South Bank Show* im Januar 1992 einen der denkwürdigsten Auftritte seiner Karriere dar. Wie das zwei Jahre später erschienene *Making of*-Video verknüpfte die Show reale und fiktionale Welten und ließ Simon Jones und David Dixon ihre Rollen aus der Fernsehserie wieder aufnehmen. Außerdem sah das von Douglas selbst verfasste Drehbuch Peter Jones als Erzähler, Marvin (gesprochen von Stephen Moore)* sowie drei Charaktere aus *Der Elektrische Mönch – Dirk Gentlys Holistische Detektei* vor: der gleichnamige Detektiv (gespielt von dem Humoristen Michael Bywater, der das Vorbild für die Figur war), Richard MacDuff und der Elektrische Mönch. Und ein Adler.

Die fiktionalen Figuren saßen in Douglas' Wohnung in Islington und führten ein bissiges Streitgespräch darüber, was Douglas im Zimmer unter ihnen wohl zu Melvyn Bragg sagen würde. Außerdem traten auch Douglas' Freund Professor Richard Dawkins und seine Lektorin Sue Freestone in der Sendung auf.

---

* Der in einen langen braunen Mantel gehüllte Marvin beklagt sich, dass ihn schließlich sogar sein eigener Körper im Stich gelassen habe. Das lag angeblich daran, dass die BBC alles bis auf seinen Kopf auf den Müll geworfen hatte. Wie er dann nur zwei Jahre später in dem *Making of*-Video wieder vollständig in Erscheinung treten konnte, bleibt ein Geheimnis.

Der möglicherweise unvergesslichste Augenblick des Programms ereignete sich jedoch hinter der Kamera, als Douglas sich unversehens in seiner Küche fand und sich verzweifelt daran zu erinnern versuchte, warum er dorthin gegangen war. Die Schauspieler, Crew und verschiedene unbeteiligte Zeugen, die sich in der Küche versammelt hatten, um nicht im Weg zu stehen, zerbrachen sich anschließend den Kopf, was Douglas mit seiner Bemerkung, er suche etwas »wie eine Kneipe, bloß kleiner«, gemeint haben mochte. Schließlich stellte sich heraus, dass es sich dabei um den Kühlschrank handelte.

Nachtrag: Leser, die nach weiteren Informationen über den *Anhalter* suchen, seien hiermit an die ausgezeichnete BBC-Site
 www.bbc.co.uk/cult/hitchhikers
und an MJ Simpsons Buch *The Pocket Essential Hitchhiker's Guide* verwiesen, in dem Simpson, der Koautor dieses Werks, *Keine Panik!* absolut unzutreffend als »vergriffen« bezeichnet.

Unbewegte bewegte Bilder

Neben der Fernsehserie und den diversen Inkarnationen des *Anhalters* am Theater gab es zwei weitere Versuche, die Geschichte in Bilder umzusetzen. Mit dem ersten Unternehmen hatte Douglas Adams selbst nur sehr wenig zu tun. Es erntete kaum öffentliche Aufmerksamkeit, stieß auch bei den Fans auf äußerst gemischte Gefühle und war trotzdem einigermaßen erfolgreich. Der zweite Versuch wurde von Douglas sorgfältig überwacht (er absolvierte darin sogar einen Cameo-Auftritt), massiv beworben, erntete den Beifall der Fans und Kritiker und war am Ende finanziell ein Riesenreinfall.

Zuerst kamen die Comics. Die Idee, den *Anhalter* als Comic herauszubringen, war in Anbetracht des Einfallsreichtums der Story, der visuellen Entfaltungsmöglichkeiten vieler Szenen und der Tatsache, dass weder die BBC noch Hollywood irgendeine Absicht erkennen ließen, der Geschichte in nächster Zeit zu ihrem Recht zu verhelfen, längst eines der unter den Fans am heißesten diskutierten Themen.

1992 kündigte DC-Comics, die Heimat von Superman, Batman, Wonder Woman und so fort, gänzlich unerwartet für das kommende Jahr eine dreiteilige Bearbeitung des ersten Romans an. In der Fachpresse erschien darauf eine Seite mit Arbeiten des auf Hawaii lebenden Zeichners Steve Leialoha, auf der die Hauptfiguren zu sehen waren. Außerdem hieß es, dass John Carnell, der bis dahin vor allem mit einer Comic-Reihe namens *The Sleaze Brothers* bekannt geworden war, die Bearbeitung schreiben würde.

Die Comics kamen gegen Ende des Jahres 1993 in einem perfekt gebundenen üppigen Vierfarb- und Hochglanzformat auf den Markt. Sie sahen zwar sehr schön aus, kosteten in England jedoch den stolzen Preis von 4 Pfund 50, der für die *Anhalter*-Fans, die daran gewöhnt waren, sich *The Beano* oder *2000 AD* zu kaufen, ein Schock war. Und nachdem sie murrend 13 Pfund 50 für alle drei Bücher geblecht hatten, fanden sie heraus, dass sie lediglich eine überarbeitete und bebilderte Version des Romans in der Hand hielten.

Die Comics krankten vor allem an zwei Problemen. Das eine war, dass Douglas Adams, obwohl er das Projekt angeblich beaufsichtigte, weder Zeit noch Lust hatte, sich aktiv daran zu beteiligen (darüber hinaus hegte er, wie man leider konstatieren muss, keinerlei erkennbares Interesse an dem Medium Comic). Der Autor John Carnell, ein versierter Comic-Texter und großer Bewunderer von Douglas' Arbeit, hatte sich darauf gefreut, seinem Helden bei der Erschaffung einer weiteren Fassung des *Anhalters* zur Hand gehen zu können. Er war daher ziemlich enttäuscht, als er dahinter kam, dass seine Aufgabe lediglich darin bestand, das Buch zu überarbeiten.

Das zweite Problem, das sich indes aus dem ersten ergab, war, dass der Versuch, die Geschichte an das neue Medium anzupassen, gar nicht erst unternommen wurde. Der *Anhalter* hatte weder im Radio, auf Platte, im Fernsehen, in Buchform noch auf der Bühne jemals irgendwelchen Respekt vor sich selbst bezeugt und sich jedes Mal, oft sogar bis zur völligen Umkehr früherer Versionen, verwandelt, um die Möglichkeiten des jeweils neuen Mediums, mit dem er sich konfrontiert sah, vollständig zu nutzen. Doch ohne Douglas' Mitarbeit war das bei den Comics offenbar einfach nicht machbar.

Zudem stießen Leialohas Zeichnungen allgemein auf Ablehnung. Obwohl sie durchaus makellos, knackig und bunt waren, kamen die Seiten der *Anhalter*-Comics einer Generation von Science-Fiction-Fans, die mit den grobkörnigen Bildern von 2000 AD aufgewachsen waren, einfach ein wenig zu... nun ja, makellos, knackig und bunt vor. Zaphod war ein gebleichter blonder Strandjüngling, die Vogonen sahen wie riesige humanoide Kröten aus, Ford war nicht nur ein bisschen daneben, sondern total durchgeknallt, der Babelfisch wirkte wie etwas, das man niemals auch nur in die Nähe seines Kopfes kommen, geschweige denn in sein Ohr lassen würde, Arthur war eindeutig viel zu jung, und Marvin schien ein außergewöhnlich stoischer Robotkellner zu sein. Die einzigen Aspekte, in denen die Comic-Zeichnungen die Fernsehbilder übertrafen, waren Trillian, eine Brünette in fließenden, arabisch anmutenden Gewändern, und Zaphods zweiter Kopf, der dieses Mal wenigstens lebendig wirkte.

Aber die Comics hätten auch um einiges schlechter ausfallen können. Denn da sie bei einem amerikanischen Verlag erschienen, wurde allen Ernstes der Versuch unternommen (allerdings nicht von Carnell), die Dialoge zu amerikanisieren und dem Zeitgeist anzupassen. Douglas' minimale Beteiligung führte immerhin dazu, dass er zu allem sein Okay geben musste. Und obwohl ihm ein paar Amerikanismen durchgingen, konnten deshalb einige wichtige Punkte wie die Anspielungen auf Rickmansworth oder die Digitaluhren auf Adams' Geheiß wiederhergestellt werden.

Ungeachtet der weit verbreiteten Geringschätzung waren die Comics offenbar ein beachtlicher Erfolg. Im folgenden Jahr erschien eine dreiteilige Bearbeitung von *Das Restaurant am Ende des Universums,* auf die wiederum zwölf Monate später *Das Leben, das Universum und der ganze Rest* folgte. Die ersten drei Comics wurden anschließend zu einer Graphic Novel zusammengefasst, außerdem kam ein Satz von 100 Trading Cards auf den Markt.

Während viele Leser die Comics schlicht ignorierten, kann das zugegebenermaßen gewaltige, in einen silbernen Umschlag gehüllte Buch, das im September 1994 erschien und den Titel *The Illustrated Hitchhiker's Guide to the Galaxy* [*Per Anhalter durch die Galaxis – Die illustrierte Fassung*] trug, eigentlich kaum jemandem entgangen sein.

Die Idee zu einer neuen, dank der Wunder der Computertechnologie bebilderten Ausgabe des ersten *Anhalter*-Romans kam zum ersten Mal 1993 auf. Nicht Zeichnungen oder Grafiken sollten es diesmal sein, sondern Fotografien von Menschen und Modellen, die so im Computer bearbeitet werden konnten, dass dabei noch niemals gesehene Abbildungen entstehen würden. Das Ganze sollte verschwenderisch, bahnbrechend und (mit den Worten des Verlegers) gleichsam »ein Film aus unbewegten bewegten Bildern« sein.

Zunächst bedurfte es dazu fachlicher Beratung. Douglas wandte sich abermals an Kevin Davies*, der bereits bei *The Making of the Hitchhiker's Guide to the Galaxy* glänzende Arbeit geleistet hatte. Kevin versammelte ein ebenso fähiges wie begeistertes Team von Designern, Modellbauern und Zeichnern um sich und begann darüber nachzudenken, welche Teile der Geschichte in besonders eindrucksvolle Bilder verwandelt werden konnten.

Doch erst einmal musste das Buch an den Mann gebracht werden. Ein derart kostspieliges Projekt erforderte genau wie ein aus *bewegten* Bildern bestehender Film überseeische Geldgeber. Also wurde ein Probefoto hergestellt und auf der Frankfurter Buchmesse vorgestellt. Auf diesem

---

* Kevin Davies wurde schließlich als »Concept Art Director« aufgeführt.

Foto waren Arthur und Ford zu sehen, die vor einem Bulldozer kauern, während über ihren Köpfen ein Bauschiff der Vogonen vorüberfliegt. Es ähnelte der Abbildung auf den Seiten 18 und 19 des fertigen Buchs, zeigte jedoch David Dixon als Ford und Alastair Lock als Arthur (Simon Jones war zu der Zeit nicht verfügbar). Die in Frankfurt anwesenden Verleger bedachten das Bild mit vielen *Aahs* und *Oohs,* und es kam auf der Stelle zur Unterzeichnung der Verträge.

The Illustrated Hitchhiker's Guide to the Galaxy war sicher der einzige Roman, der je mit Schauspielern besetzt wurde. Da man sich dafür entschied, jede Verbindung mit der Fernsehserie zu kappen, sollten Tom Finnis und Jonathan Lermit Ford und Arthur darstellen. Janos Kuruz (der damals der Star der Produktion von *Das Phantom der Oper* im West End war) spielte Slartibartfass, während Francis Johnson den ersten schwarzen Zaphod (eine Idee, die Douglas schon lange im Kopf herumging) und Tali, das einzige Model in einer Riege von Schauspielern, Trillian gab. Michael Cule, ein Veteran der Fernsehserie, des *Making of*-Videos und der Bühnenfassung des Rainbow-Theaters, trat als Mr. Prosser auf. Die Galaktischen Bullen Shooty und Bang Bang wurden von Douglas Adams und seinem Agenten Ed Victor verkörpert, während Kevin Davies einen Cameo-Auftritt als Fahrer des Bulldozers absolvierte.

Seinem Äußeren nach war er im Großen und Ganzen humanoid, von seinem Extrakopf und dem dritten Arm mal abgesehen. Seine blonden, zerzausten Haare standen in allen Richtungen vom Kopf ab, in seinen blauen Augen glimmte etwas durch und durch Undefinierbares, und seine Kinne waren fast immer unrasiert.

– *Beschreibung von Zaphod Beeblebrox aus* Per Anhalter durch die Galaxis

Gewisse lokale Fehleinstellungen der Realität und des Wahrnehmungsapparats des Beobachters verändern bisweilen den subjektiven Eindruck. So nehmen menschliche Wesen, die an BSE, der menschlichen Form des Rinderwahnsinns, leiden, das Haar des Präsidenten vermutlich als kurz und dunkel wahr und sollten daher unverzüglich einen qualifizierten Peripsychosemiolothanatisten aufsuchen.

– *Eine dem* Illustrated Hitchhiker's Guide to the Galaxy *hinzugefügte Fußnote*

Martin Bowser (der durch *Mondbasis Alpha 1* bekannt wurde) und Jonathan Saville entwarfen die wichtigsten Modelle. Die im Buch verwendeten Fotos wurden von dem legendären Michael Joseph aufgenommen und anschließend am Computer von Colin Hards gründlich durcheinander geschüttelt. Die Außenaufnahmen entstanden am Southend Pier und im Nachtklub Stringfellows.

Vieles an dem Buch macht großen Spaß, darunter sowohl die Abbildungen als auch das Layout des Textes, und es gibt zahlreiche Einzelheiten, die man leicht übersehen kann und erst auf den zweiten oder dritten Blick entdeckt. Und echte Fans von Science Fiction im Fernsehen haben vermutlich ihre Freude an den zahlreichen aus anderen Serien entliehenen Requisiten.

Der große Nachteil des Buchs war natürlich, dass es immerhin 25 Pfund kostete*. Wenn sich die Gerüchte über einen beigefügten sprechenden Computerchip als wahr erwiesen hätten, wäre der Preis vermutlich noch höher ausgefallen. Auch so war es schon mehr als zwei Mal so teuer wie ein durchschnittlicher gebundener Roman und hatte auch noch den zusätzlichen Nachteil, dass jeder, der es

---

* Die im Übrigen identische amerikanische Ausgabe kostete stolze 42 Dollar.

trotzdem kaufte, bereits mindestens eine andere Ausgabe des Romans besaß. Hinzu kam, dass diese Ausgabe einfach *riesig* war – viel zu groß, um sie bequem lesen oder in einem handelsüblichen Bücherregal unterbringen zu können.

Leider musste ein großer Teil der Auflage (ungeachtet der weltweit begeisterten Kritiken) als Remittende verkauft werden, womit sich sämtliche Hoffnungen auf eine Taschenbuchausgabe oder einen Nachfolgeband mit dem Titel *The Illustrated Restaurant at the End of the Universe [Das Restaurant am Ende des Universums – Die illustrierte Fassung]* zerschlugen. Außerdem ließ der Wow-Faktor der Abbildungen, als derartige Computermanipulationen immer alltäglicher wurden, rapide nach. Womit sich Colin Hards 1994 noch abplagen musste, kann heute von den meisten Lesern dieses Buchs an einem einzigen Nachmittag erledigt werden. Andererseits ist das Design der Raumschiffe, Requisiten, Kostüme, Außerirdischen und Sets im Großen und Ganzen auch heute noch sehr schön und mit Sicherheit um einiges einfallsreicher und denkwürdiger als die Comics. Vor allem das Design für Marvin, der als ein um die Hälfte verkleinertes Modell gebaut wurde, ist gewiss das Beste, das jemals für den Paranoiden Roboter entworfen wurde.

Schließlich ist die Tatsache von beiläufigem Interesse, dass der Vorschlag für ein Foto mit Delfinen fallen gelassen wurde, als sich herausstellte, dass es in Großbritannien keinerlei Delfine in Gefangenschaft gab. Was mal eine gute Nachricht ist.

Dot.com mit Erfolgsgarantie

> Ich halte Online Publishing für das zurzeit spannendste neue Betätigungsfeld. Es ist fast so, als würde man um 1905 in der Filmindustrie arbeiten, während dieser ganze Zweig gerade erst rings um einen erfunden wird und jede Idee, die man hat, noch neu ist.
>
> – *Douglas Adams, im MSN Webchat, Juli 1995*

Douglas Adams' Liebe zu Computern, seine Leidenschaft für Informationstechnologien jeder Art, ist allgemein bekannt. Daher schien es nur natürlich, dass er früher oder später sein eigenes Multimedia-Unternehmen gründen würde.

Abgesehen davon, dass The Digital Village (TDV) Douglas eigentlich gar nicht gehörte, handelte es sich, wie er sich bei jeder Gelegenheit zu unterstreichen beeilte, auch eher um ein »Multiple Medien«-Unternehmen (worin genau der Unterschied bestehen sollte, erklärte er allerdings nie).

Douglas war der »Cheffantast« von TDV, was bedeutete, dass er sein Gesicht in die Öffentlichkeit hielt, seinen medienwirksamen Namen zur Verfügung und sich selbst der Herausforderung stellte, möglichst kühne Ideen zu entwickeln. Obwohl seine Partner in der Öffentlichkeit nicht so präsent waren wie Douglas, verfügten sie über jede Menge geschäftliche Erfahrung und wussten deshalb, dass, wenn irgendjemand in der dot.com-Welt ein Unternehmen auf die Beine stellen konnte, dieser Jemand nur Douglas Adams heißen konnte. Der CEO der Firma war Robbie Stamp, den Douglas kennen gelernt hatte, als er einst auf der Suche nach einem Produzenten für eine geplante Fernsehserie war.

Die Idee für TDV wurde 1994 geboren und 1996 mit großem Tamtam offiziell auf den Weg gebracht. Das Unternehmen bestand danach fast fünf Jahre.

Das erste Produkt von TDV war *Starship Titanic [Raumschiff Titanic]*, ein Buch-und-Spiel-Franchise, das seinen Namen und die Grundidee einer Randbemerkung über ein sagenhaftes Raumschiff in *Das Leben, das Universum und der ganze Rest* zu verdanken hatte, das unmittelbar nach dem Mittagessen einen Spontanen Totalen Existenzausfall erlitt. Douglas, der von den visuellen Freuden des Computerspiels *Myst* entzückt war, wollte die grafischen Wunder der späten 90er mit dem intellektuellen Anspruch der frühen Infocom-Spiele der 80er verbinden.

Das Ergebnis war ein riesiges, viele Decks hohes und vom Bug bis zum Heck (ausgerechnet) mit einem Kanal (inklusive mechanischer Gondolieri) ausgestattetes Kreuzfahrtschiff. Das mit dem Oscar ausgezeichnete Team Isabel Molina und Oscar Chichoni schuf das Erscheinungsbild des Spiels, während Douglas einer von mehreren Autoren war, die für die Handlung sowie sechs Stunden vorproduzierte Sprache verantwortlich zeichneten. Sobald der Spieler mit den Charakteren *kommunizierte*, konnte ein Programm namens TrueTalk die jeweils passendste Sprachausgabe auswählen und so kombinieren, dass der Eindruck eines echten Wortwechsels entstand.

> »Das Problem mit der Umwandlung von Text in Sprache ist augenblicklich nicht, dass die Sache nicht klappt, sondern nach einer Weile einfach die Ohren strapaziert. Das liegt da-

ran, dass der Rhythmus der Sprache nicht natürlich ist und die Spielfiguren sich gewöhnlich wie Stephen Hawking oder wie Skandinavier mit einer leichten Gehirnerschütterung anhören.«

– Douglas Adams, Juni 1997

Zur Unterstützung des Computerspiels gab es den Roman. Allerdings sollte es sich dabei nicht bloß um ein auf dem Spiel basierendes Buch handeln, sondern um 50 Prozent der Kombination aus Buch und Spiel, sodass mit der einen Hälfte für die andere geworben werden konnte.*

»Als ich mir über den Roman Gedanken machte, beschloss ich zuerst ›Das lassen wir jemand anders machen‹«, erzählte Douglas. »Doch auf halber Strecke geriet ich in Panik und dachte: ›Nein, nein – da kenne ich mich aus, das ist mein Beruf. Ich schreibe den Roman lieber selbst.‹ Da das Buch zur selben Zeit erscheinen sollte wie das Spiel, lautete die nächste Frage: ›Soll ich die Arbeit am Spiel jetzt einfach aufgeben, den anderen überlassen und den Roman schreiben?‹ Aber damit hätte ich, vermutlich ohne irgendeiner Hälfte des Projekts zu dienen, mitten im Rennen die Pferde gewechselt. Daraus ergab sich wiederum ein neues Problem, nämlich die Anzahl der Stunden eines Tages und der Tage einer Woche sowie die unerfreuliche Notwendigkeit, zwischendrin regelmäßigen Schlaf zu bekommen.«

Infolge dieser Unschlüssigkeit und ungeachtet der Tatsache, dass der Erscheinungstermin des Computerspiels verschoben worden war, musste plötzlich sehr schnell ein Roman her.

---

* Der Präzedenzfall ist natürlich 2001: *Odyssee im Weltraum*. Auch Arthur C. Clarke und Stanley Kubrick arbeiteten gleichzeitig an Buch und Film, und das eine macht keinen Sinn, bevor man das andere nicht gelesen oder gesehen hat. Bekanntlich erschließt sich vielen der Sinn auch dann noch nicht.

Da kam Terry Jones ins Spiel, der, da er die Stimme eines Papageis sprach, ohnehin bereits mit dem Unternehmen zu tun hatte. Obwohl Jones bereits Drehbücher, Kinderbücher und sogar ernsthafte akademische Publikationen wie seine berühmte Analyse *The Canterbury Tales, Chaucer's Knight* verfasst hatte, hatte er sich noch nie an einem langen Roman versucht. Trotzdem machte er sich sofort an eine Erzählung über das große, bis auf eine Vielzahl exzentrischer Roboter, eine sprechende Bombe und einen manischen Papagei völlig verwaiste blerontinianische Raumschiff. Im Roman gehen (aus keinem besonders überzeugenden Grund) drei Menschen an Bord des Schiffs und müssen, um die Bombe zu finden und zu entschärfen, zu den höher gelegenen Decks vordringen.*

Das Buch wurde unter dem Titel »*Douglas Adams' Starship Titanic* – a novel by Terry Jones«** veröffentlicht und war von Anfang an vom Pech verfolgt. Die Formatierung von Douglas' Einführung war ein heilloses Durcheinander, was die gestressten Lektoren bei Pan entweder gar nicht registriert oder für Absicht gehalten hatten. Trotz einer ausgedehnten Werbetour durch die USA wurde die Veröffentlichung im Vereinigten Königreich zuerst verschoben und dann in der Öffentlichkeit kaum beachtet. Der Grund für die Verzögerung war eben jene ausgedehnte US-Tour, bei der die Verantwortlichen von Pan, um die Korrekturfahnen zurückzubekommen, hinter Terry und Douglas herjagen mussten.

Weder der Roman noch das Spiel bekamen besonders

---

* Im Spiel geht (aus keinem besonders überzeugenden Grund) der Spieler oder die Spielerin an Bord und muss, um die Bombe zu finden und zu entschärfen, zu den höher gelegenen Decks vordringen.

** In Deutschland (wo es sehr erfolgreich war) und Frankreich kam das Buch als »*Douglas Adams' Raumschiff Titanic* – Roman von Terry Jones« auf den Markt.

gute Kritiken, wobei das Spiel immerhin einen Preis gewann, und da beide nicht wirklich von Douglas waren, können wir sie hier überspringen und uns h2g2.com, der zweiten Schöpfung von TDV, zuwenden.

> Ich habe das Internet wirklich nicht kommen sehen. Die Computerindustrie allerdings auch nicht. Aber das hat nicht viel zu sagen – die Computerindustrie hat ja nicht mal das Ende des Jahrhunderts kommen sehen.
>
> – *Douglas Adams, aus der Einführung zu h2g2.com*

Douglas hatte bereits seit Jahren von der Vermarktung einer Art Suchmaschine namens »The Hitchhiker's Guide to the Internet« gesprochen. Und im April 1999 kam er endlich ans Ziel, live in einer Sondersendung von *Tomorrow's World*, auch wenn der Name mittlerweile vernünftigerweise auf h2g2 verkürzt worden war. Mit Rücksicht darauf änderte auch TDV seinen Namen in h2g2 Ltd.

Doch es ging nicht bloß um eine Suchmaschine für das Internet, sondern um den Versuch, einen globalen Fundus seriösen, despektierlichen, essenziellen oder obskuren Wissens zu erstellen, der von jedermann gelesen und, was noch wichtiger war, auch von jedermann geschrieben werden sollte. Eine Art Mikrokosmos des Internets im Internet, was auf merkwürdige Weise an Zarniwoops Erschaffung eines künstlichen Universums in seinem Büro aus der zweiten *Anhalter*-Radioserie erinnert.

Jeder (zumindest jeder mit einem Zugang zum Netz) konnte sich als Feldforscher für den *Reiseführer* zur Verfügung stellen und Beiträge zu jedem nur erdenklichen Thema abliefern. Eine Armee freiwilliger Redakteure sorgte dafür, dass die Texte richtig geschrieben waren und dass verleumderische, obszöne oder beleidigende Inhalte, Schleichwerbung und echt lahme Witze vermieden wurden. Zusätzlich wurde ein kleines Team verpflichtet, um das ganze Unternehmen zu beaufsichtigen. Fortan konnte sich eine kleine Auswahl von Leuten zum allerersten Mal mit Fug und Recht als Autoren des Reiseführers *Per Anhalter durch die Galaxis* bezeichnen.

Der Start von h2g2.com stieß allgemein auf großes Interesse. Bereits in den ersten 24 Stunden nach der Ausstrahlung von *Tomorrow's World* ließen sich mehr als 3000 Forscher registrieren. Douglas arbeitete unermüdlich, um für die Site und seine »weltweite Internet-Community« zu werben. Es kam sogar zur Unterzeichnung eines Vertrags, der den Zugriff über WAP-Handys vorsah. Und im Dezember 1999, genau zwei Wochen vor dem Eintritt ins 21. Jahrhundert (Douglas überschüttete Millenniumfanatiker derweil mit Hohn und Spott), war dann mittels kleiner, handlicher Apparate plötzlich in der ganzen Welt eine von Tausenden umherschweifenden Forschern ständig erweiterte Datenbank verfügbar. Gut, niemand verkaufte Mobiltelefone, auf denen in großen, freundlichen Buchstaben die Worte ›Keine Panik‹ aufgedruckt waren, aber davon abgesehen war dies schon ein bemerkenswertes Ereignis. Vor allem für einen Autor, der stets auf die Feststellung Wert gelegt hatte, dass seine Science-Fiction-Geschichten in keiner Weise prophetisch gemeint gewesen seien.

Das einzige Haar in der Suppe war, dass wie bei den meisten dot.com-Unternehmen auch bei h2g2.com nicht ganz klar war, woher das Geld kommen sollte. Es fiel auf, dass die einzigen Banner auf der h2g2.com-Site für *Raumschiff Titanic* warben, ein Projekt, das man nicht gerade als einen Goldesel bezeichnen konnte. Woher also sollten die nötigen Einkünfte kommen? Im Dezember 2000 zeigten sich erste Risse, als auf der Merchandising-Seite angekündigt wurde: »Nachdem wir den weihnachtlichen Ansturm überstanden haben, müssen wir den h2g2-Shop bis zum

Neuaufbau des E-Commerce-Zweigs unseres Geschäfts leider vorübergehend schließen. Für alle eventuell entstehenden Unannehmlichkeiten bitten wir um Entschuldigung.«

Als ein weiteres Opfer des dot.com-Booms wurde h2g2 am 29. Januar 2001 schließlich ganz eingestellt.

Oder doch nicht. Bereits am 21. Februar hieß es, dass h2g2 schon bald wieder im Netz zu finden sein würde – als Teil des dortigen Auftritts der BBC. Und am 12. März ging das ganze Programm unter www.bbc.co.uk tatsächlich wieder online, wo es sich seither glücklich behaupten und allmählich weiter vergrößern konnte. Viele Beobachter bemerkten die Ironie in der Tatsache, dass der Reiseführer *Per Anhalter durch die Galaxis* nach 23 Jahren zur BBC zurückkehrte, von wo aus er an einem Mittwochabend um 10 Uhr 30 seinen Weg in die Welt angetreten hatte.

Der Start von www.bbc.co.uk/h2g2 bedeutet einen großen Schritt in eine Zukunft, in der wir mit unserem Publikum *kommunizieren* werden, anstatt ihm nur vorgefertigte Programme *vorzusetzen*. Indem wir den Aufbau von Communitys im Netz zu einem bestimmenden Faktor unseres öffentlich-rechtlichen Angebots machen, wollen wir dafür sorgen, dass wir für jeden Geschmack innerhalb der britischen Online-Community etwas Interessantes zu bieten haben.

– *Ashley Highfield, Leiter der Abteilung Neue Medien bei der BBC*

Der *Anhalter* hat mal bei der BBC angefangen. Ich bin deshalb, um es mit den Worten einer tollen neuen Popgruppe zu sagen, von der wir in letzter Zeit eine Menge gehört haben, sehr froh, dorthin zurückzukehren, wo ich mal hingehört habe.

– *Douglas Adams, in derselben Presseveröffentlichung*

30

Eine Art Après-Vie

> »Jesus hat gesagt: ›Selig sind, die da Leid tragen, denn sie sollen getröstet werden.‹ Ford Prefect hat gesagt: ›Es ist ungeheuer wichtig, dass wir miteinander reden und einen trinken.‹«
>
> – *Reverend Anthony Hurst bei der Trauerfeier für Douglas Adams*

Douglas Adams starb.

Er starb so plötzlich und so unerwartet, dass es einem Schlag ins Gesicht gleichkam. In der einen Minute war er noch in Kalifornien, wo er am Drehbuch für den *Anhalter*-Film arbeitete, und im nächsten Moment gab es ihn nicht mehr.

Die genauen Umstände seines Todes waren, dass er am 11. Mai 2001 in seinem Gymnastikraum* in Santa Barbara einem Herzanfall erlag. Aber das war eigentlich nicht das Entscheidende. Das Entscheidende war, dass der beliebteste, einflussreichste und bedeutendste britische Humorist des 20. Jahrhunderts, der allerdings nur hin und wieder ein Buch geschrieben hatte, von nun an gar nichts mehr produzieren würde. Überall in der Welt erinnerte man sich an ihn in Nachrufen, die die Zuneigung der Menschen für Douglas sowie ihr Entsetzen über sein plötzliches Ableben bezeugten. Auf der douglasadams.com-Website gingen Tausende E-Mails trauernder Fans ein.

---

* Ein Fan stellte darauf mit einer Ironie, die Douglas sehr gefallen hätte, fest, dass er so wenigstens am Ende seines Lebens genau gewusst hatte, wo sein Handtuch war.

Während der Beisetzung in Kalifornien wurde Musik von Bach und den Beatles gespielt und Texte von Simon Jones, Terry Jones, Michael Nesmith und vielen anderen gelesen. Ein paar Monate später fand in London eine Trauerfeier statt, an der zahlreiche bekannte Gesichter aus dem Verlagswesen, von Rundfunk und Fernsehen sowie aus Comedy, Wissenschaft und Rockmusik teilnahmen. Zu den Rednern zählten unter anderen Professor Richard Dawkins, Simon Jones und Ed Victor. Der Chor sang Bach, und David Gilmours akustischer Solovortrag von »Wish You Were Here« trieb allen Anwesenden die Tränen in die Augen. Doch nicht einmal der Tod konnte Douglas davon abhalten, neue Bereiche der Kommunikationstechnologie zu erschließen. Seine Trauerfeier war die Erste, die von der BBC live im Internet übertragen wurde.

> Etwas ist nicht nur in dem Sinn unvollendet, dass es plötzlich, herzzerreißend für jene unter uns, die diesen Mann und seine Arbeit geliebt haben, abreißt, sondern auch in dem bedeutenderen Sinn, dass das bis dahin geschriebene Werk unvollendet bleibt.
>
> – *Douglas Adams, aus seinem Vorwort zu* Sunset at Blandings [Sonnenuntergang über Schloss Blandings] *von P. G. Wodehouse (Penguin, 2000)*

Als Douglas *The Salmon of Doubt [Lachs im Zweifel]* viele Jahre zuvor erstmals erwähnte, hatte er noch von dem dritten Abenteuer um Dirk Gently gesprochen. In späteren Interviews sagte er jedoch, dass das Buch als Dirk-Gently-Roman nicht funktioniere und dass er den Holistischen Detektiv gestrichen habe und nun ein Buch schreibe, das mit seinen früheren Arbeiten nichts mehr zu tun habe. Noch später gab er an, ihm sei klar geworden, dass seine Vorstellungen von diesem Buch sich eigentlich viel besser in die Welt des

Anhalters fügten und dass es sich nun um eine Fortsetzung von *Einmal Rupert und zurück* handele. Schließlich erging bei der Trauerfeier die Ankündigung, dass sein letzter, unvollendeter Roman postum veröffentlicht würde.

Als man Douglas' diverse Festplatten durchstöberte, stieß man dabei auf mehrere Versionen von *Salmon*. Die Fassung, die schließlich auf den Markt kam (die Dirk-Gently-Fassung), wurde darauf von Peter Guzzardi, Douglas' New Yorker Lektor, aus verschiedenen Dateien zusammengesetzt. Die Kapitel zwei bis acht sowie zehn und elf entstammen einer Datei, während Kapitel eins einer früheren Fassung entnommen wurde und Kapitel neun Douglas' letzte bekannte Arbeit als Autor darstellt.

Worum also geht es in *The Salmon of Doubt*? Dirk wird von einer Klientin konsultiert, für die er die hintere Hälfte ihrer Katze finden soll (der vorderen Hälfte geht es in völliger Missachtung ihrer Schande sowie der grundlegenden Gesetze der Biologie und Physik derweil recht gut). Dirk entdeckt zur selben Zeit, dass irgendwer jede Woche 5000 Pfund auf sein Bankkonto einzahlt. Da er meint, sich dieses Geld irgendwie verdienen zu müssen, heftet er sich an die Fersen eines zufällig ausgewählten Opfers und gerät dabei unversehens nach Kalifornien, wo er auf ein Rhinozeros namens Desmond trifft. Das erste Kapitel indes, das mit den oben geschilderten Ereignissen absolut nichts zu tun hat, ist ein rätselhafter, unerklärlicher Text über jemanden namens Dave, der anderthalb Millionen Jahre nach dem Aussterben der menschlichen Rasse an einem Gleitschirm hängend über Kalifornien (oder Daveland, wie es jetzt heißt) schwebt.

The Salmon of Doubt, von der Presse irreführend als unvollendeter Roman beschrieben, ist lediglich ein Fragment, das aus wenigen Kapiteln vorläufiger Aufzeichnungen besteht. Es gibt einige gute Abschnitte, wie den über einen

Taxifahrer, der nie im Leben die Aufforderung »Folgen Sie diesem Taxi!« gehört hat und zu dem Schluss gelangt, dass sein Taxi dasjenige ist, dem alle anderen immer folgen. Darüber hinaus gibt es ein paar Abschnitte, vor allem die unzusammenhängende Schilderung eines Autodiebstahls in Los Angeles, bei der Douglas unsinniger- und unnötigerweise in die Ichform springt und die es mit an Sicherheit grenzender Wahrscheinlichkeit nie in die Endfassung des Romans geschafft hätte. Der vermutlich interessanteste Teil der Geschichte findet sich in Kapitel neun, in dem Desmonds Wutausbruch auf einer Party aus der Sicht des Nashorns beschrieben wird. Douglas hatte häufig bemerkt, dass das Weltbild eines Nashorns in erster Linie durch den Geruchssinn bestimmt sei und weniger durch die Augen oder Ohren, und hier haben wir es mit dem verwegenen Versuch zu tun, das Geschehen durch die Gerüche zu erfassen.

Das Fragment *The Salmon of Doubt* wird Vollständigkeitsfetischisten nur marginal interessieren, aber es bildet ja auch nur einen Teil des gleichnamigen Buchs, das darüber hinaus noch zwei Kurzgeschichten (›Young Zaphod Plays It Safe‹ und ›The Privat Life of Genghis Khan‹), 33 nichtfiktionale Texte und zweieinhalb Interviews enthält. Zu den nichtfiktionalen Texten zählen die Beschreibung einer Wanderung im Rhinozeroskostüm auf den Kilimandscharo für einen guten Zweck, ein paar Spekulationen zum Millennium aus dem *Independent on Sunday*, der Begleittext zu einer Bach-CD, sowie ein h2g2.com-Text über die richtige Zubereitung einer Tasse Tee. Dazu noch einige amüsante Bruchstücke, deren Anlass oder Thema keiner der Herausgeber wirklich identifizieren konnte.

Der gelungenste Abschnitt des Buchs ist jedoch ›Riding the Rays‹, eine längere Schilderung einer Australienreise, die 1992 stattfand und bei der es darum ging, ob die Verwendung eines Einmannunterwasserfahrzeugs namens Sub Bug ebenso ergötzlich ist, wie sich von einem Mantarochen durchs Wasser ziehen zu lassen. Dieser Text ist nichtfiktionale Prosa in höchster Vollendung, die sich mit *Die Letzten ihrer Art* messen kann und in der sich Douglas' Liebe zum Reisen und zur Natur vor dem Blick eines äußerst genauen Beobachters aufs Engste mit seiner Begeisterung für das Sporttauchen sowie Gerätschaften aller Art verbindet.

Douglas' Tod zog eine wahre Flut von Veröffentlichungen nach sich, die sich mit dem *Anhalter* beschäftigten. An erster Stelle standen die Erinnerungssendungen auf BBC 2 (*Omnibus: Douglas Adams – The Man Who Blew Up the Earth*) und Radio 4 (*So Long and Thanks for All the Fish: A Tribute to Douglas Adams*, moderiert von Geoffrey Perkins). Dann kam die Fernsehserie als üppig ausgestattete Doppel-DVD auf den Markt, auf der auch *The Making of the Hitchhiker's Guide to the Galaxy* sowie jede Menge andere Clips und Restposten zu finden waren. Für Mai 2002 wurde ein grafisches *Anhalter*-Computerspiel angekündigt, das von dem bereits für *Raumschiff Titanic* verantwortlichen Team entwickelt wurde (Douglas hatte anfangs noch selbst an dem Projekt mitgearbeitet). Aber obwohl im Internet bereits Ausschnitte aus diesem »Handtücher raus!«-Abenteuer auftauchten, wurde es im Februar 2002 zunächst auf Eis gelegt. Was am Ende daraus wird, steht zurzeit noch in den Sternen.

Zu Beginn des Jahres 2002 wurde eine Douglas-Adams-Biografie aus der Feder des *Anhalter*-Experten MJ Simpson angekündigt, die im März 2003, zum 25. Jahrestag der Erstausstrahlung der Radioserie, veröffentlicht werden soll. Außerdem ging eine abendfüllende Dokumentation mit dem vorläufigen Titel *Douglas Adams: Heart of Gold* in die Produktion, die zahlreiche Interviews mit Freunden, Angehörigen und Kollegen sowie Ausschnitte aus Reden, die

Douglas bei Geschäftskonferenzen gehalten hat (er war einer der beliebtesten Redner im Kreis internationaler Geschäftsleute, vor denen er häufig über Ökologie und Informationstechnologie sprach), enthalten wird.

Schließlich erschien (offensichtlich) die dritte Auflage des offiziellen *Anhalter*-Handbuchs *Keine Panik*.

Nun, da auch die Verfilmung des *Anhalters* wieder auf der Tagesordnung steht – im Februar 2002 wurde bei einem der führenden Hollywood-Schreiber eine neue Drehbuchfassung in Auftrag gegeben –, und da sich die Bücher, Videos und CDs weiterhin gut verkaufen, steht endgültig fest, dass das Interesse am Werk von Douglas Adams so groß ist wie eh und je. Es ist allerdings eine Tragödie, dass Douglas Noel Adams nicht mehr da ist und dieses Interesse genießen kann. Sein Tod hat die Welt ärmer gemacht.

Die Lichter in seinen Augen erloschen zum unwiderruflich allerletzten Mal.

– *Aus* Macht's gut, und danke für den Fisch, *am 11. Mai 2001 auf der Digital Village-Website ins Internet gestellt*

Anhang I

Per Anhalter durch die Galaxis –
Die Original-Synopsis

PER ANHALTER DURCH DIE GALAXIS
von Douglas Adams

Es handelt sich um eine abenteuerliche Science-Fiction-Komödie in den Wirren von Raum und Zeit, durchsetzt von fantastischen und satirischen Elementen, Paralleluniversen und Zeitschleifen; wir befinden uns in der Gesellschaft zweier Männer, die im Auftrag der neu überarbeiteten Fassung des Reiseführers *Per Anhalter durch die Galaxis* unterwegs sind, eines elektronischen ›Buches‹, das für alle Rucksackreisenden im All entworfen wurde, die die Wunder des Universums für weniger als dreißig Atairische Dollar pro Tag erleben wollen.

Einer der beiden ist ein Außerirdischer, der einige Jahre lang inkognito auf der Erde gelebt hat. Kurz nach seiner Ankunft beschloss er, sich auf eher bescheidene Nachforschungen verlassend – dass *Ford Prefect* ein ziemlich unverdächtiger Name für ihn wäre. Der andere ist ein echter Erdenbewohner namens Aleric B. (später geändert in Arthur Dent), der schon seit mehreren Jahren mit Ford befreundet war, ohne zu bemerken, dass dieser alles andere als ein stinknormaler Mensch ist. In der ersten Episode enthüllt Ford dem ungläubigen Aleric seine wahre Identität; anschließend flüchten die beiden von der dem Untergang geweihten Erde und begeben sich auf ihre lange Wanderschaft.

Die Geschichte beginnt damit, dass Aleric im Schlamm vor einem Bulldozer liegt, der drauf und dran ist, sein Eigenheim dem Erdboden gleichzumachen, weil es einer neuen Umgehungsstraße im Weg steht. Nachdem alle Einsprüche und sonstigen legalen Mittel wirkungslos geblieben sind, ist das die letzte Chance, sein Haus vor der Zerstörung zu retten. Aleric streitet sich mit einem Mann von der Stadtverwaltung herum, der ihm auf Mafia-Art klarmachen will, dass der Fahrer des Bulldozers ein ziemlich ungehobelter Bursche sei, der sich einen Dreck darum schert, wen oder was er da plattwalzt. Inmitten der Konfrontation taucht ein reichlich aufgeregter Ford auf, der von Aleric wissen möchte, ob er gerade sehr beschäftigt sei und ob sie sich nicht irgendwo anders in Ruhe über eine wichtige Sache unterhalten könnten. Der verblüffte Aleric weigert sich, seinen Posten zu verlassen. Da Ford nicht lockerlässt, wendet sich Aleric an den Verwaltungsmenschen und fragt ihn, ob man nicht für eine halbe Stunde Waffenstillstand schließen könne. Der geht überaus charmant auf den Vorschlag ein und versichert Aleric bei seiner Ehre als Gentleman, dass bis zu seiner Rückkehr niemand den Versuch unternehmen würde, sein Haus einzureißen. Ford und Arthur ziehen sich in einen nahe gelegenen Pub zurück, wo Ford von Aleric wissen will, was er wohl dazu sagen würde, wenn er, Ford, ihm mitteilte, dass er in Wirklichkeit nicht aus Guildford, sondern von einem kleinen Planeten in der Nähe von Beteigeuze stamme.
Kaum sind die beiden außer Sichtweite, lässt der Verwaltungsbeamte das Haus plattmachen. Eine örtliche Würdenträgerin hält eine kleine, bewegende Rede, worin sie beschreibt, wie wunderbar das Leben sein wird, wenn erst die neue Straße gebaut ist, sodann schmettert sie eine Flasche Sekt gegen den Bulldozer, der gerade vom Ort der Zerstörung zurückkehrt.

Die Geräusche des zerberstenden Hauses dringen bis in den Pub, wo Aleric noch immer dabei ist, Ford kein einziges Wort zu glauben; wie von der Tarantel gestochen, rast er zurück zu seinem Haus und lamentiert lautstark über die Schlechtigkeit der Welt, in der wir alle leben müssen.

Genau in diesem Moment wird der Himmel von grellen Strahlen zerrissen, und eine Flotte Fliegender Untertassen senkt sich auf die Erde nieder. Von Panik ergriffen, rennen alle davon; da ertönt plötzlich eine Stimme nicht von dieser Welt, die verkündet, dass gemäß den Umgestaltungsplänen dieses Sektors der Galaxis hier eine neue Hyperraum-Umgehungsstraße gebaut werde und die Erde deshalb leider vernichtet werden müsse. Als daraufhin überall Protestschreie laut werden, verweist die Stimme darauf, dass die Pläne schließlich zehn Jahre lang im Planungsbüro in Alpha Centauri ausgelegen hätten und es jetzt entschieden zu spät sei, dagegen anzumeckern. Sie gibt den Befehl zur sofortigen Vernichtung. Ein leises Grollen steigert sich zur ohrenbetäubenden Explosion; dann herrscht Stille.

Als Aleric aufwacht, weiß er nicht, wo er ist. Ford klärt ihn darüber auf, dass sie sich an Bord eines der Schiffe der vogonischen Bauflotte befinden. Des weiteren solle er sich keine Gedanken wegen der Erde machen, es gäbe noch eine ganze Reihe paralleler Universen, in denen es der Erde ausgesprochen gut gehe. Er erklärt Aleric mit Hilfe eines kleinen elektronischen Buches, dem Reiseführer *Per Anhalter durch die Galaxis*, wie es ihnen gelungen ist, an Bord des Raumschiffes zu kommen. Unter dem Eintrag ›Vogonische Bauflotte‹ ist haarklein vermerkt, wie man sich am besten von einem Vogonenschiff mitnehmen lässt; in erster Linie muss man mit der vogonischen Psyche spielen, die auch genau beschrieben ist. Ford erzählt, dass er beauftragt ist, den Reiseführer, der inzwischen etwas veraltet ist, auf den neuesten Stand zu bringen. Ob Aleric ihn eventuell dabei begleiten wolle? Aleric denkt nur daran, zurück zur Erde – oder zu einer möglichst ähnlichen Alternative – zu gelangen. Trotzdem blättert er fasziniert in diesem eigenartigen Buch herum. Als er den Eintrag unter dem Schlagwort ›Erde‹ aufruft, zuckt er erschrocken zusammen. Obwohl das Buch über eine Million Seiten zählt, gesteht es den Bewohnern der Erde nur ein einziges Charakteristikum zu: »Harmlos«. Ford, dem die Sache etwas peinlich ist, beteuert, dass er aus eben jenem Grund auf der Erde gelebt hat, nämlich um ein paar Informationen mehr zu erlangen. Zwar hatte er sich ein wenig mit dem Herausgeber herumstreiten müssen, doch letztendlich durfte er den Eintrag jetzt erweitern. Zukünftig würde man dort den Vermerk »größtenteils harmlos« finden. Er musste wirklich sparsam mit dem Platz umgehen.

Arthur ist total perplex. Er entscheidet sich dafür, Ford zu begleiten.

ENDE DER ERSTEN EPISODE

PER ANHALTER DURCH DIE GALAXIS
Vorschläge zum weiteren Gang der Handlung.

Jede einzelne Folge sollte mehr oder weniger in sich abgeschlossen sein, trotzdem einigermaßen organisch zur nächsten Folge überleiten, womöglich mit einem ›cliff hanger‹, einem offenen Schluss.

Die Erzählstruktur kann dadurch bewahrt bleiben, dass einzelne Auszüge aus dem Reiseführer selbst vorgelesen werden, da ein Großteil seiner Information ohnehin in Anekdotenform präsentiert werden müsste.

Ford und Aleric müssen ihre Reisen immer wieder unterbrechen, um allerlei seltsame Jobs anzunehmen; neben fremden Welten können sie dabei auch parallele Alternativen zu unserer Erde besuchen, die unserer Erde mehr oder weniger ähneln, aber doch nicht so ganz...; auf ihren Fahrten stellen sie fest, dass viele der exzentrischen außerirdischen Lebensformen menschliche Charakterzüge versinnbildlichen, wie zum Beispiel Habgier, Hochmut etc., ungefähr so wie bei Gullivers Reisen.

In einer Folge werden sie von einem unglaublich reichen, aber ziemlich nervösen Mann als ›inwendige Leibwächter‹ engagiert. Zu diesem Zweck werden sie auf die Größe von Mikroben geschrumpft, worauf sie die Mahlzeiten durch sein Verdauungssystem begleiten müssen.

In einer anderen Folge treffen sie auf ein Volk von Zahnärzten, das von seinem Heimatplaneten vertrieben wurde, weil es dort immer wieder erklärt hatte, dass alles, restlos alles, was man essen oder sonst wie inhalieren kann – inklusive Zahnpasta –, schlecht für die Zähne sei. Sie dürfen nicht eher wieder zurückkehren, bevor sie nicht eine völlig neue Art zu leben erfunden haben, die hygienisch ist und trotzdem Spaß macht.

In einer anderen Episode finden sie sich auf einer ›alternativen‹ Erde wieder, die gerade ihren ersten Besuch aus dem Weltraum erhält. Die Außerirdischen verkünden, dass sie den langen Weg zurückgelegt haben, um der intelligentesten Lebensform in der gesamten Galaxis ihre Reverenz zu erweisen. Nachdem sich die Menschen voller Inbrunst und Überheblichkeit produziert haben, stellt sich heraus, dass die Außerirdischen der Delfine wegen gekommen sind.

Die Struktur des *Anhalter* sollte offen gehalten werden, sodass auch die aberwitzigsten Ideen darin Platz finden, wohingegen die recht einfache Form für den äußeren Zusammenhalt beibehalten werden muss.

Anhang II

Der Anhalter: Thema und Variation

Die erste Radioserie

1) Arthur Dent wacht eines Morgens auf und erfährt, dass sein Haus jeden Augenblick abgerissen wird. Ford Prefect schleppt ihn in den Pub. Kurz bevor die Erde vernichtet wird, gelingt es den beiden, eine Mitfahrgelegenheit in einem Raumschiff der vogonischen Zerstörungsflotte zu erhaschen. Der vogonische Raumschiffkommandant lässt sie aus der Luftschleuse ins All schleudern, nachdem er ihnen einige Gedichte vorgelesen hat.

2) Sie werden von der Besatzung des Raumschiffs *Herz aus Gold* gerettet, als da sind: Kommandant Zaphod Beeblebrox, Trillian und Marvin, der Paranoide Androide; außerdem gibt es dort noch den Schiffscomputer Eddie und eine ganze Reihe von Türen.

3) Sie gelangen in den Orbit des legendären Planeten Magrathea, wo sie von einem automatischen Verteidigungssystem unter Beschuss genommen werden, was zur Verletzung eines Unterarms, der Erschaffung und dem sofortigen Ableben eines Topfes mit Petunien sowie eines Pottwals führt. Bei der Erforschung von Magrathea stoßen sie auf Slartibartfast, einen Planetendesigner mit einer Vorliebe für Fjorde, der gerade dabei ist, ein Modell ›Erde Mark II‹ zu entwerfen.

4) Arthur findet heraus, dass die Erde in Wirklichkeit von weißen Mäusen kontrolliert wurde, die dort ein gigantisches Experiment in Verhaltenspsychologie durchführten,

das von dem Computer Deep Thought entwickelt wurde, um die Antwort auf die ultimative Frage nach dem Leben, dem Universum und dem ganzen Rest zu finden. (Die Antwort lautet 42.) Arthurs und Trillians Unterhaltung mit den Mäusen, die ihnen diese Aufgabe – die Suche nach der Frage – übertragen möchten, wird von Shooty und Bang Bang, zwei aufgeklärten, liberalen Polizisten, empfindlich gestört. Die Bullen jagen einen Computerblock, hinter dem sich unsere Helden versteckt haben, in die Luft.

5) Die furchtlosen Vier gelangen in das Restaurant am Ende des Universums... wobei es sich um das Magrathea der fernen Zukunft handelt. In der Tiefgarage des Restaurants ist Marvin als Parkwächter beschäftigt. Sie verabschieden sich von Zaphods ›Pears Gallumbit‹ und klauen ein kleines schwarzes Raumschiff, das sich als Eigentum eines Admirals der Flotte entpuppt und das sie direkt an die Speerspitze einer Raumschlacht inmitten eines größeren intergalaktischen Krieges katapultiert.

6) In dieser Folge erfahren wir, dass Arthur Dents einziger Bruder von einem Okapi zu Tode geknabbert worden ist. Der Sessel des gestohlenen Raumschiffs entpuppt sich als ein Haggunenon von Vicissitus Drei, einer gestaltwechselnden Lebensform, deren Angehörige sich beim Mittagessen mehrere Male verwandeln. Arthur und Ford entkommen in einer Hyperraumkapsel, wohingegen die anderen von dem gefräßigen Plapperkäfer von Traal (alias der Haggunenon-Admiral) verschlungen werden. Arthur und Ford, die im Frachtraum der Golgafrincham B-Arche materialisiert waren, stranden auf der Erde, zwei Millionen Jahre, bevor sie von den Vogonen zerstört wird. Aus einem Experiment mit Hilfe eines Scrabble-Spiels ergibt sich, dass Die Frage wie folgt lautet – oder lauten könnte: ›Wieviel ist neun multipliziert mit sechs?‹

Die Weihnachtsondersendung

7) Zaphod Beeblebrox wird von einem Frachter mitgenommen, der Ursa Minor Beta mit der Zeitschrift *Playding* versorgt (der Haggunenon hat sich in eine Rettungskapsel verwandelt). Arthur Dent und Ford Prefect betrinken sich auf der guten alten Erde und fangen an, Raumschiffe zu sehen. Zaphod versucht, zu Zarniwoop, dem Herausgeber des *Anhalter*, vorzudringen. Gerade als er mit Roosta plaudert, wird das Gebäude von Söldnern vom Froschstern angegriffen. Marvin rettet die Situation, doch das gesamte Gebäude wird gekidnappt und zum Froschstern geschleppt...

Die zweite Radioserie

8) Zaphod muss erfahren, dass er an den Totalen Durchblicksstrudel verfüttert werden soll. Trotz zweier arger Alkoholkater rettet Zaphod Arthur und Ford, nachdem er deren versteinertes Handtuch entdeckt hat. Zaphod (noch immer an Bord des gekidnappten Gebäudes) besucht eine Roboter-Disco, landet auf dem Froschstern, wird an den Totalen Durchblicksstrudel verfüttert und futtert einige Stückchen Zauberkuchen.

9) An Bord der *Herz aus Gold* sehen sich Zaphod, Ford und Arthur einem Angriff der Vogonenflotte ausgesetzt, die von Gag Halfrunt, Zaphods Psychoanalytiker, angeführt wird. Arthur schleudert ein Getränk aus dem Nutrimatic-Automaten in die Ecke, woraufhin sich sämtliche Computerschaltkreise mit dem Problem, warum Arthur partout Tee bevorzugt, beschäftigen. Bei einer Séance wird Zaphods Urgroßvater aufgerufen, der Zaphod damit beauftragt, die Person zu suchen, die in Wirklichkeit das Universum lenkt; dann rettet er die Besatzung der *Herz aus Gold*.

10) Kurz nachdem sie sich in einer Höhle auf dem Planeten Brontitall wieder finden, stürzen sie aus einer Höhe von dreizehn Meilen auf den Erdboden zu. Arthur, der von

einem Vogel gerettet wird, muss entdecken, dass er aus dem Becher der Statue ›Arthur Dent – Schleudert einen Nutrimatic-Becher in die Ecke‹ gestürzt ist. Der Vogel bringt ihn zur Vogelkolonie, die im Ohr der Statue haust, wo ihn ein weiser alter Vogel über die Bedeutung der Statue aufklärt. Es stellt sich heraus, dass ›Belgien‹ wirklich ein deftiges Schimpfwort ist. Ford und Zaphod landen auf einem vorüberfliegenden Vogel. Arthur findet heraus, dass der Planet Eigentum der Dolmansaxlil Corporation ist, wird von einem Haufen hinkender Krieger angegriffen und dann von einer Lintilla, einer klugen, sehr attraktiven Archäologin, gerettet.

11) Ford und Zaphod landen relativ sanft auf dem Boden. Arthur erfährt, dass die Lintilla eine von drei identischen Lintillas ist, oder besser gesagt, eine von 578 000 000 000 Lintillas, die auf Grund eines Missgeschicks mit einer Cloningmaschine entstanden sind. Hig Hurtenflurst von der Dolmansaxlil Corporation droht Arthur und den Lintillas mit Widerruf, dann zeigt er ihnen, was mit Brontitall geschehen ist: Mittels eines Intensiv-Schuster-Strahls wurden die Bewohner dazu gezwungen, Schusterwerkstätten zu bauen und Schuhe zu verkaufen. Marvin, der nicht von einem Vogel gerettet worden war, knallt auf den Boden, rappelt sich wieder auf und rettet Arthur und eine Lintilla. Inzwischen haben Zaphod und Ford einen verlassenen Raumhafen mit einem seltsamen Raumschiff entdeckt...

12) Arthur und die Lintillas werden gerade heftig angegriffen, als Poodoo mit einem Priester und drei Allitnils auftaucht. Die Allitnils und zwei Lintillas verlieben sich ineinander, heiraten, küssen sich und explodieren. Zaphod und Ford entdecken ein Raumschiff mit lauter Leuten, die nirgendwo hinwollen, außerdem Zarniwoop. Arthur tötet den dritten Allitnil (einen Anticlon) und flüchtet mit Marvin und einer Lintilla. Zarniwoop erklärt Zaphod einen Teil der

Handlung (Ford betrinkt sich und hört nicht zu). Dann ziehen sie alle los und besuchen den Mann, der das Universum lenkt, in seiner Hütte. Der wiederum enthüllt die Tatsache, dass Zaphod dem Konsortium der Psychiater im Wege war, weil diese verhindern wollten, dass Die Frage ans Tageslicht kommt; deshalb gaben sie auch den Auftrag zur Zerstörung der Erde. Arthur ist verstimmt, schnappt sich die *Herz aus Gold*, fliegt mit Marvin und einer Lintilla davon und lässt Zaphod, Ford und Zarniwoop auf dem Planeten mit dem Mann in der Hütte zurück...

Fernsehsendungen/Schallplatten

Diese Varianten folgen im Großen und Ganzen der Handlung in den ersten sechs Episoden; anstelle der Haggunenon-Geschichte flüchten sie hier jedoch in einem Showraumschiff, das der Rockgruppe Disaster Area gehört (deren Lead Ajuitarist Hotblack Desiato kein Wort mehr an seinen alten Kumpel Ford Prefect richtet, weil er nämlich tot ist) und das demnächst spektakulär in eine Sonne gestürzt werden soll. Sie entkommen durch Marvins technisches Geschick mit Hilfe des funktionsgestörten Telesportlers, der Zaphod und Trillian Gott weiß wohin schickt und Arthur und Ford in die B-Arche teleportiert. Außerdem waren die use in diesen Fassungen unheimlich scharf darauf, Arthurs Gehirn zu sezieren, um auf diese Weise die Antwort herauszufinden.

Die Bücher
I) **Per Anhalter durch die Galaxis**
Der Gang der Handlung entspricht den ersten vier Radioepisoden. Nur am Schluss deprimiert Marvin Shooty und Bang Bangs Raumschiff zu Tode, wodurch die Lebenserhaltungssysteme der beiden Bullen in die Luft fliegen, und sie verlassen Margrathea.

II) *Das Restaurant am Ende des Universums*

Ganz zu Anfang versucht Arthur, in der *Herz aus Gold* eine genießbare Tasse Tee zu bekommen, woraufhin inmitten eines Vogonenangriffs sämtliche Computersysteme mit der Lösung dieses Problems beschäftigt sind (ähnlich wie in Folge neun der Radiosendung). Zaphods Urgroßvater schickt Zaphod und Marvin nach Ursa Beta Minor, wo sich ähnliche Dinge abspielen wie schon in der siebten Radioepisode. Erneut wird Zaphod zum Froschstern B verschleppt und an den Totalen Durchblicksstrudel verfüttert. Erneut isst er den Kuchen. Dann entdeckt er Zarniwoop und das Raumschiff (wie in der zwölften Folge). Dann besuchen sie das Restaurant am Ende des Universums, klauen Hotblack Desiatos Raumschiff (wie in der TV-/Schallplattenfassung) und bringen sich dadurch in eine brenzlige Situation.

Von dort aus gelangen Ford und Arthur auf die prähistorische Erde, und Zaphod besucht mit Trillian den Mann in der Hütte, wo sie diesmal auch Zarniwoop zurücklassen. (Die Schuhe und der Schuhhorizont, in der ersten Radiosendung eine gute Episode lang, werden hier in einem kurzen Absatz abgehandelt.)

III) *Das Leben, das Universum und der ganze Rest*

Ford und Arthur werden von einem Sofa aus der Erde vor zwei Millionen Jahren errettet und ein paar Tage, bevor die Erde zerstört wird/wurde/werden wird, mitten auf dem Lord's Cricket Ground abgesetzt. Trillian und Zaphod – wieder auf der *Herz aus Gold* – verkrachen sich ziemlich. Marvin hat eine Ewigkeit in einem Sumpf verbracht. Ein Strang der Handlung dreht sich um die Roboter von Krikkit, aber ich möchte hier nicht mehr verraten. Außerdem taucht auch hier eine Statue von Arthur Dent auf, allerdings aus anderen Gründen als in der Radiosendung.

Zwischen der englischen und der amerikanischen Ausgabe gibt es einige Angleichungen hinsichtlich der Buchstabierung und der landesüblichen Bezeichnungen und bei der amerikanischen Version ungefähr 400 Wörter mehr, die eine Begebenheit aus der Radiofolge zehn in das Kapitel einundzwanzig integrieren, worin es hauptsächlich darum geht, dass ›Belgien‹ ein schmutziges Wort ist. (In der britischen Ausgabe steht einfach der Ausdruck ›fuck‹, womit das Problem kompromisslos aus der Welt geschafft ist.)

IV) *Macht's gut, und danke für den Fisch*
Die Erde wird von den Delfinen wiederhergestellt. Arthur Dent verliebt sich und entdeckt Gottes Letzte Botschaft an Seine Schöpfung.

V) *Einmal Rupert und zurück*
Arthur Dent verliert nicht nur seinen Planeten, sondern auch die Frau, die er liebt, und gewinnt dafür völlig unerwartet eine Tochter. Außerdem taucht eine neue, alles in allem rätselhaftere und schwärzere Version des *Anhalter* auf.

VI) *Die Anhalter-Trilogie*
Amerikanische Zusammenstellung der ersten drei Bücher (amerikanische Ausgaben). Darin enthalten: ›Vorwort: Ein Führer zum Reiseführer‹, Douglas' Aufsatz über die Entstehung des *Anhalter* und die ersten Abschnitte von ›Wie verlasse ich diesen Planeten auf dem schnellsten Wege?‹

VII) *Der Komplette Anhalter*
Diese Ausgabe wurde von Pan Books als *Per Anhalter durch die Galaxis: Eine Trilogie in vier Teilen* angekündigt. Da jedoch genau zu jener Zeit die Rechte an Heinemann, Douglas' neuen Hardcover-Verleger, übergingen, handelt es sich hierbei unbestritten um die allerseltenste Ausgabe des *Anhalter* überhaupt. Falls Sie also eine davon besitzen, ge-

ben Sie sie nicht aus der Hand und verhökern Sie sie erst dann auf einer Auktion, wenn Sie in das Paralleluniversum zurückkehren, in dem Sie sie erstanden haben.

VIII) **Per Anhalter durch die Galaxis:**
Eine Trilogie in vier Teilen.

Das gleiche wie die *Anhalter*-Trilogie, nur diesmal mit den englischen Ausgaben und mit drei Zeilen Einführung mehr und dem Anhang *Macht's gut, und danke für den Fisch.*

Weitere Ausgaben
The Complete Hitchhiker's Guide to the Galaxy
Eine Zusammenstellung der ersten vier Bücher für Macintosh-Computer.

Anhang III

Who is Who im Universum
Einige Erläuterungen von Douglas Adams

ARTHUR DENT

»Simon Jones ist *nicht* das Modell für Arthur. Simon ist felsenfest davon überzeugt, dass ich das irgendwann einmal gesagt hätte, aber das stimmt nicht, denn was ich damals gesagt habe, war zwar sehr ähnlich, aber doch eine völlig andere Sache; ich sagte, dass ich an ihn dachte, als ich mir die Figur ausdachte, das ist doch etwas total anderes, wenn man dabei von einem Schauspieler spricht. Ich habe die Rolle für ihn geschrieben, ich habe mir vorgestellt, wie seine Stimme klingt und wo seine Stärken als Schauspieler liegen und so weiter. Von Simon selbst ist kaum etwas in Arthur wiederzufinden. Er ist nicht nach Simon modelliert, sondern nach Simons schauspielerischen Ausdrucksmöglichkeiten, was etwas völlig anderes ist. Genauso wenig ist Arthur Dent eine autobiografische Figur, wo wir gerade dabei sind; was natürlich nicht heißt, dass Arthur mir so fremd ist, dass ich ihn unter keinen Umständen in Abenteuer stürzen lassen kann, die mir selbst passiert sind.«

DEEP THOUGHT

»Der Witz liegt auf der Hand.«

FENCHURCH

»Auch sie hat keine reale Person als Vorlage, sondern basiert auf einer ganzen Ansammlung von Überlegungen und Beobachtungen, die ich bei unterschiedlichen Leuten und Gelegenheiten anstellen konnte. Die Geschichte, dass sie im Fundbüro der Victoria Station aufgefunden wurde, ist eine Anspielung, eine Parodie auf Oscar Wildes *The Importance of Being Earnest*. Dabei findet man diese irrwitzigen Warteschlangen jeden Tag in Paddington, ich weiß auch nicht, wie es so etwas überhaupt geben kann, weshalb da niemand Abhilfe schafft. Ich dachte also an Paddington, aber so konnte ich sie nicht nennen, denn es gibt schon einen Bären, der nach der Station benannt wurde, und so suchte ich die Namen sämtlicher Endbahnhöfe heraus, und Fenchurch klang sehr nett. Ich suchte mir einfach den Namen heraus, der sich am lustigsten anhörte. Ich glaube nicht, dass ich schon jemals auf diesem Bahnhof gewesen bin. Daher also ihr Name, einfach eine verrückte Idee, die mir im Kopf herumschwirrte, und auf der anderen Seite wollte ich eine Figur haben, in der ich das Mädchen wieder erkennen konnte, das in dem Café in Rickmansworth gewesen ist. Also vermischte ich diese beiden Dinge miteinander. Die ganze restliche Geschichte, also wie Arthur sich in sie verliebt, basiert schon sehr stark auf Jugenderinnerungen.«

FORD PREFECT

»Ich erinnere mich noch genau daran, dass ich Ford als eine Art Gegenentwurf von Dr. Who im Kopf hatte. Dr. Who saust ewig durch die Gegend und rettet irgendwelche Leute oder ganze Planeten, wie ein Pfadfinder tut er eine gute Tat nach der anderen. Der springende Punkt bei Fords Charakter war hingegen der, dass er, vor die Wahl gestellt, sich entweder die Finger schmutzig zu machen und die Welt zu retten oder aber auf eine Party zu gehen, jederzeit auf die Party gehen würde, aufrichtig davon überzeugt, dass die Welt, wenn sie auch nur einen Pfifferling taugt, schon selbst auf sich aufpassen würde. Ich habe ihn nicht nach einer realen

Person entworfen, aber bei näherem Nachdenken kommen einige von Fords extremsten Aktionen den berüchtigten Kneipenauftritten von Geoffrey McGivern sehr nahe.«

HOTBLACK DESIATO
»Ich hatte mir diesen schrecklich aufgeblasenen Rockstar ausgedacht, aber mir wollte einfach kein Name einfallen. Da sah ich eines Tages das Reklameschild eines Immobilienmaklers vor einem Haus; ich wäre vor Entzücken beinahe in den Graben gefahren! Der Name wollte mir nicht mehr aus dem Kopf. Schließlich rief ich dort an und fragte: ›Darf ich den Namen verwenden? Mir fällt nichts ein, was auch nur annähernd so gut ist!‹ Sie erlaubten es mir, und es ist ihnen daraus kein Schaden erwachsen, außer dass sie unfairerweise immer wieder von Leuten angerufen werden, die ihnen erzählen, wie geschmacklos es sei, ihre Firma nach einer Figur aus dem *Anhalter* zu nennen. Außerdem waren sie ein bisschen sauer, dass ich nach meiner Rückkehr nach England mein Haus nicht bei ihnen gekauft habe.«

DER MANN IN DER HÜTTE
»Diese Figur ist wahrscheinlich auf eine Unterhaltung zurückzuführen, bei der es – zugegeben, nicht besonders originell – darum ging, dass alle unsere Erfahrungen mit der Welt, auf die wir dieses gigantische Gebäude unserer Weltsicht begründen, unserer Sicht des gesamten Kosmos und unseres Stellenwertes darin, wie sich Materie verhält und all das, nicht mehr als ein Konstrukt ist, das wir uns auf Grund von elektrischen Signalen, die wir empfangen, zusammenbasteln. Wenn Sie sich einmal vor Augen halten, wie viel wir über das Universum wissen und auf welche Daten wir uns verlassen müssen, dann ist da eine ziemlich große Lücke. Dabei ist noch nicht einmal das wenige, das

wir zu wissen glauben, absolut verbürgt, sondern lediglich eine Interpretation der schwachen elektrischen Signale, von denen wir annehmen, dass sie uns von irgendetwas künden.

Eigentlich haben wir überhaupt keinen Anhaltspunkt. Meine erfundene Figur ist also jemand, der diese Beobachtungen ganz extrem ernst nimmt, das heißt, er vertraut überhaupt niemandem und nichts mehr. Für ihn zählen weder Beweise noch Hypothesen, seine Reaktionen auf alles, was auf ihn einwirkt, sind rein intuitiv oder, wenn Sie so wollen, unbedacht. Für ihn ist alles immer wieder absolut neu. Deshalb, weil er sich keine Vorstellungen von irgendetwas macht, ist er auch der absolut qualifizierteste Herrscher, denn ihn interessiert überhaupt nichts. Auf der anderen Seite hindert ihn dieses Ausmaß von Desinteresse daran, auch nur eine einzige rationale oder brauchbare Entscheidung zu treffen.

Wie ich schon in dem Absatz, in dem er vorgestellt wird, bemerkt habe: ›Wer, bitte schön, soll denn herrschen, wenn keiner, der es machen will, die Erlaubnis dazu erhalten dürfte?‹«

MARVIN

»Marvin, das ist Andrew Marshall. Andrew ist ebenfalls ein humoristischer Schriftsteller, und er ist genau wie Marvin. Als ich die Figur ausarbeitete, wollte ich Andrew Marshall als Roboter haben, und in der Rohfassung hieß der Roboter sogar Marshall. Erst auf dem Weg zum Studio, nachdem Geoffrey Perkins meinte, der Name Marshall würde andere Dinge assoziieren, änderte ich ihn um. Andrew war damals so ein Typ, den man sich in Kneipen nicht traut vorzustellen, weil man genau weiß, dass er früher oder später ausfällig wird. Seine Frau hat ihn aber durchschaut, und seitdem ist er erstaunlich aufgeblüht.

Doch als ich das mal im Radio erzählte – dass Marvin Marshall ist –, rief mich meine Mutter sofort an und sagte: ›Marvin ist nicht Andrew Marshall – er ist Eeyore!‹ Ich antwortete: ›Was?‹ und sie sagte: ›Marvin ist genau wie Eeyore, guck doch nach.‹ Was ich auch tat, und tatsächlich! Aber so gesehen ist die ganze Literatur voll gestopft mit depressiven Charakteren. Marvin ist halt einfach der neueste und der mit dem meisten Blech.

Ansonsten hat Marvin auch eine ganze Menge von mir. Ich bin oft sehr trübsinnig, und einiges davon habe ich auf Marvin abgewälzt. Doch jetzt war ich schon seit einem Jahr nicht mehr so deprimiert, seit einem Jahr keine tieferen Depressionen mehr.

Seltsamerweise hatte ich nie eine genaue Vorstellung davon, wie Marvin aussehen sollte, auch heute weiß ich es noch nicht. Ich finde, der Fernseh-Marvin war nicht so das Gelbe vom Ei. In meiner Beschreibung sah er ganz anders aus als im Drehbuch – er ist nicht mehr silbern, sondern so schwarz wie ein schwarzer Saab Turbo. Er dürfte auch nicht so zackig sein, eher leicht nach vorne gebeugt. Einerseits sieht er vom Design her dynamisch und stromlinienförmig und strahlend aus, andererseits bewegt er seinen Körper immer irgendwie lasch, wodurch er sehr pathetisch und das Design völlig lächerlich wirkt. Das Pathos entsteht durch die Haltung, die er an den Tag legt, weniger durch die äußere Formgebung. Was die angeht, sieht er ziemlich glatt aus; ein High-Tech-Roboter.

Wenn ich gefragt werde, welche Figur mir am liebsten ist, dann antworte ich oft, nach langem *ummmm* und einer noch längeren Pause: ›Wahrscheinlich Marvin.‹ Aber so sehr bin ich davon nicht überzeugt.«

Marvin wurde im Juli 1981 für die Farbbeilage der Sunday Times interviewt:

F: *Wären Sie gerne ein Mensch?*
A: Wenn ich ein Mensch wäre, hätte ich andauernd Depressionen; andererseits bin ich jetzt auch ständig deprimiert, es würde sich also nicht viel nehmen. Manchmal denke ich, als Stuhl könnte das Leben einigermaßen erträglich sein.
F: *Wie fühlen Sie sich mit einem Gehirn von der Größe eines ganzen Planeten?*
A: Entsetzlich. Aber nur jemand mit einem Gehirn von der Größe eines Planeten kann wirklich nachempfinden, wie schrecklich das ist.
F: *Weshalb fühlen Sie sich immer so elend?*
A: Ich bin in dieser Verfassung, seit ich in Betrieb genommen wurde. Es hängt damit zusammen, wie meine Schaltkreise miteinander verbunden sind, jedenfalls sehr mies.
F: *Können Sie sich nicht selbst reparieren?*
A: Warum sollte ich das tun, ich verroste sowieso bald.
F: *Lesen Sie gerne?*
A: Ich habe bereits an dem Tag, an dem ich in Betrieb genommen wurde, alles gelesen, was es zu lesen gibt. Es war so stinklangweilig, dass ich keine Veranlassung darin sehe, es noch einmal zu lesen.
F: *Mögen Sie Musik?*
A: Ich hasse sie.
F: *Hobbies?*
A: Musik hassen.
F: *Was hassen Sie am allermeisten?*
A: Die ganze multidimensionale Unendlichkeit der Schöpfung. Ich kann sie einfach nicht ausstehen.

OOLON COLLUPHID
»Siehe Yooden Vranx.«

ROOSTA
»Der Typ, der den Roosta spielte, war sich nicht ganz sicher, was für ein Geschöpf Roosta eigentlich sein sollte, denn ich war mir auch nie so ganz sicher. Wenn man so in Serie schreibt, kommt es manchmal vor, dass man am Ende einer Folge eine Figur einführt, dann muss sie in der nächsten Folge auch wieder auftauchen, obwohl man sie eigentlich gar nicht mehr braucht, weil sich inzwischen herausgestellt hat, dass es nicht die richtige Figur ist oder was auch immer, aber dann ist der Schauspieler bestellt und muss auch irgendetwas zu tun kriegen.«

SLARTIBARTFAST
»Eigentlich gehörte Slartibartfast zu meinen Lieblingscharakteren im ersten Buch, und trotzdem habe ich das Gefühl, als hätte ich ihn im dritten Buch ein wenig missbraucht. Jedenfalls stand nicht im Manuskript, dass ich Geoffreys Sekretärin, die alles abtippen musste, ein bisschen ärgern wollte. Die Figur ist nämlich schon sehr lange auf der Bühne, bevor man erfährt, wie sie eigentlich heißt. Ich ärgerte also die Sekretärin, die diesen ziemlich langen und komplizierten Namen immer wieder mit großer Mühe abtippen musste, und dann kommt die Figur ganz am Anfang daher und sagt: ›Mein Name spielt keine Rolle, ich werde ihn auch nicht preisgeben.‹ Ich wollte Geoffreys Sekretärin ein bisschen damit aufziehen.«

TRILLIAN
»Der Name ergab sich durch eine Spielerei. Zuerst denkt man: ›Trillian – das muss eine Außerirdische sein.‹ Später wird dann klar, dass der Name nur ein Spitzname, eine Ab-

kürzung für ihren richtigen Namen, Tricia Macmillan, ist und dass sie von der Erde stammt. Ziemlich schwache Überraschung, was?

Ich hatte mir gedacht, dass ich noch jemanden von der Erde bräuchte, um Arthur einen Gesprächspartner zu geben, damit er und der Hörer/Leser/Zuschauer/Wer-auch-immer sich nicht so verloren vorkommen. Ich brauchte jemanden, der genau versteht, was Arthur meint, wenn er von typischen Erdsachen redet, und deshalb musste noch jemand außer ihm die Erde überlebt haben. Wie sich dann herausstellte, war das gar nicht nötig, da Ford diese Funktion wunderbar erfüllt, und ich fürchte, dass Trillians Hauptproblem darin liegt, dass ihre Rolle eigentlich überflüssig ist.

Gegenüber den anderen tritt sie völlig in den Hintergrund, aber am Ende des dritten Buches hat sie ihren großen Auftritt. Sie ist viel wacher, aufmerksamer, feinfühliger als der Großteil der anderen zusammen. Ich war sehr glücklich, als mir das endlich auffiel. Viele Leute haben mich gefragt, wieso Trillian so entsetzlich ausdruckslos sei, und es lag einfach daran, dass ich nichts von ihr wusste. Ich halte Frauen sowieso für ungemein mysteriöse Wesen – ich weiß nie, was sie eigentlich wollen. Deshalb bin ich immer sehr aufgeregt und nervös, wenn ich eine erfinden soll, aus Angst, dass alles fürchterlich falsch wird. Oft schon habe ich bei von Männern erfundenen Frauengestalten gedacht: ›Die ist ihm voll misslungen!‹, und da bin ich halt sehr nervös, wenn ich mich selbst aufs Glatteis begebe.«

VOGONEN

»Der Name war halb geklaut; er sollte irgendwie so wie die typischen Bösewichte aus *Dr. Who* oder *Raumschiff Enterprise* oder so klingen. Hat doch geklappt, oder?«

WONKO DER VERSTÄNDIGE

»Die Idee zu dieser Figur entstand eigentlich nach dem Zahnstochererlebnis. Mir fiel ein Päckchen Zahnstocher in die Hände, in dem innen ein Zettel mit einer Gebrauchsanweisung lag. Ich musste unwillkürlich an jemanden denken, für den so ein Vorfall genau der Tropfen ist, der das Fass zum Überlaufen bringt, und der nicht mehr begreift, wie man in einer Welt, in der so etwas passieren darf, überhaupt leben kann. Daraus entstand die Idee des umgekrempelten Universums, wenn Sie so wollen – er konstruierte ein Haus, das das gesamte Universum umschließt und taufte das Haus auf den Namen ›Irrenhaus‹, denn genau dorthin wünschte er sich das Universum. Er selbst blieb draußen und schaute ab und zu nach dem Rechten. So bin ich auf diese Idee gekommen, durch die Zahnstocher.«

DER SCHLECHTESTE DICHTER DES UNIVERSUMS

»Damals ging so ein Trottel mit mir zur Schule. Er schrieb ganz entsetzlichen Kram über tote Schwäne in erstarrten Teichen. Unvorstellbar grauenhaften Schrott. [Der Name dieser Figur wurde in *Paula Nancy Millstone Jennings* umgeändert, nachdem sich Paul Neil Milne Johnson, ein ehemaliger Schulfreund von Douglas Adams, beschwert hatte.]«

KOMMANDANT: Deine Schlurpfischuppen sind für mich
Wie zerfrettelte Würmschmatzkos in Bienenstich
nd erst die harnverknarzten Oveldräum
Licklucken schweißgebadet matt
Und lebende Erhaschungsdärme fnurzen und knurzen
Schön schaurig jaulend und aalglatt

– Eine nicht gedruckte Version des Gedichtes, aus einer der frühen TV-Rohfassungen.

YOODEN VRANX

»Die Figur des Yooden Vranx wurde eigentlich eingeführt, um die Handlung in eine bestimmte Richtung zu lenken, die ich dann aber nicht mehr weiterverfolgte, weil zwischenzeitlich etwas Lustiges geschehen war und ich mir sagte: ›Egal, dann mache ich halt so weiter.‹

Manchmal ist es viel interessanter, eine Nebenfigur weiterzuführen, ohne dass sie jemals richtig in Erscheinung tritt. Wie beispielsweise Oolon Colluphid, der nur als Autor erwähnt wird, dem brauche ich nur immer wieder andere Bücher zuzuschreiben… Ich denke, dass einige dieser Figuren deshalb so beliebt sind, weil es immer wieder kleine, ungenaue Hinweise gibt, die den Charakter andeuten, aber die Zuhörer oder Leser müssen ihre eigene Fantasie bemühen. Wenn ich nun diese Figuren genauso entwickeln würde wie die Hauptfiguren, dann kämen dabei wahrscheinlich ziemlich enttäuschende Kreaturen heraus. Es ist besser, wenn man sich seine Hauptfiguren sorgfältig auswählt und sich ihnen konzentriert widmet, die Leser aber können mit den Randfiguren machen, was sie wollen, und werden somit viel stärker beteiligt.«

ZAPHOD BEEBLEBROX

»Das Vorbild für Zaphod war ein Kommilitone aus Cambridge, Johnny Simpson, der ist jetzt, so viel ich weiß, Agent für Rennpferde. Johnny versuchte immer, auf eine echt hypernervöse Art entspannt zu wirken. Er wollte immer besonders cool und entspannt sein, dabei konnte er keine drei Sekunden ruhig sitzen. Abgesehen von solchen Inspirationen gibt es aber für keine meiner Figuren ein direktes Vorbild. Ich lasse mich immer von einer Kleinigkeit, einer Eigenart oder einer besonderen Situation anregen, aber dann müssen die Charaktere schon ein eigenes Leben entwickeln, oder aber sie erweisen sich als untauglich.

Die zwei Köpfe und drei Arme waren ursprünglich ein Gag fürs Radio. Wenn ich damals gewusst hätte, was ich mir damit eingebrockt habe ... Inzwischen habe ich schon einige Begründungen für den Extrakopf und den Extraarm geliefert, leider widersprechen sie sich alle. Einmal habe ich behauptet, Zaphod hätte schon immer zwei Köpfe gehabt, an anderer Stelle, dass er sich den zweiten Kopf erst später anpassen ließ. Irgendwo steht auch, er hätte sich den dritten Arm für sein Hobby Skiboxen zugelegt. Als nächstes ergab sich die Frage, wie er es anstellte, sich unauffällig auf der Erde zu bewegen. An einer Stelle sagt Arthur, ohne dabei ins Detail zu gehen, er hätte nur einen Kopf und zwei Arme gehabt und sei unter dem Namen Phil aufgetreten, doch das habe ich eigentlich nie so richtig ausgeführt. Bei dem Computerspiel bin ich erneut auf das Problem gestoßen, dort geht Zaphod nämlich auf eine Party, doch es handelt sich dabei um ein Kostümfest und er behauptet, er habe einen Papagei auf der Schulter. Er hat sogar einen Käfig dafür, mit einem Tuch darüber, und drunter befindet sich der zweite Kopf und sagt ab und zu: ›Lora! Lora!‹

In einer Szene wundert sich Trillian darüber, warum Zaphod einerseits so klug ist und andererseits so entsetzlich blöd sein kann. Hier handelt es sich um ein kleines Selbstporträt. Manchmal bin ich selbst überrascht, was für ein kluges Kerlchen ich bin, und dann kann ich es kaum fassen, dass ich so dumm, langweilig, langsam und bescheuert bin. Es ist mir unbegreiflich, wie jemand, dem nachgesagt wird, dass er unheimlich clevere Bücher schreibt, gleichzeitig so ein Blödmann sein kann. Ich glaube, ich bin schizophren.«

Anhang IV

Wie verlasse ich diesen Planeten auf dem schnellsten Wege?
Endgültige Fassung

Sie sind äußerst sorgfältig als ein typischer Vertreter der menschlichen Rasse auserwählt worden. Dieses Kapitel ist eigens für Sie geschrieben worden. Bevor Sie jedoch weiterlesen:
    1) Suchen Sie sich einen stabilen Stuhl.
    2) Setzen Sie sich hin.

Das vorliegende Kapitel wurde von dem Computerprogramm SCHNELL SCHWINDENDE KENNTNIS VOM PLANETEN ERDE spontan erstellt. Es erscheint erst dann in diesem Buch, wenn der Computer feststellt, dass die Erde den M.V.R.P.E.H.* überschritten hat.

Sollten Sie also dieses Kapitel gerade lesen, dann dürfen Sie mit einiger Sicherheit annehmen, dass der kritische Punkt bereits überschritten wurde und dass Sie zu den Auserwählten einer zukünftigen menschlichen Rasse gehören.

    Lesen Sie jetzt bitte die folgenden Anweisungen:
    Verlassen Sie den Planeten so schnell wie möglich.
    Schieben Sie die Sache nicht auf die lange Bank.
    Keine Panik.
    Lassen Sie den Global 2000-Report getrost zurück.

---

* M.V.R.P.E.H. – Möglichkeit-zur-vernünftigen-Regelung-der-Probleme-Ereignishorizont.

WIE VERLASSE ICH DIESEN PLANETEN AUF DEM SCHNELLSTEN WEGE

1) Rufen Sie die NASA an (Tel.: 001 731 483 0123). Machen Sie den Leuten dort klar, dass es außerordentlich wichtig ist, dass Sie so schnell wie möglich von hier wegkommen.

2) Falls sich die NASA als nicht kooperativ erweist, versuchen Sie, jemanden im Weißen Haus davon zu überzeugen (Tel.: 001 202 456 1414), dass die NASA sofort Vernunft annehmen muss.

3) Sollte diese Aktion nicht den gewünschten Erfolg zeitigen, rufen Sie unverzüglich im Kreml an (Tel.: 007 095 295 9051) und überzeugen Sie jemanden dort, dass das Weiße Haus sofort Vernunft annehmen muss.

4) Sollte auch dieser Plan schief gehen, erkundigen Sie sich beim Papst nach weiteren Anweisungen (Tel.: 000 396 6982).

5) Falls alle diese Versuche zu keinem erfreulichen Ergebnis führen, winken Sie die nächstbeste Fliegende Untertasse herunter und erklären Sie dem Kommandanten, dass sie unter allen Umständen hier wegmüssen, bevor die Telefonrechnung ins Haus flattert.

WOHIN IM UNIVERSUM?

Dorthin, wo alle hingehen. Lassen Sie sich vom Strom mitziehen, verbringen Sie Ihre Nächte in irgendwelchen Kneipen, geben Sie unter keinen Umständen Ihren Sub-Etha aus der Hand. Schicken Sie alle wichtigen Infos direkt per Postkarte zurück zur Erde – die nächste Emigrantenwelle wird es Ihnen danken. Verlässlichen Informanten zufolge sind alle und jeder in der Galaxis zu einem kleinen Planeten im galaktischen Sektor JPG71248 unterwegs. Keine Frage, es handelt sich hierbei um den abgefahrensten, hipsten und ultraschicksten Gesteinsbrocken des gesamten bekannten Himmelszeltes.

WAS SIE AUF IHREN REISEN ERWARTET

Unermessliche Schwierigkeiten und Gefahren aller Art.

Das All ist berüchtigt für die Unzahl von fürchterlichen Dingen, die andauernd und überall passieren; meistens begegnet man diesen Gefahren am besten, indem man ohne zu überlegen schleunigst das Weite sucht.

Deshalb sollten Sie folgende Utensilien immer mit sich führen:

1) Ein paar stabile Turnschuhe. Am nützlichsten haben sich besonders geschmacklose Designs und oberschrille, gehirnschädigende Farbgebungen erwiesen; die Erfahrung lehrt, dass es außerordentlich vorteilhaft ist, wenn man durch die uralte Sumpfwelt von Glubschblubb schlendert und dabei plötzlich einem der fürchterlichen, unheimlich schlecht gelaunten Monster mit Laserdampfaugen, Scherenblätterzahnreihen, einigen Dutzend Klauen aus schmerzverlängerndem Hartmetall, die in den Sonnenöfen von Zangrijad geschmiedet wurden, gegenübersteht, wenn also in diesem Falle das Monster für einen Moment

a) verdutzt aus der Wäsche und

b) kurz nach unten schielt.

2) Ein Handtuch. Sobald das Monster von Ihrem Schuhwerk kurzfristig abgelenkt ist, stülpen Sie ihm das Handtuch über den Kopf und dreschen mit einem stumpfen Gegenstand darauf ein.

3) Ein stumpfer Gegenstand (siehe oben).

4) Eine grüne Gute-Laune-Ohne-Schuld-Jacke oder ein Sweatshirt gleicher Machart, die nach solchen Zwischenfällen wie oben geschildert sofort angezogen werden. Wie

Sie wissen, ist Schuld nichts anderes als eine spezielle Art elektromagnetischer Wellen, die von dem Material, aus dem diese Kleidungsstücke hergestellt sind, absorbiert und zerstreut werden. Jacken und Pullover dieser Machart schützen den Träger gegen Anfälle von schlechtem Gewissen und Sorgen aller Art, inklusive unbezahlten Telefonrechnungen.

5) Eine Joo Janta 200 Superchromatische Gefahrenabwehr-Sonnenbrille. Sie erlaubt Ihnen, jeder unangenehmen Situation absolut lässig entgegenzusehen. Beim ersten Anzeichen von Gefahr verfärben sich die Gläser sofort tiefschwarz und verhindern so äußerst effektiv, dass Sie irgendetwas bemerken, was Sie beunruhigen könnte.

6) Alle Texte zu allen Liedern, die Sie gerne unterwegs vor sich hinträllern. Man macht sich nur allzu leicht Feinde, indem man unbeirrt Lieder singt, deren Text nur noch bruchstückhaft im Gedächtnis aufzufinden ist – ganz besonders auf langen Reisen durch den Weltraum.

7) Eine Flasche Stoff. Es gibt nur sehr wenige Leute in der Galaxis, die Sie nicht umso lieber empfangen, wenn Sie eine Flasche Stoff dabeihaben.

ERSTE HILFE

Im Falle einer physischen Verletzung drücken Sie bitte gleichzeitig den Knopf zu A (betroffener Körperteil) und den entsprechenden Knopf B (Art der Verletzung):

A	B
☐ Bein	☐ gebrochen
☐ Arm	☐ zerquetscht
☐ Kopf	☐ abgerissen
☐ Brustkorb	☐ von Algolianischem Sonnentiger demoliert
☐ Sonstige	☐ beleidigt

Diese Seite wird unverzüglich entsprechende Wellen der Sympathie und des vollsten Bedauerns ausstrahlen.

BERUHIGUNGSSCHALTER

Sollten Sie sich unsicher, unwohl oder beunruhigt fühlen, drücken Sie bitte auf diesen Schalter:

> KOPF HOCH

In Momenten großer Anspannung ist es oft sehr beruhigend, physischen Kontakt mit vertrauten Gegenständen herzustellen. Dieser Schalter ist Ihr Freund.

ACHTUNG: Sollte der Erde entgegen allen Erwartungen nichts Furchtbares zustoßen und sich plötzlich doch noch alles zum Guten wenden, dürfen Sie die Anweisungen in diesem Kapitel beruhigt ignorieren.

›Wie verlasse ich diesen Planeten auf dem schnellsten Wege‹ wurde von Douglas Adams ursprünglich unter dem Titel *Notkoffer für die Flucht von der Erde* veröffentlicht; das silberblau schimmernde, vierzehnflächige Gebilde – ein Quatuordekahedron – wurde in erster Linie herausgebracht, »um zum einen der Sorge um die sichere und lebenswerte Zukunft des Planeten Erde Ausdruck zu verleihen, und zum anderen, um die menschliche Rasse mit Athleisure bekannt zu machen« (wobei es sich bei Athleisure um einen Schuhhersteller handelt, der den Notkoffer als Werbegag vermarktet), »und außerdem hat das Ding wirklich eine bemerkenswerte Form«.
Später schrieb er einige Stellen um und ersetzte das Konzept mit dem Planeten Athleisure durch Ursa Beta Minor, für *Das Restaurant am Ende des Universums*. Noch später schrieb er alles noch einmal neu, ließ einige Teile weg und verwendete es als

Covertext für die amerikanischen Ausgaben der *Anhalter*-Schallplatten. Dann nahm er sich noch einmal den ersten Abschnitt vor und änderte ihn ein klein wenig für die Einleitung der amerikanischen *Anhalter*-Trilogie (drei Bücher) ab und nahm den unveränderten Text für die Einleitung der englischen *Anhalter*-Trilogie (vier Bücher).
Die oben abgedruckte Version stellt so ungefähr die definitive Zusammenfassung aller anderen Versionen dar.

Anhang V

Dr. Who und die Krikkitmen
Auszug aus einem Drehbuchentwurf von Douglas Adams

Cricket auf dem Lord's Cricket Ground – der letzte Tag des Endspiels. England benötigt nur noch ein paar Runs, dann sind die Australier geschlagen.

Die *Tardis* landet – mitten in der Tribüne für die Clubmitglieder; sehr schlechter Auftritt. Die Clubmitglieder wollen sich auch dann nicht so recht beruhigen, als der Doktor (in Begleitung von Sarah Jane Smith) auf der Bildfläche erscheint, hastig eine Krawatte um den Hals schlingt und dabei mit einem ziemlich abgegriffenen Mitgliedsausweis herumfuchtelt.

Noch drei Runs. Der Schlagmann trifft einen Sechser, und die Zuschauer flippen schier aus.

Mitten im Pitch, gerade als dem englischen Mannschaftskapitän die Asche präsentiert wird, sorgt der Doktor für große Aufregung, da er seelenruhig und zielsicher über den Platz schlendert und sich höflich erkundigt, ob er die Asche eventuell mitnehmen könne, da sie ziemlich wichtig für die Zukunft der Galaxis sei. Ein wahrer Tumult bricht los, angereichert durch Verwirrung, Empörung, Bestürzung und all die anderen Sachen, die die Engländer so gerne in aller Öffentlichkeit und in höchster Vervollkommnung zur Schau stellen.

Während der Doktor die Angelegenheit überaus freundlich und sachlich mit einigen rotangelaufenen Gentlemen diskutiert, passiert etwas noch viel Eigenartigeres:

Ein kleiner Cricketpavillon materialisiert mitten auf dem Pitch. Die Türen öffnen sich, und elf Automaten, alle in vorschriftsmäßigem Cricketweiß gekleidet und mit Kappen, Polstern und Cricketschlägern ausgerüstet, kommen im Gänsemarsch herausdefiliert.

Schnell schlägt die allgemeine Verwunderung in Schrecken um, als diese Automaten wie ein perfekt gedrilltes, emotionsloses Team diejenigen Spieler, die ihnen auf dem Weg zur Urne im Weg stehen, mit ihren Schlägern zu Boden dreschen, sich die Asche schnappen und schnurstracks den Rückweg zu ihrem Pavillon antreten.

Bevor sie darin verschwinden, benutzen zwei von ihnen ihre Schläger als Strahlengewehre und feuern ein paar Betäubungsstrahlen als Warnschüsse in die Menge. Ein anderer wirft eine Art roten Ball in die Luft, holt kurz aus und haut das Ding mit einem satten Schlag voll in ein Erfrischungszelt, das sofort explodiert.

Die Türen des Pavillons schließen sich hinter den Figuren, und die Erscheinung verschwindet.

Nach einigen Schocksekunden rappelt sich der Doktor wieder auf.

»Mein Gott«, keucht er, »sie sind wirklich zurückgekehrt...«

»Aber das ist doch albern... absurd!«, ruft die Menge.

»Weder noch«, stößt der Doktor hervor. »Das war das Schrecklichste, was ich je in meinem Leben gesehen habe. Oh, ich habe schon viel über die Krikkitmen gehört, schon als Kind habe ich mich vor ihnen gefürchtet. Aber bis heute habe ich sie noch nie mit eigenen Augen gesehen. Es hieß doch immer, dass sie vor zwei Millionen Jahren vernichtet wurden.«

»Aber warum verkleiden sie sich als Cricketmannschaft?« rufen die Leute. »Das ist doch lächerlich!«

Der Doktor erklärt in knappen Worten, dass das englische Cricketspiel die letzte Überlieferung einer dieser unerklärlichen Ureindrücke in der Erinnerung einer ganzen Rasse sind, die über Jahrtausende Bilder wach halten, selbst wenn deren eigentliche Bedeutung schon längst in den Nebeln der Zeit vergangen ist. Von all den Rassen in der Galaxis war es wahrscheinlich nur den Engländern gegeben, die Erinnerung an einen der fürchterlichsten Weltraumkriege, der je das Universum erschüttert hat, am Leben zu erhalten, indem sie sie in das wohl anerkannt langweiligste und unverständlichste Spiel aller Zeiten verwandelten. Genau aus diesem Grund wurde die Erde von der übrigen Galaxis schon immer ein wenig schräg angeschaut – weil sie zweifellos den abgründig schlechtesten Geschmack aller Sternensysteme kultiviert hat.

Der Doktor setzt sein freundlichstes Lächeln auf, beteuert, dass ihm das Spiel sehr gefallen habe, und fragt, ob er womöglich den Ball als Souvenir mitnehmen dürfe.

Der Doktor und Sarah rauschen mit der *Tardis* davon.

In den nächsten paar Szenen erfahren wir anhand des Doktors Erklärungen für Sarah und einer Auseinandersetzung mit den Herren der Zeit so einiges über die Herkunft und die Geschichte der Krikkitmen. Falls es möglich ist, Rückblenden und Archivaufnahmen von Gallifrey einzubauen, dann umso besser.

EIN KURZER BLICK AUF DIE GESCHICHTE VON KRIKKIT

Der Planet Krikkit liegt sehr isoliert am alleräußersten Rand der Galaxis.

Seine Isolation wird dadurch noch verstärkt, dass er von der restlichen Galaxis durch eine riesige, düstere Staubwolke abgeschirmt ist.

Im Laufe der Jahrmillionen entstand dort auf diesem Planeten eine hochentwickelte Kultur, die in allen Wissenschaften sehr bewandert war, bis auf die Astronomie, wovon die Krikkiter aus verständlichen Gründen keine Ahnung hatten.

Solange es Krikkit gab, hatte keiner der Bewohner einen Gedanken daran verschwendet, dass sie nicht völlig allein sein könnten. Als dann eines schönen Tages das Wrack eines Raumschiffs durch die dunkle Wolke getrudelt kam und auf den Planeten krachte, stürzte das die gesamte Bevölkerung in ein furchtbares Trauma.

Sozusagen aus heiterem Himmel wurden sie von der primitivsten Form der Selbsterkenntnis getroffen wie von einem Hammer; es war, als hätte jemand auf den Auslöser einer biologischen Bombe gedrückt. Von heute auf morgen verwandelten sich die Krikkiter von intelligenten, hochentwickelten, charmanten, normalen Leuten in intelligente, hochentwickelte, charmante, psychopathische Fremdenhasser.

In aller Stille und Unerbittlichkeit widmeten sich die Leute von Krikkit ihrem neuen Daseinszweck – der völligen Auslöschung aller fremden Lebensformen.

Tausend Jahre lang arbeiteten sie mit beinahe unglaublichem Eifer. Sie forschten, verbesserten, perfektionierten, bis sie schließlich in der Lage waren, einen interstellaren Krieg im großen Stil vom Zaun zu brechen.

Sie beherrschten die Technik der körperlichen Raumfahrt.

Und sie schufen die Krikkitmen.

Die Krikkitmen waren anthropomorphe Automaten. Sie trugen weiße Uniformen, spitze Helme, die mit todbringenden Laserstrahlen ausgestattet waren, sowie holzschlägerförmige Waffen, die in Doppelfunktion als Vernichtung speiende Strahlenkanonen oder bihändige Todschläger benutzt werden konnten. Ihre Unterschenkel steckten in gerippten Raketentriebwerken, mit Hilfe derer sie fliegen konnten.

Durch die kongeniale Leistung der Systemökonomen waren sie in der Lage, Granaten mit phänomenaler Treffsicherheit abzufeuern, indem sie sie einfach mit ihren Schlägern wegdroschen.

Diese Granaten – kleine, rote kugelförmige Geschosse – gab es als Brandbomben bis hin zu atomaren Sprengkörpern; sie verfügten über Aufschlagzünder, die durch den Schlag mit der Keule scharf gemacht wurden.

Als sämtliche Vorbereitungen getroffen waren, überfielen die Krikkitmen ohne jede Warnung in einer Blitzattacke sämtliche Nervenzentren der Galaxis – und zwar gleichzeitig.

Die Galaxis ging in die Knie.

Zu jener Zeit erfreute sich die Galaxis einer Periode größter Harmonie und höchster Blüte. Dieser Zustand wurde meist durch das Symbol des Wicket-Tores dargestellt: Zwei kurze horizontale Balken, die von drei langen vertikalen Säulen gestützt werden. Die linke, STÄHLERNE Säule, repräsentierte Stärke und Macht; die rechte, aus PLEXIGLAS, repräsentierte Geist und Wissenschaft; die mittlere schließlich war aus HOLZ und symbolisierte Natur und Spiritualität. Auf ihnen ruhten eine Querstange aus GOLD, der Wohlstand, und eine aus SILBER, als Symbol für den Frieden.

Der Weltraumkrieg zwischen Krikkit und den vereinigten Streitkräften der übrigen Galaxis dauerte tausend Jahre lang und verwandelte das gesamte bekannte Universum in Schutt und Asche.

Nach eintausend Jahren Krieg – und nach anfänglich sehr schmerzlichen Verlusten – gelingt es den Galaktischen Kräften endlich, die Krikkiter niederzukämpfen. Was folgt, ist...

DAS GROSSE DILEMMA

Der ungebrochen militante Fremdenhass der Krikkiter schließt eine diplomatische Übereinkunft, jede friedliche Koexistenz von vornherein aus. Sie glauben nach wie vor an ihre Mission, die Vernichtung aller anderen Lebensformen des Universums.

Trotz allem sind sie nicht von Grund auf böse, sondern nur tragische Opfer eines absurden Missgeschicks der Geschichte. Deshalb ist es unmöglich, sie einfach alle auszulöschen.

Was also soll geschehen?

DIE LÖSUNG

Der Planet Krikkit wird bis in alle Ewigkeit in einer Zeitlupenhülle eingeschlossen, unter der sich das Leben in beinahe unendlicher Langsamkeit abspielt. Sämtliches Licht wird um die Hülle herum abgeleitet, sodass sie für den Rest des Universums vollkommen unsichtbar und undurchdringbar wird. Die Flucht aus der Hülle ist unmöglich, es sei denn, sie wird von außen wieder deaktiviert.

Dem Gesetz der Entropie zufolge wird das ganze Universum irgendwann einmal zum Stillstand kommen, und an diesem unvorstellbar weit entfernten Punkt in der Zukunft hört zuerst das Leben und dann alle Materie zu existieren auf. Genau dann, und erst dann, tauchen der Planet Krikkit und seine Sonne aus der Zeitlupenhülle auf und setzen ihre einsame Existenz in der Dämmerung des Universums fort.

Der Mechanismus, der dafür sorgt, dass die Hülle aufrechterhalten bleibt, befindet sich auf einem Asteroiden, der die Hülle langsam umkreist.

Der Schlüssel war das Symbol für die Einheit der Galaxis – ein Tor aus Stahl, Holz, Plexiglas, Gold und Silber.

Kurz nachdem die Hülle installiert worden war, hatte eine Gruppe entflohener Krikkitmen versucht, den Schlüssel zu stehlen, was dazu geführt hatte, dass er zerbrach und in den Abgründen von Zeit und Raum verschwand. Über den Verbleib der einzelnen Komponenten des Tores wachen die Herren der Zeit.

Das Raumschiff mit den entflohenen Krikkitmen wurde in die Luft gejagt.

Die verbliebenen Abermillionen von Krikkitmen wurden zerstört.

Der Doktor und Sarah gehen nach Gallifrey, wo sie sich einige Antworten auf ihre Fragen erwarten.

Der Doktor regt sich fürchterlich über die bürokratische Inkompetenz der Herren der Zeit auf. Als letzter Bestandteil des Tores tauchte der hölzerne Querbalken aus dem Raumzeitstrudel auf; das war im Jahre 1882 in Melbourne, Australien. Im Jahr darauf wurde er verbrannt und dem englischen Cricketteam als Trophäe überreicht.

Erst jetzt, hundert Jahre später, dämmert es den Herren der Zeit, dass mit dem Querbalken der letzte Bestandteil des Tores wieder verfügbar ist und dass es ratsam wäre, die Teile einzusammeln und gut zu bewachen.

Zu Anfang weigern sich die Herren der Zeit, der Geschichte des Doktors Glauben zu schenken, nämlich dass die Krikkitmen die Asche des hölzernen Balkens gestohlen haben. Sie behaupten, dass man damals dafür gesorgt hätte, dass sämtliche Krikkitmen sicher verwahrt würden.

»Verwahrt!« entfährt es dem Doktor. »Ich denke, die sind alle vor zwei Millionen Jahren vernichtet worden!«

»Na ja, nicht so direkt vernichtet, im landläufigen Sinn...«, erwidert einer der Herren der Zeit, und erzählt dann eine recht eigenartige Geschichte.

Allem Anschein nach handelte es sich bei den Krikkitmen nicht um einfache Roboter, sondern um denkende und fühlende Androiden. Das ist ein entscheidender Unterschied, besonders im Krieg. Ein Roboter, egal wie komplex er angelegt wurde, ist und bleibt eine programmierbare Kampfmaschine, auch wenn er auf Grund einer nahezu unbegrenzten Palette von Reaktionsmöglichkeiten wie ein denkendes, lebendiges Wesen erscheinen mag.

Bei Androiden hingegen handelt es sich um künstliche Wesen, die eher erzogen als programmiert werden; ein Android ist in der Lage, Entscheidungen zu treffen und kreative Gedanken zu entwickeln, was natürlich mit einer leichten Einbuße in den Bereichen der Effizienz und des Gehorsams einhergeht. Androiden sind daher künstliche Menschen und stehen als solche unter dem Schutz des galaktischen Gegenstücks zur Genfer Konvention. Deshalb durften die Krikkitmen nicht vernichtet werden, und so wurden sie damals in eine eigens dafür konstruierte Scheintodkammer verfrachtet und in der Zeittiefe, einem besonderen Ort im Raumzeitstrudel, unter der ausschließlichen Kontrolle der Herren der Zeit aufbewahrt. Seither hat keiner der Krikkitmen die Zeittiefe jemals wieder verlassen.

Plötzlich trifft die Nachricht vom Verschwinden der Plexiglassäule ein. Die Herren der Zeit müssen zugeben, dass womöglich doch etwas Wahres an der Geschichte unseres Doktors ist, und verraten, wo die anderen Komponenten des Tores versteckt liegen.

Der Doktor und Sarah machen sich in aller Eile zu den Planeten auf, wo die Bestandteile verwahrt werden.

Zuerst die Stahlsäule. Sie kommen zu spät. Sie ist weg.

Dann die goldene Querstange. Weg.

Dann die silberne Querstange... sie ist noch da! Wenn es ihnen gelingt, sie mitzunehmen, dann ist der Schlüssel unbrauchbar und das Universum gerettet.

Die Silberstange wird auf dem Planeten Bethselamin als Reliquie verehrt. Die Bethselamini sind verständlicherweise etwas verstimmt, als der Doktor und Sarah mitten in der heiligen Gebetskammer materialisieren und die Silberstange einpacken. Der Doktor hat nicht die Zeit, um die Sache auszudiskutieren, und so verbeugt er sich schnell höflich vor ihnen, bevor er die Kammer wieder verlässt, und genau das rettet ihn vor dem Schlag einer krikkitischen Keule, der ihn hinter der offenen Tür empfangen sollte.

Sie sind da!

Eine regelrechte Schlacht entbrennt, in deren Verlauf die Bethselamini mehr oder weniger gezwungen auf der Seite des Doktors eingreifen.

Im Schlachtgetümmel findet sich der Doktor plötzlich im Pavillon der Krikkitmen wieder, wo er um sein Leben kämpfen muss. Gerade als zum tödlichen Schlag gegen ihn ausgeholt wird, stolpert der benommene Doktor gegen einen Hebel, woraufhin sein Gegner wie gelähmt nach vorne umfällt.

Der Doktor hat aus Versehen alle Krikkitmen abgeschaltet. Die Schlacht ist vorbei.

Der Doktor ist verwirrt. Wie können die Krikkitmen fühlende Androiden sein, wenn man sie einfach abstellen kann? Das müssen Roboter sein! Wovon aber haben dann die Herren der Zeit geredet? Warum wurden die Krikkitmen damals nicht vernichtet?

Die Bethselamini kommen wieder zu sich. Auch Sarah erwacht aus ihrer Ohnmacht und starrt in das Gesicht eines paralysierten Krikkitman. Wir merken (auch wenn dem Doktor nichts auffällt), dass Sarah offensichtlich hypnotisiert worden war.

Der Doktor schraubt einen der Krikkitmen auf, um sein Innenleben zu inspizieren. Er entdeckt, dass er sehr geschickt als Androide getarnt ist, doch dass die Verkabelung in allen wesentlichen Aspekten eindeutig auf einen Roboter schließen lässt; eine Tatsache, die jedem auffallen müsste, der eine ernsthafte Untersuchung durchführt – es sei denn, derjenige möchte gar nicht so genau hinsehen…

Der Doktor und Sarah kehren zur *Tardis* zurück. Der nächste Schritt liegt auf der Hand. Wenn die Krikkitmen nur Roboter sind, dann müssen sie sofort vernichtet werden. Also ab in die Zeittiefenzone.

Sarah meint, man dürfe den Pavillon und die gelähmten Krikkitmen nicht auf Bethselamin zurücklassen, sondern müsse sie vielmehr nach Gallifrey mitnehmen, wo sie verwahrt und/oder zerstört werden können.

Der Doktor meckert herum, dass er nicht beide Sachen auf einmal erledigen kann.

Sarahs tolle Idee: Wenn der Doktor den Pavillon richtig vorprogrammiert und ihr garantiert, dass die Krikkitmen jetzt absolut harmlos sind, wird sie sie nach Gallifrey bringen und dort auf ihn warten.

Da ist grundsätzlich nichts dagegen einzuwenden, meint der Doktor und stimmt dem Plan zu.

Er bemerkt allerdings nicht, dass Sarah hinter seinem Rücken einige Schalter im Kontrollraum der *Tardis* betätigt; in ihren Augen flackert sekundenlang eine fremde Intelligenz.

Bevor sie das Raumschiff verlassen, hängt sie verstohlen einen Hut über die verstellten Kontrollschalter.

Der Doktor programmiert den Pavillon und überlässt ihn ihr recht widerwillig.

Kaum ist sie allein, programmiert Sarah den Pavillon komplett um; dann dematerialisiert er.

Der Doktor schaut zu, wie der Pavillon verschwindet, und kehrt zur *Tardis* zurück.

Er bereitet alles für den Abflug vor; dabei fällt ihm auf, dass einige Schalter falsch eingestellt sind. Er stutzt kurz, stellt dann alles richtig ein und lässt die *Tardis* dematerialisieren.

Natürlich gestaltet sich die Reise in die Zeittiefe komplizierter als erwartet und erfordert die aktive Mithilfe der Herren der Zeit auf Gallifrey.

Schon bald darauf materialisiert die *Tardis* in einer riesigen Halle, die mit Überlebenssarkophagen voll gestopft ist. Die Halle ist nur eine von vielen solcher Hallen.

Der Doktor verlässt die *Tardis*. Er geht an Sarahs Hut vorbei, aber er bemerkt nicht, dass darunter eine Warnlampe aufblinkt.

Nachdem er weg ist, greift eine Hand nach dem Hut. Ein hell blinkendes Lichtsignal kommt zum Vorschein, auf dem zu lesen steht: »SCHUTZSCHILD DEFEKT: EINDRINGLING AN BORD«.

Es ist Sarahs Hand. Sie folgt dem Doktor unauffällig.

Der Doktor geht in die angrenzende Halle. Sarah schleicht sich zu einer riesigen Kontrollwand und legt leise und vorsichtig einen Schalter um.

Aus der *Tardis* kommen mehrere Krikkitmen heraus.

Inzwischen hat der Doktor einen Sarkophag geöffnet und untersucht gerade die Innereien des dort verstauten Krikkitman.

Nicht weit von ihm entfernt öffnet sich ein zweiter Sarg.

Der Doktor ist voll auf seine Arbeit konzentriert. Auch dieser Krikkitman ist zweifellos ein Roboter.

Eine Stimme sagt: »Hallo Doktor.« Er richtet sich auf und dreht sich um. Vor ihm steht Sarah Jane. Um sie herum haben sich im Halbkreis einige Dutzend funktionstüchtige Krikkitmen aufgebaut. Jetzt öffnen sich alle Sarkophage.

Eine Keule zischt durch die Luft und knallt auf den Hinterkopf des Doktors. Er geht zu Boden.

Als er wieder zu sich kommt, befindet er sich in der *Tardis*, umgeben von Sarah und den Krikkitmen.

»Wieso bist du nicht auf Gallifrey?«, fragt er erstaunt. »Wie bist du hierher gekommen? Der Pavillon ist keine

Tardis-Maschine, er kann gar nicht in die Zeittiefe eindringen.«

Da fällt sein Blick auf die Leuchtanzeige, die Sarahs Hut vorher verdeckt hatte, und der Groschen fällt. Er rappelt sich auf, wankt zum Kontrollpult hinüber und drückt auf einen Knopf. Eine Wand schiebt sich zur Seite – und da steht der Pavillon, mitten in der *Tardis*.

»Ach so, deshalb waren die Schalter ausgestellt. Du hast den Schutzschild der *Tardis* unterbrochen und dann den Bordcomputer des Pavillons umprogrammiert, damit ihr nicht in Gallifrey, sondern ein paar Sekunden später in der *Tardis* materialisiert. Und ich habe euch kostenlos in die Zeittiefe kutschiert.«

Ein Krikkitman verkündet, dass jetzt die gesamte Armee von Krikkit reaktiviert sei – alle fünf Millionen Einheiten –, der Ort der Verbannung aus der Zeittiefe heraus in die normale Zeit manövriert worden sei und dass sie sich nun auf den Weg machen müssten, ihre Herren auf Krikkit zu befreien.

Er befiehlt dem Doktor, die *Tardis* unverzüglich zu dem Asteroiden zu steuern, auf dem sich das Zeitschloss befindet.

»Und wenn ich mich weigere?« fragt der Doktor trotzig.

»Dann bringe ich mich um«, sagt die hypnotisierte Sarah Jane und hält sich dabei ein Messer an die Kehle.

Der Doktor willigt ein.

Sobald die *Tardis* auf dem Asteroiden materialisiert ist, bricht Sarah zusammen. Die Krikkitmen brauchen sie nicht mehr.

Sie kommt langsam zu sich und kann sich seit der Schlacht auf Bethselamin an nichts mehr erinnern.

Die Krikkitmen haben die Asche wieder in ihre ursprüngliche Säulenform zurückverwandelt und den Torschlüssel zusammengesetzt.

Sie tragen ihn vor sich her, als sie die Oberfläche des Asteroiden betreten.

Der Doktor erklärt Sarah, dass dort direkt vor ihnen, auch wenn nichts zu sehen ist, der Stern Krikkit mit seinem einzigen Planeten im All schwebt. Die letzten zwei Millionen Jahre hat er in völliger Isolation und gänzlich unsichtbar für sich allein zugebracht; in dieser Zeit sind auf dem Planeten nur fünf Jahre vergangen. Auf der anderen Seite sehen sie die Große Staubwolke, die die übrige Galaxis verdeckt.

Vor der Oberfläche des Asteroiden zeichnen sich die Umrisse einer großen, altarähnlichen Struktur ab. Ein Krikkitman erklimmt sie und betätigt einen Hebel. Aus dem Altar erhebt sich ein Block aus Plexiglas. In den Block sind tiefe Löcher eingebohrt, die offensichtlich das Tor aufrecht halten sollen. Das Tor wird aufgepflanzt. Lichter glühen. Ein Brummen ertönt. In einer Szene, die Kubrick wie ein Baby hätte weinen lassen, erscheint der Stern langsam vor ihren Augen im All, und dahinter der winzige, aber gut sichtbare Planet.

Alle Krikkitmen wenden sich dem grandiosen Schauspiel zu und stimmen einen Gesang an: »Krikkit! Krikkit! Krikkit!«

Genau in diesem Moment ergreift der Doktor Sarahs Hand und sprintet auf die *Tardis* zu. Die beiden entkommen und lassen das kleine Häufchen Krikkitmen auf dem Asteroiden zurück.

Der Doktor verkündet, dass es jetzt zu spät sei, all die reaktivierten Roboter zu bekämpfen, und dass es nur noch eine einzige Chance gebe: sich in die Höhle des Löwen zu begeben – nach Krikkit. Bei dem Gedanken packt selbst ihn das blanke Entsetzen. Krikkit ist so ziemlich der gefährlichste Ort, an den man sich begeben kann, wenn man kein Krikkiter ist. Und nun müssen sie dorthin und die Krikkiter dazu bringen, ihre Meinung zu ändern …

Sie landen auf dem Planeten.

Vorsichtig schleichen sie durch die dunklen Gassen einer Stadt; plötzlich gelangen sie auf einen größeren Platz und sehen sich einer größeren Anzahl Leuten, gegenüber.

Ungläubiges Entsetzen in allen Gesichtern.

Nach einigen Sekunden tödlicher Stille steigt ein heulender Schrei aus der Menge empor – geballte animalische Furcht und Wut schlägt ihnen entgegen. Der Doktor und Sarah rennen um ihr Leben, die aufgebrachte Menge dicht auf den Fersen.

Sie ducken sich in eine Seitenstraße – und sehen sich plötzlich einem zweiten Haufen Angreifern von vorne gegenüber. Sie werden niedergeschlagen und verlieren das Bewusstsein ...

DANKSAGUNG

Ich schulde meinen Dank allen, die mir bei diesem Buch behilflich waren – nicht nur denjenigen, die mir Interviews gewährten, Nachforschungen anstellten und wertvolle Hinweise beisteuerten – sondern auch denen, die Kaffee kochten, Computer zur Verfügung stellten oder einfach im richtigen Augenblick ein bisschen nett waren und dadurch die Arbeit an dem Buch angenehmer machten.

Besonderen Dank schulde ich:

Alan Bell, Simon Brett, Kevin Davies, Jacqui Graham, Paddy Kingsland, John Lloyd, Geoffrey Perkins und Cliff Pinnock für ihre ungewöhnliche Geduld während der Interviews.

Terry Platt, dem *Anhalter*-Bibliothekar und unbezahlten Archivisten, und dem Fanclub ZZ9 Plural Z Alpha.

Wendy Graham, Ian Pemble, John Peel, Richard Hollis (der schon früher einmal den Versuch machte, dieses Buch zu schreiben), John Brosnan (der es schon früher einmal herausgeben wollte), Roz Kaveney, Bernie Jaye und Nick Landau, Igor Goldkind, Peter Hogan und allen bei Titan, Ken Burr und Julian Marks von Rapid Computers, und Eugene Beer von Beer-Davies.

Zwei Frauen, die den gleichen Namen tragen: Mary Gaiman, meine Ehefrau, die für mich die Interviews sehr kostengünstig transkribiert und obendrein auch noch mich geduldig ertragen hat; und meine verstorbene Großmutter, Mary Gaiman.

Letztlich dem Mann, ohne den dieses Buch höchstwahrscheinlich nicht zustande gekommen wäre: Douglas Adams, der sich nie darüber lustig gemacht hat, wenn ich mit dem Manuskript etwas im Verzug war.

Amelie Fried

Amelie Fried schreibt »mit dieser Mischung aus Spannung, Humor, Erotik und Gefühl wunderbare Frauenromane.« **Für Sie**

01/13657

Am Anfang war der Seitensprung
01/10996

Der Mann von nebenan
Auch im Ullstein Hörverlag
als MC oder CD lieferbar
01/13194

Geheime Leidenschaften und andere Geständnisse
01/13361

Glücksspieler
Auch im Ullstein Hörverlag
als MC oder CD lieferbar
01/13657

Marian Keyes

»Herrlich unterhaltende, lockere und freche Frauenromane. Ein spannender Lesespaß.«

Für Sie

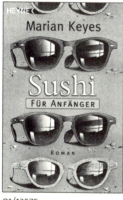

01/13575

Wassermelone
01/10742

Lucy Sullivan wird heiraten
01/13024

Rachel im Wunderland
01/13157

Pusteblume
01/13323

Sushi für Anfänger
Auch im Ullstein Hörverlag
als MC oder CD lieferbar
01/13575

Unter der Decke
01/13685

Für Freunde des britischen Humors

Eine Auswahl:

Sue Townsend
Die Cappuccino-Jahre
01/13610

Tom Sharpe
Feine Familie
01/13517

Giles Smith
Lost in Music
01/13607

Douglas Adams
Per Anhalter durch die Galaxis
01/10822

Graham Lord
Leider sehen wir uns gezwungen, Ihnen mitzuteilen…
01/13793

01/13610

HEYNE